课堂上的家国情怀

KETANG SHANG DE JIAGUO QINGHUAI

◎张 波 叶 艳 贠献臣 主编

中国社会出版社
国家一级出版社 · 全国百佳图书出版单位

图书在版编目（CIP）数据

课堂上的家国情怀／张波，叶艳，贠献臣主编．--
北京 ：中国社会出版社，2021.6（2024.7重印）
ISBN 978-7-5087-6532-7

Ⅰ．①课… Ⅱ．①张… ②叶… ③贠… Ⅲ．①爱国主义教育－教学研究－小学 Ⅳ．① G621.4

中国版本图书馆CIP数据核字（2021）第065859号

课堂上的家国情怀

出 版 人：程 伟
终 审 人：尤永弘
责任编辑：马潇潇
策划编辑：马潇潇
责任校对：刘海飞
封面设计：衡文燕
出版发行：中国社会出版社
（北京市西城区二龙路甲33号 邮编100032）
印刷装订：河北鑫兆源印刷有限公司
版 次：2021年6月第1版
印 次：2024年7月第4次印刷
开 本：170mm×240mm 1/16
字 数：460千字
印 张：21
定 价：88.00元

序 言

家国情怀是一个人对自己的国家和人民的深情大爱，是对中华优秀传统文化的高度自信，对社会主义核心价值观的坚定信仰，是对国家富强、人民幸福的理想追求。培养具有家国情怀的共产主义事业接班人永远是教育的使命、学校的责任、校长的担当。

2020年国庆节期间，由全国校长发展专业委员会发起，北京市顺义区东风小学教育集团、北京市朝阳师范学校附属小学教育集团、北京市通州区运河小学、北京市东城区西中街小学优质教育资源带、北京市大兴区孙村学校、北京市通州区马驹桥镇中心小学、成都市龙泉驿区东山国际小学和向阳桥小学、北京教育学院附属丰台实验学校、北京市房山区房山长育中心小学等学校向全国校长发出倡议：共同开展“童心向党 爱在中国”百校爱国主义教育“7·1”主题活动。

三天时间，百所学校同心响应，在东风小学教育集团的支持下，2020年10月12日，拉开了“‘传承红色基因，涵养家国情怀’——喜迎中国共产党建党100周年‘7·1’主题活动”的帷幕。

主题活动包括“七个一”，即“校校一个红色传承仪式”“师生同读一本爱国书籍”“生生创作一幅爱国作品”“师师一节爱国教育精品课”“百校一个爱国教育论坛”“一面光辉旗帜”“一台红歌演出”。

其中，“师师一节爱国教育精品课”活动时间最为持久、参与人数最为广泛，覆盖了全学科、全学段、全课型，充分体现了课堂在培养社会主义核心价值观、传承中华传统文化、涵养学生家国情怀的主渠道、主阵地作用。

这本歌颂祖国、讴歌时代、赞美英雄的《课堂上的家国情怀》是百校爱国主义教育主题活动的一个缩影，也是广大教育工作者不忘初心，实现“五育并举 全面育人”的新起点。

谨将此书献给为了今天美好生活而负重前行的先烈、英雄。

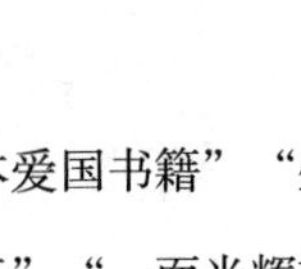

2021年3月18日

（王阔现为北京市顺义区东风小学教育集团党总支书记兼校长，特级校长）

目　录

家国情深·语文篇

家国情深·道德与法治篇

家国情深

语 文 篇

◆**要目：**

浅谈小学语文教学中如何渗透“家国情怀”

宁夏吴忠市利通街第一小学　马　丽

浇花浇根，育人育心。小学时代，学生们稚气未脱，天真烂漫，对世界充满好奇和幻想，可塑性极强。将“社会主义核心价值观”教育融入语文课程，是小学语文教学的主要任务之一，是提升语文育人水平的重要手段。能帮助学生建立健康向上的学习和生活方式，让他们分清对与错，可以说是为学生的成长“扣好人生第一粒扣子”，“点亮了心中一盏灯”。小学语文部编版教材中很多课文都是对学生进行“社会主义核心价值观”教育的最佳范本，现结合自己在小学语文教学中的实践，浅谈如何在小学语文教学过程中潜移默化地对学生进行“社会主义核心价值观”教育的渗透。

一、深入钻研教材内容，寻找渗透点

语文教师要认真钻研教材，寻找文本的渗透点。我们不能光停留在“文本说了什么”的层面上，而是要千方百计地引导学生去了解“文本是怎么说的”，甚至要让学生知道“文本为什么这样说”这一更高境界，这正是文本的价值趋向所在。

小学语文部编版教材中每一单元的课文都有一个主题，我们以单元主题为切入点进行渗透。如：有的是“家国之殇”，有的是“革命岁月”等。通过教学我们不仅要让学生缅怀革命先辈，继承他们的光荣传统，更要让学生将其发扬光大，以开创社会主义建设事业的新局面。以四年级上册第七单元“家国情怀”为例：本单元安排了《古诗三首》《为中华之崛起而读书》《梅兰芳蓄须》《延安，我把你追寻》四篇课文。课文表现了不同历史时期的人们与国家民族共存亡的精神气概：有周恩来为中华之崛起而读书的远大志向，有梅兰芳蓄须罢演的民族气节，还有在我国革命和建设时期发挥了巨大动力作用的延安精神。本单元的教学是对学生进行“社会主义核心价值观”教育的重要依托，这些故事都体现了人物崇高的精神品质，教学时不要脱离语言文字和学生的接受能力，给人物“贴标签”，硬性灌输思想情感教育，而应该与具体事例、与语言文字的理解运用相结合，做到润物无声般地培养孩子们热爱祖国的情感，增强民族自豪感。

二、创新“社会主义核心价值观”教育教学方法，进行渗透

小学语文教学中渗透“社会主义核心价值观”教育，最忌讳的是“生拉硬拽”“穿靴戴帽”，所以教师应该巧用学生喜爱的、乐于接受的多种形式，充分发挥语文课堂教学的主渠道育人作用，通过创新教学方法，运用情景式、案例式、启发式、自主、合作、探究等学习方式，兼顾

使用故事法、参观法、讨论法等生动的教学方法寓教于乐，让学生参与整个教学过程，引导学生产生爱党、爱国、爱社会主义、爱人民、爱集体的情感，具有做社会主义建设者和接班人的美好愿望。

第一，在创设情景中进行渗透

一篇文章的导入，要巧妙地创设情景，激发学生的学习兴趣，使其受到感染和教育。例如，我在教学古诗《浪淘沙》时是这样导入的："同学们，黄河被誉为中华民族的摇篮，历史上有许多文人墨客写下千古诗句或文章来赞美歌颂我们的黄河母亲，你们知道为什么吗？今天老师给大家带来一首非常有气势的歌曲，想一想你听到了什么，看到了什么？看谁描述得最完整。"这样的设计正是抓住学生的好奇心理，同时加深学生对课文内容的理解，引导学生主动阅读理解内容，了解祖国大好河山的壮观，这样学生自然而然会对中国的壮丽山河、丰富物产、光辉历史等生出一种自豪和热爱之情。

第二，在语言文字训练中进行渗透

文章是作者思想感情的外在物化，情动辞发。教学中，我们通过抓住字、词、句，进行听说读写的语言文字训练时，要引导学生进入作者的内心世界，与作者同喜同悲、同爱同恨，产生情感上的亲近感和认同感。这样，他们就乐于接受作者所讲的道理，就自然地受到文章主题思想的影响。

三、观察辨形，在识字教学中渗透

如，我们低年级老师在教学国家的"国"的时候就可以这样形象地给孩子们说："孩子们你们看这个国家的'国'，外面的这个口，就好像是我们的国家，里面的玉就是人民，国家在保护着人民，只要我们每个人都热爱自己的国家并为国家贡献一点力量，那我们的国家就会变得更加强大，才能更好地保护好我们。"通过"国"字，教师通过形象生动的语言让低年级的孩子明白了国家与人民的关系，并使其从小树立要热爱祖国并为国家服务的理想。

四、抓住细节描写，感悟品质

对于写人叙事的文章，我们可以通过抓住细节描写（外貌、语言、动作、神态、心理活动）、典型事例来感知人物的高大形象，感悟人物的精神品质，从而学习并践行这种品质。例如：课文《桥》讲述了在洪灾突然袭来之时，一位村党支部书记为了村民能安全转移，以无私奉献的精神，维护了转移秩序，而他自己和儿子却被洪水卷走。教学中，我引导学生抓住这位村支书的动作、语言以及神态的描写，想象他维护转移秩序的情景，使人物形象丰满起来，从而让学生体会到一位共产党员的无私精神和高尚人格。

第三，在榜样引导中进行渗透

榜样的力量是无穷的，这种教育方式对小学生的成长影响深远而巨大。在小学语文部编版教材中，《小英雄雨来》《狼牙山五壮士》《我的战友邱少云》等文章都塑造了不同的革命英雄人物形象，教学中教师要引导学生从字里行间感悟人物那种勇敢、不怕牺牲的大无畏精神，让他们在这些榜样的带领下，接受革命思想的教育。在语文教学过程中，那一个个鲜活的榜样形象会定格在学生脑海中，影响他们的一言一行，成为他们成长的楷模，引领他们茁壮成长。

第四，在综合实践体验中进行渗透

苏霍姆林斯基说："道德，只有当它被学生自己去追求，获得亲身体验的时候才能真正成为学生的精神财富。"有效的实践体验可以让学生的知、行、情、意成为一个和谐的整体，得到最真实的内心感受，从而推动学生良好品德的形成。

我在《少年中国说》一文教学后，就安排学生制作手抄报，首先让学生对中国的爱国优秀人物进行查找、收集、整理、排版、抄写、绘画……在学生制作手抄报的过程中，孙中山、毛泽东、钱学森、华罗庚，还有许多知名的、不知名的英雄人物跃然纸上，学生明白了正是这一代代中国人不懈努力、接续奋斗、自强不息，才让中国强大起来。对学生而言，制作手抄报的过程就是接受爱国主义教育的实践过程，在做一做、画一画、写一写中进一步理解"故今日之责任，不在他人，而全在我少年"这句话的深刻含义，并于潜移默化中将爱国之情根植于学生心中。

我们还可以结合课堂教学需要开展参观、走访、调查等社会实践活动，在拓宽学生视野的同时，增强学生的社会责任感，激发其民族自豪感。不同形式的实践教育，将课堂延伸至课外，让学生尽情沐浴教育阳光，点亮孩子心中的一盏明灯。

◆**点评：**"社会主义核心价值观"和"家国情怀"教育渗透在小学语文教学中绝不应该是空洞苍白的说教，正如杜甫诗云，"随风潜入夜，润物细无声"。在教育教学过程中，只要教师能够根据小学部编语文学科的特点，用心、用情、用力、用智，不断探索新方法，创新新路径，发挥语文教学的优势，对学生进行潜移默化的教育，让学生在"社会主义核心价值观"教育的不断熏陶和感染下，心灵得到净化，情操得到陶冶，"社会主义核心价值观"就一定会在学生心中生根发芽。

《升国旗》中的伟大民族精神

北京市通州区漷县镇中心小学　邓子川

《语文课程标准》中强调，应拓宽语文学习和运用的领域，并注重跨学科的学习和现代科技手段的运用，使学生在不同内容和方法的相互交叉、渗透和整合中开阔视野，提高学习效率。

《升国旗》这首儿歌用5句话描述了少先队员升国旗时的情景，也简单形象地让学生了解了基本的升旗礼仪。儿歌短小精悍，有叙述，有抒情，凝练地传达了国旗的知识、升旗的庄重，充分地表达了爱的情感。

◆课堂实践

为了让学生能够正确地朗读课文，在朗读中理解国旗的含义，知道升国旗是一种庄重的仪式，要立正、敬礼，懂得要尊敬国旗热爱国旗，能把课文熟读成诵。激发学生学习兴趣，使爱国教育落到实处。课堂上我利用多媒体教学软件来促进教学。考虑到一年级的孩子喜欢卡通形象和闯关的特点，课文由一组词语和一首儿歌组成，描述了学校升国旗的场景，让孩子们了解升国旗的礼仪要求，激发作为中国人的自豪感及爱国情怀。儿歌讲述的是学生熟悉的升国旗活动，语言浅白，短小明快，朗朗上口，有利于激发学生朗读、识字的兴趣，激发其爱国情感。课文配有学校升国旗场景的插图，插图色彩鲜明，场面严肃庄重，图文结合让孩子更容易了解课文内容，有利于培养学生的观察力和想象力。

在课文新授环节，我借助PPT插入图片、视频等方式，引领学生回到了升国旗那庄严的时刻，让学生凭借画面形象地看到我们国旗高高升起时人们激动和自豪的样子！学生的情趣一下子被调动了起来，同时我对朗读时要重点注意的词也都进行了强调和示范朗读。由此，当大部分学生能够声情并茂地进行朗读、学习书写生字时，除了让学生到屏幕上进行书写展示外，我还利用投影，即时把台下学生书写的生字传送到大屏幕上，让全班同学一起品析，帮助学生改善自己的书写。在拓展环节，我一方面向学生拓展了关于中国的知识，提升他们的爱国热情，另一方面巩固他们对课文的熟悉程度，帮助他们熟读成诵。最后对本节课进行总结以及对各组同学的表现进行点评，激励其他同学积极回答问题。本节课我本着这一原则，在教学中把歌曲、图画、角色朗读有效地融入其中，使学生在欢快的音乐、美丽的图画、丰富的想象中学习知识，了解自然，让语文课堂变得丰富多彩，提高了学习效率。鲁迅先生曾说：“我们自古以来，就有埋头苦干的人，有拼命硬干的人，有为民请命的人，有舍身求法的人……这就是中国的脊梁。”

而我想说，不管身处什么时代都需要秉持使命担当，不负家国情怀。“孩子们要有梦想，有担当，这样中国才有足够的青春力量。”梦想不应仅仅是实现自我价值，更应与国家挂钩。每一个时代的每一个人拥有的梦想不同，或大或小，但它们都如一盏盏明灯，在黑暗的道路上给人以希望和方向。这些大大小小的梦想汇聚在一起，便铸成了每一个时代的中国梦。有梦方能追梦，我们要勇于承担时代的使命。

◆**反思：**这节课的成功之处是在教学这一课的时候，把读的时间留给学生，把说的机会让给学生，突出学生的主体地位，让学生通过朗读，在熟读的基础上，通过观看视频、朗读、小组内对读等形式，理解国旗的含义，知道升旗是一种庄重的仪式，要敬礼，懂得要尊敬国旗，热爱国旗。虽然说，学生在老师的引导下完成了对课文的理解和体验，但是反观整节课堂，在教学实践中还有一些遗憾：指导生字过程中，注重笔画、笔顺的写法，但忽略了学生的握笔姿势和坐姿。在写字教学中关注音、形，忽略了字义。如果我再重新来上这节课的话，我会这样做：出示“国”字，引导学生观察，说说自己的发现（边界线就像“国”的外框，边界线内的国土似乎就是“国”里面的玉），让学生知其义更知其所以义。为达到让学生知道升国旗是一种庄重的仪式，提前布置预习，学生利用网络资源搜集了解升国旗仪式后，课上交流展示或许会更好。

◆**点评：**家国情怀就是对祖国的忠诚和热爱。历朝历代，许多仁人志士都具有强烈的忧国忧民情感，以国事为己任，前仆后继，临难不屈，保卫祖国，关怀民生，这种可贵的精神，使中华民族历经劫难而不衰。爱国的内容十分广泛，热爱祖国的山河，热爱民族的历史，关心祖国的命运，在危难之时英勇战斗，为祖国捐躯，都是爱国主义的表现。在中华民族五千年的发展历程中，中华民族形成了以爱国主义为核心的伟大的民族精神。这也正是我们在课堂上所需要让每个孩子体会到的。

少年兴则国兴，少年强则国强。作为教师我们要适应时代发展的要求，让每一位孩子能正确认识祖国的历史和现实，增强爱国的情感和振兴祖国的责任感，树立民族自尊心与自信心；弘扬伟大的中华民族精神，高举爱国主义旗帜，锐意进取，自强不息，艰苦奋斗，顽强拼搏，真正把爱国之志变成报国之行。

识字与写字中的家国情怀教育

北京市大兴区礼贤镇第一中心小学　曹雪立

作为小学语文开篇第一课，课文以儿童的口吻“我上学了”引领儿童走进学校生活，凸显了儿童的主体地位。内容分“我是中国人”“我是小学生”“我爱学语文”三个部分。三个部分有着较强的逻辑关系：从“我是中国人”身份的认同，到“我是小学生”角色的转换，再到“我爱学语文”学科的定位，将情感熏陶、习惯养成与语言学习进行了有机整合。

“部编版”改变先学拼音后识字的传统，从极具形象与画面感的象形字和会意字开始，通过溯源或与画面比对，让学生感受汉字的意象美，从而激发学生学习汉字的兴趣与热情。

中国汉字从远古走来，无论是识字还是写字，教学中，有些汉字完全可以从字理的角度去追溯它的演变。因为每一个汉字都是一个故事，都是一段文化，都是一个灵魂。

◆课堂实践

教学片段一：识字《升国旗》

（一）观察地图，激发兴趣

出示中国地图：引导学生说说是如何知道这是中国地图的。（观察发现，形状像只大公鸡，是中国地图；地图上有“中国”两个字。）

【设计意图】从学生熟悉的事物导入新课，激发其识字兴趣。

（二）了解“中国”，趣味识“国”

1. 出示词卡“中国”，正音。

2. 了解“中国”的全称，课件出示“中华人民共和国”。

3. 了解中国国土面积，课件出示词语“国土”。

4. 课件出示“国”，引导学生仔细观察图画，说说自己的发现。（边界线就像是“国”的外框，边界线内的国土似乎就是“国”里面的“玉”。）认识偏旁国字框。

5. 在认识事物名称中不断复现认读“国”：中国的标志——国徽；《义勇军进行曲》——国歌；五星红旗——国旗。让学生了解这些都是祖国的象征，再次认读词语。

【设计意图】进一步感受汉字的特点，从字形感受字义，激发学生对识字的兴趣，知道我们的祖国是中国，感受作为中国人的自豪。

（三）聚焦“国旗”，渗透识字方法

1．放大“国旗”画面，引导学生仔细观察画面，认识中国的国旗。

2．出示词卡“五星红旗”。认识“红”：早期的染色工艺多用于丝织品中，所以这个偏旁是绞丝旁。引导用加一加的方法识记“红”。认识“旗”：让学生用自己喜欢的方法识记“旗”。

3．出示词卡“国旗”。告诉学生：五星红旗就是中国的国旗。（讲述五星红旗的由来。）

4．同桌摆一摆词卡：中国、国旗、五星红旗。

5．将三个词语连成一句话说一说。

（四）画面小结，巩固生字

总结：我们的祖国叫中国，五星红旗是中国的国旗。我们要尊敬国旗，热爱国旗。

【设计意图】运用具体直观的方法进行识字教学，让学生在了解字理的同时也感受传统文化，培养学生对汉字的兴趣。多处“国”字的复现，能加强学生的直观记忆，在了解了伟大祖国的相关知识的同时，注重家国情怀及中国传统文化的渗透。

教学片段二：写字《日月明》

教学目标：初步了解会意字的结构特点，认识“明”“尘”等9个生字，感受识字的乐趣。会写“木”“林”两个字。正确朗读课文。

教学过程：写字练习

（一）指导写 “木”

1. 出示课件，引导学生观察“木”的笔顺和在田字格里的位置。学生反馈后，教师一边示范书写，一边说要领。

【设计意图】要想让学生写出漂亮的“方块字”，教师的示范引领的作用很大，在说要领示范书写的时候渗透写字就像做人一样，要端端正正，脚踏实地，做正直善良的人。

2. 学生尝试写“木”。教师检查点评。学生再次书写。

【设计意图】有的学生书写字体过大，占满整个田字格，告诉学生字写得太大或太小都不美观，要做到匀称，占格的标准是“上不顶天，下不踩地，左右两边不乱撞”，做人做事也要像写字一样有分寸。

（二）指导写“林”

1. 学生观察“林”，说说发现了什么。教师讲讲好朋友之间谦让的小故事。

2. 指导学生观察“林”两个部分的大小、高低、宽窄。

3. 学生尝试写“林”。 教师检查点评，重点强调右半部分“木”的撇要穿插到点的下方。学生再次书写“林”。

4. 出示一个“林”字两个“木”字写得一样大。让学生评价字是否美观，并说说为什么？

总结：是啊，太大，也太霸道点了，在生活中我们之间能霸道吗，应该讲什么？（谦让、团结……）

【设计意图】告诉学生，字写得太大或太小都不美观，要做到匀称，占格的标准是“上不顶天，下不踩地，左右两边不乱撞”，做人做事也要像写字一样有分寸。教育学生人与人之间要相互谦让、相互包容。明白谦让是中华民族的传统美德。

◆**点评**：当前，小学生书写不规范、态度不端正等现象突出，究其原因是学生对写字没有兴趣。培养学生写字兴趣的同时，不仅能更好地增强学生热爱祖国语言的意识，养成循序渐进的学习态度和持之以恒、勤学苦练的精神，也是实施素质教育，培养学生全面发展的一个重要内容。通过培养学生的写字兴趣，激发学生的写字热情，树立学生热爱祖国文字的感情，养成良好的写字习惯。写字还与修养有密切的关系，“字”是写给别人看的，好比一个人的“仪态”，字写得规范端正，好比人的衣着整洁，作风严谨，面目可亲，这是一种文明礼貌，是对别人的尊重，是对自己负责的表现，学写字就是学做人。

在语文课堂中传承中华优秀传统文化

北京市大兴区庞各庄镇第二中心小学　王　芳

古代诗词歌赋是祖国文化的瑰宝，它博大精深，灿若繁星。一首古诗，寥寥几十字，就描绘出了一种意境：或借景抒情，或借物咏志；忽而气势磅礴、雄浑激荡，忽而又柔和细腻、委婉缠绵。千百年来，古代诗词歌赋以其精湛的语言，深邃的意境而脍炙人口、吟唱千古，浸润了无数代中国人的心灵。

本课内容是统编版语文《义务教育教科书》一年级下册第 8 课《人之初》，这一课是节选《三字经》的两个片段进行教学。讲述了教育孩子的重要性以及学习对儿童成长的重要性。《三字经》是中华民族的珍贵遗产，也是古代启蒙学教材中比较有代表性的一种。作为《三字经》的开篇词，读起来朗朗上口，易于诵记，内容浅显易懂，在教学中可以引用“孟母三迁”和“窦燕山教子”的典故，这是指导学生学习传统文明、古代礼仪的好素材，更利于和生活实际相结合，指导学生学会专心学习，提升学生的学习兴趣和能力。

◆课堂实践

一、引入插图，创设情境

同学们，你们看这幅插图。这是古时候的教书先生在给小书童上课呢！小书童们在诵读什么？

学生回答：《三字经》。

《三字经》三字一组，句句押韵，不仅读起来朗朗上口，而且这里还蕴藏着很多知识和做人做事的道理呢。我们今天就学习《人之初》。

二、课文新授

人之初，性本善。性相近，习相远。

苟不教，性乃迁。教之道，贵以专。

（一）读通读顺课文

1．自由读课文，结合拼音将字音读准，把课文读熟。

2．同桌互读纠错。

3．指名展示读，找出较典型的错误指导朗读。

指名评价（谁能像他一样声音洪亮、字音正确地读一读）。

注意指导朗读的语调（可以介绍慢读法）。

4. 师生接读，男女生读。

5. 全班齐读感悟。

【设计意图】一年级的学生可以独立借助拼音把课文读通、读顺，因此教师安排了自学与合作相结合的学习方式达到目的。

（二）学习第一句话，随文识记“之、初、性、善、习”

1. 识记生字“之、初、性、善、习”。

2. “人之初，性本善”就是人在刚刚出生的时候，本性都是善良、友善的。

3. 结合“孟母三迁”的故事，了解“性相近，习相远”的意思：在人的成长过程中，学习环境的不一样，人的性情就有了好与坏的差别。

4. 学生讲故事。

交流从故事中受到的启发，明白了什么道理。（要懂得“性相近，习相远”的意思。）

（三）学习第二句话，随文识字“教、迁、贵、专”

1. 识记生字“教、迁、贵、专”。

2. 结合“昔孟母，择邻处。子不学，断机杼”。了解“苟不教，性乃迁，教之道，贵以专”的意思。

【设计意图】学生喜欢听故事，而且故事内容浅显易懂，学生有能力理解并结合生活实际谈感受。

三、拓展学习

1. 你还知道哪些有关学习、教育的小故事？

指导学生讲述故事，适当补充。

2. 课文让我们明白了这么多道理，你想不想把它背下来？小组合作，用你喜欢的方式试着背一背全文。

3. 交流展示。

边拍手边背诵、接龙背诵……

4. 介绍《三字经》的说唱法（机动）。

【设计意图】引导学生将《三字经》的学习和背诵融于日常的生活和游戏之中。以喜闻乐见的形式寓教于乐，使学生对《三字经》产生更多的兴趣。并能在日常的生活和游戏中，自觉自主地练习背诵。同时培养学生的合作式、探究式的学习意识。

◆反思：

一、利用多种形式激起学生诵读经典的兴趣

兴趣是最好的老师，兴趣是最强大的动力。相隔千年，如果没有对古人的万分敬畏之心，又怎么能记住他们写的之乎者也呢？所以充分挖掘诗词中的趣点，激发学生爱读、想去解密诗人的好奇心，这是非常关键的。学生的兴趣一旦被调动起来，他们就会积极参与其中，乐此不疲。

在教学时，还可以设计很多激发学生阅读兴趣的形式。比如看画面猜诗句，以“小诗人、小诗仙”的争星过关赛来串联整堂课，以表演《寻隐者不遇》来总结汇报等，变换多种形式使古诗的学习变得丰富多彩了。

二、善用书中小故事帮助学生理解诗文内容

《三字经》列举了大量典故、故事，向我们阐述了丰富深刻的人生哲理，有倡导尊敬师长，宽厚待人的；有颂扬勤劳节俭，清正廉洁的；有激励立志勤学，发愤图强的。这本书包含了历史、天文、地理、科学、生活等多方面的内容。但小孩子对于这些内容未必理解得了，更不要说对其感兴趣了。在这种情况下，我在讲课当中适当穿插着讲一些小故事，如“孔融让梨”“孟母三迁”“头悬梁，锥刺骨”等，这样，学生们的兴趣一下子被充分调动起来，每个人的脸上都洋溢着微笑。在听故事的同时，也使他们对诗文内容有了进一步的了解，从而极大地提高了教学效率，为课堂教学增添了无穷魅力。而且这些小故事让他们学得多轻松呀！

三、结合实际让学生感受传统文化的魅力

虽然我积极地把国学教材变得儿童化了，图文并茂，声像结合。可是，《三字经》毕竟是古文，通过反复诵读，经过读课文释解及听老师的讲解，学生们知道了诗文的意思及其包含的道理，但这其中也有一些空洞的说教，并不能使学生真正受到深刻的教育。那么，《三字经》究竟怎样才能培养孩子的道德品质呢？我认为应当把国学教育与学生实际相结合，把说教转变成学生的具体行为，用书中的事例去教育孩子。如《三字经》中：“香九龄，能温席。孝于亲，所当执。”其中提到的小黄香是汉代一位因孝敬长辈而名留千古的好儿童，小黄香不仅以孝心闻名，而且刻苦勤奋，博学多才。学生们通过诵读这篇诗文，以及看“黄香温席”的视频小短片，知道了黄香非常孝敬父母。这时，我引导学生想一想、说一说平时父母对他们的爱，为他们做了什么，使学生感受到了父母对他们的爱。接着，我问学生“你以后应该怎么做”，“你怎样孝敬你的父母”。引导学生在日常生活中去孝敬父母。这样结合生活实际影响孩子的一言一行，就能使孩子们在生活中养成良好的道德品质。这样，学生们才能够把书中的道理转化成日常的行为，真正受到教育。

总之，在小学古诗词教学中，一定要精心准备，仔细研究分析诗的特点，查阅相关资料，挖掘出诗歌内在的趣味性，寻求合理的教学方法，以引导学生读懂古诗，喜欢古诗，感受它凝练含蓄的语言、深邃的意境，受到经典文化艺术的熏陶与启迪。

◆**点评**：这篇《三字经》的教学，引发了我关于“在语文课程中传承中华优秀传统文化”的思考。在语文课程中如何让学生受到中华优秀传统文化的熏陶？首先，要充分挖掘诗词中的趣点，激发学生爱读、想去解密诗人的好奇心。把学生的兴趣调动起来，让他们乐于学习这些中华优秀传统文化。其次，不但要充分利用经典诗文中的故事来教育孩子，还应该在经典诗文典故的基础上予以拓展，结合孩子的实际，结合现代生活的实际，去教育孩子，使孩子们不断提高自身素质，为孩子打下做人成才的良好基础。

每首诗词都是一幅别具一格、动静相宜的画面，诗画相依、融情于景，为学生营造一个色彩缤纷、声像同步、能动能静的教学情景，让学生头脑中的画面变得具体而生动，在激发学生学习兴趣的同时，帮助学生理解诗文，从而极大地提高教学效率，为课堂教学增添无穷魅力。

《升国旗》教学设计

北京市东城区东四十四条小学　贾晶晶

《升国旗》是一首小诗，押韵上口，好读易背。第一句写的是我国的国旗是五星红旗，第二句说升国旗的时候奏国歌，第三句说升国旗的时候我们要肃立、敬礼，这是因为国旗代表着我们伟大的祖国。

我校每天早晨 7 点 50 分会进行升旗仪式，每当广播里播放音乐，学生和老师就会停下手中事，立正站直，面向国旗。虽然一年级的小学生还没有加入少先队，但是他们从入校第一天起，就已经养成了每日升旗、肃穆地行注目礼的好习惯。

◆课堂实践

一、创设情境，导入新课

1. 播放升旗仪式的音乐。

学生和老师面向国旗立正站直，行注目礼。

师：同学们，你们刚才在做什么？

你们知道：咱们的国家叫什么名字？全称叫什么？首都？我们的国旗叫什么名字吗？

2. 每天我们学校升国旗的时候，你听到的就是国歌。国歌也有名字哦，叫什么名字？国旗、国歌、国徽都是我国的象征。

认识：中国、国旗、五星红旗三个词语。

3. 练习句子：把“中国、国旗、五星红旗”这三个词语连起来成一句话——

中国的国旗是五星红旗。

五星红旗是中国的国旗。

4. 出示图片。（每天升国旗时的照片：有教室里的，有操场上的，师生都停下来立正站好。）

今天，我们一起学习《升国旗》这篇课文。

升国旗的时候，你是怎么做的？（指导学生说话：我们升国旗的时候，我听到国歌声，就立正向国旗行注目礼。）

举起小手和老师一起写一写课题，请大家注意看：“升”是独体字；“国”，外面是国字框，伟大的祖国保护着每一个人民，里面是个玉石的“玉”；“旗”是左右结构的字，它的笔画较多。让我们一起来读“升国旗”！

5. 理解课题。教师讲解“升国旗”就是把国旗高高地升上天空。在我国的首都北京，每天清晨太阳即将升起的时候，解放军叔叔都要在天安门广场上升起国旗，我们的国旗和太阳一同升起。齐读课题。

二、初读课文，整体感知

1. 教师范读课文，左手扶书右手指。

学生一边看图一边听老师朗读，圈出生字词。数数一共几句话。

2. 请大家借助拼音仔细轻声读课文，要求：先读读拼音，再看看下面的字，遇到难读的字多读几次。

3. 一共三句话，“；”叫分号。同桌互相读一读课文，互相纠正字音。

4. 指名分句开火车读课文，教师相机指导生字的读音：翘舌音“升”“中”。

三、随文识字，细品课文

（一）学习第一句

1. 认真地读一读诗歌的第一句，思考：我们的国旗是什么样子呢？

2. 认识“国旗”。

（1）这就是我们中国的国旗，（出示词卡：国旗）请同学们一起读一读这个词。（课件出示五星红旗）同学们，请仔细观察我们的国旗，看看你有什么发现？

（2）说说自己是怎样记住“国”“旗”这两个字的。

（3）学习新部首：国字框。

3. 学习“五星红旗”。

（1）师：其实呀，“国旗”还有另外一个好听的名字，你知道吗？（五星红旗）出示词卡：五星红旗（配图）。

（2）学习“五”“红”。

认识新偏旁“纟”绞丝旁，说说带有这个偏旁的生字。

4. 小结：我们的国旗是红色的，上面有五颗黄色的五角星。红色象征革命，黄色象征光明。五星红旗上面大的五角星代表中国共产党，四颗小星向着一颗大星代表全国人民团结在中国共产党的周围。这样，我们的国家就越来越兴旺，越来越繁荣，越来越富强了。

5. 创设情境，指导朗读。

师：下面，就让我们来看看奥运会上中国体育健儿获得金牌后升起国旗的情景吧（视频）！

师：奥运会上，我国运动员获得金牌，看到五星红旗升起时，他们的心情是怎样的？你的心情又是怎样的？

6. 小结：是呀！多么让人自豪啊！国旗代表着国家，它每一次升起，都让我们激动不已。谁能把这句话读一读？表达出自豪、激动的心情。

（二）学习第二句

师：升国旗的时候，我们还会听到什么？

出示第二句：国歌声中，徐徐升起。

1. 是呀，用文中的一个词语来形容，国旗是怎么升起来的？（徐徐）如果换个词，我们用哪个词？（慢慢、缓缓）

2. 学习生字“升”“歌”“起”。

升：猜谜语：远看是个开，帽子斜着戴。（师：我们一起来做做“升”这个动作，用手当作太阳，做一做太阳升起来的样子。做动作可以帮助我们识记生字。）

歌：采用生活识字法。我们在电视中经常见到这个字，音乐课中我们都要唱歌。组词：唱歌、歌曲。

起：猜谜语：走自己的路。也可以用“加一加”的方法来识记“起”：“走”+“己”=“起”。半包围结构。

（三）学习第三句

过渡：快看，国旗升起来了。齐读。

1. 出示第三句：（观察动图）迎风飘扬，多么美丽。

2. 学习生字“美”“丽”。

我们都学过哪些识字方法？加一加、换一换、数笔画、生活识字。现在请你和小伙伴一起用自己喜欢的方法记住这些字。

美：字源识字法。下面的“大”是个人形。在古代，人们为了狩猎，往往在头上戴上兽角或羽毛做成的装饰，以便接近禽兽。后来这种兽角或羽毛逐渐成为装饰品，戴在头上成为美的标志。后来引申为人的容貌等很美。

丽：古文字的丽是两鹿结伴而行的意思。后来引申为“美丽”。

师：请你说一说，你看到过什么最美丽？

（广州长隆的烟火最美丽。我的妈妈最美丽。）

（四）学习第四句、第五句

1. 师生配合读。

2. 学习生字“立”“正”。

立：结合图片。强调“立”的笔顺。

正：了解字义，正，甲骨文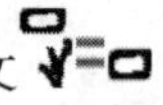（囗，城邑、方国）（止，行军），表示征伐不义之邑。造字本义：行军征战，讨伐不义之地。组词。

3. 做课中操（笑起来真好看）后老师下达“立正”的口令，全班做动作。

4. 指导朗读。师：“立正”是一个很严肃的动作，需要注意表情。升国旗，我们“立正”，表示对“国旗”的尊重。谁愿意来读一读这句话？指名读，齐读。

5. 师：我们望着鲜艳的五星红旗，为了表达心中的自豪与尊敬，我们还要——“望着国旗，我们敬礼”。指导学生观察课文插图，理解“敬礼”。

师：就在半年前，新冠病毒突然袭来，举国上下进入紧张的抗疫时期。成千上万人需要救助，我们的祖国做了什么呢？

图片（建设医院、派出救援、医护人员……），我们伟大的祖国为了保护每一个人民，作出了巨大的努力。

是啊，国家如此强大，国旗如此美丽，人们不禁用歌声来赞美它，下面就让我们一起来学唱《国旗国旗真美丽》，来表达我们对祖国的热爱！

四、总结全文，拓展延伸

总结：国旗是我们国家的象征，今天你们是幸福的一代，在国旗下茁壮成长，我们为此自豪。希望同学们爱护国旗，尊重国旗，为祖国的明天更加繁荣而努力学习。

◆**点评**：对于刚入学的孩子来说，《升国旗》这首小诗是孩子们第一次学到关于祖国的文章。作为教师，我们要抓住契机，利用一日常规中的每日升旗，更深一步地引导孩子们了解祖国的伟大。

刚入学的孩子注意力较难集中，为了激发学生的学习兴趣，培养语感，使爱国主义教育落到实处，课堂上我利用多种手段来促进教学，实现教学目标。

在课堂上，结合我校的每日升旗活动，通过观看升国旗视频和图片，回想每天早上我们都要做什么，学生兴趣盎然，激活学生已有的生活经验，使学生回到了升国旗时那庄严的时刻，调动了学生的积极性。

教学中采用了多样的识字教学策略，通过联系课文插图、结合生活经验、字理识字等多种策略，引导学生掌握生字，同时注意对学生学习方法的必要引领。

唐诗里的家国情怀
——《静夜思》教学设计

北京市通州区漷县镇中心小学　张　霖

《静夜思》这首诗语言凝练，意境深远，成功地表达了游子的静夜思乡之情。从“疑”到“举头”，从“举头”到“低头”，形象地表现了诗人的心理活动过程。一幅鲜明的月夜思乡图生动地呈现在我们面前。

从作者的角度看，这位青莲居士是站在我们中华民族文化顶峰的巨人，贵妃捧砚、力士脱靴是他不羁的傲骨；关怀祖国和人民的命运，急切地希望能够为祖国效力是他心底的渴望。这样一位风骨坦荡的君子，他的才学、他的生平，不正是我们所希望向学生传递的爱国能量吗？从内容方面考虑，思乡的主题也是居士爱家乡的真实情感的表达，这也是我们爱祖国的一部分；从诗文本身拓展出来的东西，比如古诗中所涉及的“意象”都具有其特定的含义，这也是我们中华民族文化长河中的瑰宝和魅力所在，都值得每一个中华儿女去深入学习和发扬光大。

◆课堂实践

一、聆听乐曲制造氛围

师：同学们，让我们一起来听一首乐曲，在这首优美的乐曲中，让我们静下心来，跟随老师一起走入今天的课文《静夜思》。板书：静夜思。

生：齐读课题。

师：谁能给大家读一读或者背一背这首诗？

师：评价：你背诵得可真流利。

师：你们知道这首诗是谁写的吗？（出示李白图像）对，就是李白写的，李白是我国唐代诗人，他可是唐代有名的大诗人，他一生写了一千多首诗，被人称为“诗仙”。

师：拓展讲授发生在李白身上的故事：力士脱靴、贵妃捧砚。

【设计意图】让学生感受到李白的不羁与洒脱，才情与傲骨，体会李白的人格魅力。

师：这节课我们就一起来学习李白的这首《静夜思》。

生：齐读课题，读准字音。

师：说说读了题目你知道了什么？

生：夜晚发生的事情、夜晚非常安静……

师：那你能给这三个字找找朋友吗？给它们分别组个词。

生：安静、夜晚、思念（师相机板书：安静、夜晚、思念）。

师：板书“思”的写法，上下结构，田字的竖在竖中线上，心字底略宽。

师：出示李白望月图，引导学生看图：这是什么时候？谁在干什么？

生：看图说一说图上的内容：晚上，李白抬头望着月亮。

师：深入介绍李白的生平和写作背景：这首诗是李白的经典之作，这是他离开家乡，离开亲人后，在一个安静的夜晚，面对皎洁的月亮产生的对家乡亲人的思念。

【设计意图】让学生进一步对李白的生活背景和诗文的创作背景有所了解，体悟诗人对家乡的思念之情与热爱之情，知道爱家乡也是爱祖国的一部分，引导学生树立为家乡建设出力的志向。

二、初读古诗识记生字

师：请你自己借助拼音读古诗，注意把字音读正确，边读边在诗中圈出生字条里的生字，圈好后多读几遍。

……

三、再读古诗学会停顿

师：同学们刚才读得非常流利。那我们读古诗的时候要注意什么呢？

生：停顿。

师：我们在读古诗的时候除了要注意每一行诗句后面的标点符号处停顿，还要注意每一行诗中间的停顿。请你仔细听听老师是在哪里停顿的。示范读。

师：现在老师再读诗文，请你根据老师读诗时候的停顿，用“/”停顿符号标出诗文间的停顿（核对）。

师：现在请你看清停顿符号，我读一句，你跟读一句。

生：自己试着读一读。

生：指名读一读（2~3人）。

生：全班齐读，注意停顿。

【设计意图】体会诗文的停顿方法，了解即使在古代没有标点符号的情况下，古人是如何进行停顿的，让听者明白他所要表达的思想。深切感知中华文化的魅力所在。

四、三读古诗，了解诗文大意与情感

师：指名读第一行诗句（课件出示）：床前明月光。

生：结合图说说自己的理解（相机指导：怎样的月光）。

生：明亮的月光照在诗人的床前。

师：指导有感情地朗读诗句（2~3人），全班齐读。

师：指名读第二行诗（课件出示）：疑是地上霜。

生：说说自己对这句诗的理解（疑：原来表示怀疑，这里指好像）。

师：直观认识霜，问学生这真的是地上下了霜吗？你是怎么判断的？诗中用了“疑”这个字，说的是好像是霜。

师：你知道什么是霜吗？你知道一般哪个季节会下霜呢？

生：出示图片让孩子直观认识霜：天冷的时候，玻璃上、地上会结出一层白白的冰晶，那就是霜。

师：诗人为什么觉得地面好像下了一层霜？

生：月光也是白白的，好像霜一样。

师：出示月光和霜的对比图，感受诗人孤寂凄凉的心境。

师：你看诗人的这个“疑”字用得多精妙啊！原来是明亮的月光照在诗人床前，好像是地上铺了一层冰冷的霜。

【设计意图】初步感受诗人创作诗文时所用意象的巧妙，感受古诗文的魅力。

师：你能试着读一读这句诗，读出那种冰冷寒冷的感觉吗？（2~3人）全班读。

师：完整出示第一句诗：床前明月光，疑是地上霜。

生：说说诗句含义。

师：你说得真好。明亮的月光照在诗人的床前，好像是铺在地上的白霜（课件出示）。

生：你能用______好像是________说一句话吗？（课件有提示图片）

师：指名读第三行诗：举头望明月（课件出示）。

师：举头是什么意思？做个动作。望呢？说说你是怎么理解这句诗的？

生：抬起头看着天上明亮的月亮。

师：引导学生说一说：你觉得此时看到天上明亮的月亮诗人会想些什么呢？

生：自由说一说。

师：现在让我们到诗中找一找答案吧！

师：（课件出示）低头思故乡。说说你的理解。

师：对呀，结合八月十五赏月（出图片），引导学生理解月亮本该是与家人团圆的象征，而此时的诗人却孤身一人漂泊在外，使他不由得对家乡、对亲人产生了思念之情。此时诗人的心情怎样？

【设计意图】再次感受诗人的情感，体会诗人的思乡意、爱国情。

生：孤独、难过、伤心、想家……

师：那这句诗该怎样读才能读出那种孤独、难过、伤心、思念家人的感情呢？

师：试着带着这种强烈的思想感情读一读这行诗。（1~2 人范读）

五、再读古诗深化情感

师：是啊，在这样清冷孤寂的夜晚，李白是多么思念自己的家乡和亲人啊，下面就让我们带着这种思念之情读读这首古诗吧！

生：齐读，指名诵读。

师：乐曲导学，想象此时此刻你就是诗人李白，你远离家乡，远离亲人，在一个静静的夜晚，独自站在床前望着月亮……带着这浓浓的思乡之情读一读这首诗！

生：配乐朗读。

六、小结、拓展提升

师：一轮明月一段思乡情，李白将对故乡的思念寄托在了圆圆的明月身上。

其实我们的古诗中还有很多景物也蕴含着不同的情感，下面请得到小星星的同学为大家介绍一下有关古诗的小知识吧！

生：介绍星星背面的小知识。

【设计意图】小星星后面是古诗中常用的意象，配合老师的 PPT 演示，引导学生了解古诗中常见意象的含义，从而更加深刻地体会中华文化的博大精深和深远内涵，产生学文化、承文化、传文化的责任意识。

师：今天的课上我们不仅学习了李白的这首千古佳作，还了解了很多关于古诗文的知识，我们中华民族的文化博大精深，也请你在今后的学习中注意积累，学会发现，积极思考，你将会收获更多的精神财富！

◆**点评：**在诗文的学习中注重让学生通过具体的事实体会和深思诗人所要传递的情感，让学生通过具体的分析和诗人产生情感上的共鸣，达到一个能够在老师的引导下体会诗人情感的高度。而且在实际的课堂实践中注重挖掘诗文中所蕴含的文化元素，比如“意象”，让学生能够在 40 分钟的课堂内获取更多古诗学习的知识，为学生今后独立阅读和更广泛深入的学习做好铺垫，也是本次教学设计的一个亮点。对于古诗内容本身而言，学生除了可以理会诗人爱家乡的情感，也能够对爱国的层次和内容有一个新的认识：爱祖国不仅仅是我要当科学家的远大志向，也不仅仅是我要为祖国和人民流血牺牲的豪情壮志。原来爱家乡也是爱祖国的表现，那么学生会思考，是不是我讲卫生、好好学习、遵守公共场所秩序也是爱祖国的表现呢？原来爱国存在于生活和学习的诸多细小事情之中。

学好中国字 做好中国人
——《秋天》第一课时教学设计

北京市顺义区建新小学 关金如

本单元是小学生第一次接触阅读学习，是阅读学习的一块敲门砖，具有代表性的作用。内容以“四季”为主，不仅选文精美，编排独具匠心，更是聚焦了“语用”，明晰了语文知识和能力点，增强了语文学习的趣味性、实践性。课文编排的主要特点是突出双主线，既围绕人文主题，又凸显语文要素。

本单元课文主要有四篇，分别是《秋天》《小小的船》《江南》《四季》；其中《秋天》属于散文，短小精悍，语言通俗易懂；《小小的船》是叶圣陶老先生的一篇小诗歌，语言符合一年级学生的年龄特点，也是非常经典的一首诗歌；《江南》是一首汉乐府作品，语言符合一年级学生的逻辑关系，学生读起来通俗易懂，朗朗上口；《四季》是一篇具有拟人色彩的现代诗歌。其后还有语文园地、口语交际，和大人一起读《小松鼠找花生》。这一单元教材内容向学生呈现出了一幅幅美丽的图画，让学生感受到了自然之美、童话之美。激荡起学生热爱自然、热爱生活、热爱祖国的情怀。

《秋天》这篇课文，作者抓住初秋季节景物的变化及特征，描绘了秋季天高云淡的景象，表达了作者对秋天的喜爱、赞美之情。文章虽短小精悍，但描绘了一幅初秋全景图。

◆教学过程

一、书写课题，导入新课

跟老师一起来书写、读课题。

二、初读课文，多元识字

1. 学生自由读课文。

（1）强调读书姿势——脚放平，身坐正；手扶书，眼看字。

（2）读书要求：读准字音，不丢字，不加字。遇到不认识的字可以拼拼音。

2. 同桌互读课文。

要求：认真倾听同桌是否读准字音了，读对了夸夸他，读错了帮他纠正。

3. 认识自然段。

（1）出示课后第二题，引出“自然段”。

（2）利用第多媒体，教师带着学生数自然段，并示范标上序号。

（3）利用第 53 页《小鸟念书》练习标自然段。

4. 练习读第一自然段。

（1）读生字词。

出示词语：凉了、黄了、叶子。

自由读—指名读—齐读，必要时教师范读。帮助学生读好轻声。

（2）读短语。

出示短语：天气凉了、树叶黄了、一片片叶子。

朗读要求：注意词语连读，读出停顿。

（3）出示句子：天气凉了，树叶黄了，一片片叶子从树上落下来。

自由读—指名读—自由读。

（4）随文学习“片、了、子”。

①“片”指名试着书空；“了”你是用什么方法记住这个字的？②顺势学习笔画横撇。（预设：数笔画、联系生活等。）③“子”你有更巧妙的方法记忆吗？（预设：数笔画、“了”加一笔、联系生活等。）

（5）认识偏旁：木字旁、口字旁。

①请你试着给这两个偏旁起名字；②木和口变成偏旁变化；③用加一加的方法记“树”和“叶”。

5. 练习读第二自然段。

（1）出示词语：那么。

出示句子：天空那么蓝，那么高。

指名当小老师带读——自己读。

（2）出示带拼音和去拼音的词语。

一群、一会儿、一片片、“一”字。

①师引导发现：“一”在不同词语中读音是不同的。②多种形式朗读：自己读—开火车读—分男女生读。

（3）出示句子：一群大雁往南飞，一会儿排成个“人”字，一会儿排成个“一”字。

①强调朗读要求：读准字音，读出停顿、词语连读。②自己读—分组读。

（4）认识“大、会、人、个”。

①引导发现每个字都有人；②认识人字头。

（5）做游戏，识记生字。

①生字猜猜：人在云上走（会）。②生字加一加：人（大）（个）、了（子）。

（6）字源认识“子”。

【设计意图】统编版识字量较大，在识字教学时以随文识字、结合生活识字为主，做到字不离词、词不离句、句不离篇章。加一加、字源识字、游戏识字等多种识字方法，让学生感受到识字的乐趣，激发学生热爱祖国文字的情感。

三、再读课文，整体感知

1. 指名读 1、2 自然段，其他同学边听边想：秋天来了，什么发生了变化？

2. 指名说一说。（板书：天气凉、树叶黄、天空蓝高、大雁飞）

3. 这么美的景展现在眼前，作者发出了感叹：啊！秋天来了！

【设计意图】靠自己朗读文章，不仅练习了拼音拼读，也让学生能体会到自主学习的乐趣；将本课需要识记的生字以文中词语的形式出现，让学生不脱离文段识字；最后通过整篇文章的朗读，让学生对文章所描写的事物有整体上的印象感知。通过插图、学生想象、朗读等将一幅美丽的秋景图呈现在学生眼前，也让学生热爱大自然的情感油然而生。

四、指导写字，规范书写

书写“了”和“子”。

①先说一下两个字的笔顺，边说边书空。②再观察字在田字格中的位置，学生自己说起笔的位置以及关键笔画的位置。③教师示范，先写拼音后写字，然后学生在课本上描红。教师提醒坐姿。④学生对照互评：教师选择不同层次的学生课本，投影对照，让学生自己说出优点和缺点。

【设计意图】因为之前已经有了写字的基础，因此在这一板块的教学中，教师要重点强调写字的正确坐姿，一看二写三对照的写字顺序；同时，在评价学生书写时，以同学互评代替教师点评，让学生对自己的书写有一个正确的认识。在观察、临写、对照修改中，让学生感受到汉字的美，激发学生热爱祖国语言文字的情感。

五、小结

通过这节课的学习，我们认识了自然段和 3 个偏旁，知道了怎样把课文读通顺，读流利，还和许多字词交上了朋友。我们的收获可真不小呀！老师好期待你们下节课有更精彩的表现！

◆**反思：**《秋天》是一年级学生学完拼音单元后首次正式接触课文单元的起始课，我引领学生扎扎实实走好课文单元的第一步。

本堂课充分落实语文要素“朗读能力”的培养，我在课上认真指导学生朗读，关注了汉字的轻声读法和易错字字音，由读好生字字音到读好词语和短语，由读好短语到读好句子，再到读好自然段和全文，环节清晰、策略得当，体现了设计的层次感。

学习认识自然段，我放手让学生去探究，猜一猜答案、说一说方法，再引入正确认识自然段的方法和标注序号的学习方法，相机关联上一单元读过的《小松鼠找花生》，让学生于实践中运用认识自然段的方法，从而有效落实这一语文要素。

识字写字教学是低年级语文教学的重点，课堂上我设计了语言情境识字、结合生活识字、字源识字、利用熟字识字等多种识字方法；写字指导环节引导、规范学生的书写姿势、书写方法，有效利用课堂评价激发学生，使学生的汉字书写达到正确、美观、整洁的标准。整节课通过朗读能力的训练、多种方法识字，引导学生认真写好每个字，激发了学生热爱大自然、热爱生活、热爱祖国语言文字的情感。

◆**点评：**本篇文章环节清晰、有层次，观点鲜明，教学设计符合低年级学生的学习特点。朗读指导、写字指导每一步设计扎实有效。每一个环节的设计意图明确。教师引导学会朗读、学会写字，爱自然、爱生活、爱汉字的目标层层落实。本课教学设计，经过了十几次的试讲、组内听评课、区级教研员下校指导、区级教研展示评议等多次修改、打磨，可以供一线教师借鉴学习。

《江南》教学设计

北京市顺义区裕龙小学　彭　丽

《江南》是一首选自《汉乐府》的古诗，本诗共七行两句，前两行直接描写了江南水乡的美，介绍了此处是一个可以采莲的好地方；后五行写鱼儿在莲叶下面游水嬉戏。诗句生动活泼，通俗易懂；插图色彩鲜明，形象逼真，展现了一幅荡舟采莲、莲叶田田、鱼戏莲叶的美丽画卷。可谓有景、有情、有韵，学生们读来心情愉快，朗朗上口，便于在读中陶冶学生美的情操。学生通过学习古诗可初步体验到诗中精彩的语言，受到古诗文的熏陶。在本课教学中主要凸显两个意图：一是使学生在反复诵读中感受江南采莲时的光景和采莲人欢乐的心情；二是继续积累诗句，培养对祖国诗歌的热爱之情。

◆课堂实践

一、创设情境，复习字词

巩固认读本课生字。

（出示：莲叶、莲花、莲子、鱼、东、南、西、北。）

二、读中体验，理解诗句

1. 朗读课文，感受节奏。

师：我们回到课文中，请读准字音，读出停顿。

2. 图文结合，感受“采莲”之乐。

（1）朗读诗句，想象画面。

（出示：江南可采莲，莲叶何田田。）

师：读古诗不但要读出节奏，还要读出画面！读一读，想象你仿佛看到了一幅怎样的画面？

（2）创设情境，教师引读，理解“田田”。

（出示：莲叶何田田。）

师：一阵微风吹来，满池的莲叶轻轻摆动身子——

太阳出来了，又大又圆的荷叶碧绿碧绿的——

（3）指导朗读“江南可采莲，莲叶何田田”。

（出示：江南可采莲，莲叶何田田。）

师引读，生接读，读出停顿。感受江南莲叶何田田的美丽景象以及采莲人采莲的快乐，有感情地朗读诗句。

【设计意图】在这两行诗句的学习中，教师利用边想象边读的方法，让一幅江南采莲丰收的景象出现在孩子的脑海里，既拉近了学生与文本的距离，又将学习古诗的方法渗透给学生，让学生可以利用想象的方法实现自主阅读古诗。

3. 想象情境，体会“鱼戏”之乐。

过渡：在这挨挨挤挤的荷叶下，淘气的小鱼在干什么呢？

（1）出示“鱼戏莲叶间”。

观看鱼戏莲叶间的视频，直观感受并想象小鱼就像在做各种各样的游戏，发挥学生的想象。师用“有的……有的……还有的……”总结，读诗句“鱼戏莲叶间”。

【设计意图】通过观看视频，引导学生联系生活实际展开想象，体会小鱼在水中快乐地游戏，再通过想象小鱼都在做什么游戏的方式，发散学生思维，让学生感悟小鱼的快乐。利用想象，联系生活实际理解诗句的意思，并想象小鱼的心情，进而理解诗句传达的情感。

（2）学习后四句，引出“东西南北”四个方向，引导学生发现朗读时可适当重读。

师：鱼儿都游到哪去了？谁能用你的朗读告诉老师答案。

（3）出示句式，说话练习。

（出示：鱼儿在莲叶间玩游戏，一会儿游到__、一会儿游到__、一会儿游到__、一会儿游到__。）

老师描述画面，生对诗句。

（4）认读“东”“西”“南”“北”四个表示方向的字，联系生活实际认识东西南北，并创编诗句。

在教室里找一找东西南北这四个方向。请相应方向的同学帮忙举起字卡，自主发现“东—西”“南—北”是两对相对的词语。

师：生活中还有很多意思相近或相反的词语，试着和老师对一对。把这两组对子放到古诗中，还可以创编古诗呢！

（出示：前—后、左—右）

（5）选几位同学表演小鱼，按照这几个方向，加上喜欢的动作，化身成小鱼一起游一游吧！座位上的同学就是莲叶、莲花、莲藕。

（6）师生对读，加上动作，再一次体会小鱼快乐的心情，有感情朗读并渗透“鱼戏莲叶间”与后面的总分关系。

【设计意图】在识记“东”“西”“南”“北”四个表示方向的字的环节，不仅是识字的过程，更是学生自主发现两对意思相反的词语的过程。活动主要是让学生想象加做动作朗读，目的是在一边玩一边辨方向一边识字的自主阅读过程中，体会小鱼的快乐。在找方向读时，也同时是为了帮助学生完成后面的背诵而做铺垫。联系生活实际拓展对子，并创编诗句，培养学生综合语文能力。

三、多种方式，背诵诗句

1. 根据提示，背诵古诗。

2. 根据板书，背诵古诗。

3. 观察插图，背诵古诗。

4. 想象画面，听唱古诗。

【设计意图】本环节呈现了完整的板书，不仅在回顾整首诗时，看着板书来想象画面并背诵诗句，更是给了学生背诵诗句的一个台阶，让孩子既可以通过想象，又可以通过看字来学习背诵古诗。

四、指导书写

1. 学写竖弯和“西”字。

（1）笔画竖弯。教师边讲解边范写：起笔时稍重，从上往下写短竖，再圆转向右水平方向写短横，收笔稍重。学生书空。

（2）强调要点：第一笔横较短，方框要写得宽一点儿、扁一点儿，最后一笔横封口。

（3）提醒书写姿势，学生自主书写后反馈评价。

2. 学生自主书写“西”。

（1）观察“四”字笔顺笔画，教师范写，学生书空。

强调要点：第一笔竖靠左，稍向右斜，第四笔是竖弯，转弯要圆，不要写成竖折或竖弯钩。

（2）提醒书写姿势，学生自主书写后反馈评价。

【设计意图】通过观察笔顺、字形结构、占格、关键笔画等来让学生说一说怎样才能写好“西”，既训练了学生观察字形的意识，又增强了学生识字写字的能力，最后通过观察教师范写，自己描红、书写，同学评价，进一步加强指导“西”的书写。四和西，字形相近，多为相同笔画，勾连第四课生字 “四”对比书写，有单元整体意识。

五、拓展阅读古诗《池上》

1. 借助拼音读准字音，读出节奏，读出韵味。

2. 结合插图想象诗意。

【设计意图】这首诗跟本课《江南》所描绘的景色略有相同。由于《池上》这首诗浅显易懂，因此教师通过放手让学生想象来有意识地训练学生自主阅读诗句的能力，以及进一步体会利用想象的方法自主阅读古诗的重要性。

◆反思：

一、注重教给学生阅读的方法

利用想象朗读、带动作、表情朗读以及联系生活实际，教会学生朗读古诗的方法。低年级学生初学古诗，缺少一定的朗读方法和技巧，而且诗文离学生生活较远，所以课堂中利用很多的图片与视频来弥补学生认知上的空白，在补白之后教给学生利用想象，加动作、表情等方法进行有感情的朗读，这样降低了学习古诗的难度，更有效、直观地理解了诗文要传递给人们的快乐的情感。另外，从低年级开始便循序渐进地教给学生阅读的方法，也是为今后的学习奠定良好的基础。

二、展开想象，领略江南美景

古诗是中华传统文化中的一颗璀璨的明珠，本诗寥寥几笔就勾勒出一幅江南水乡采莲的风光。如果说初读感知使学生对整首诗的意境留下了浅层的记忆，那么推敲品读后便让学生真正走进了江南，领略了一幅生动活泼的美景图。当教学诗句“莲叶何田田”时，我引导学生想象看到了一幅怎样的画面。“我看到了满池的莲叶。”“莲叶是碧绿碧绿的。”“莲叶是又绿又亮的。”“是呀，诗人不由得发出感叹‘莲叶何田田’！”紧接着我又出示文中的插图：你们看，美丽的姑娘在满池的莲叶间——采莲，这是多——美的画呀！此时诗的前两行已变成了一幅美丽的画留在了学生们的脑海中。后面的五行通过观看视频，引导学生联系生活实际展开想象，体会小鱼在水中快乐地游戏。我相信此时学生眼中的江南已成了一幅灵动的、活泼的，有生命力的画了。

◆点评：一年级学生积累的古诗文有限，因此教师在拓展诗文中融入了古诗文的资料，不断让孩子感受到古诗文语言的魅力。结合生活实际拓展阅读《池上》，古诗内容富有童趣，拉近学生与古诗文的距离、激发学生对古诗文的向往。通过拓展生活中的对子，续编故事，让学生们从小就感受到只要通过学习也是可以成为小诗人的，这样就能激发他们学习古诗的浓烈兴趣，增强了他们对祖国传统文化的热爱。

《我是中国人》中的爱国主义教育

亳州京师翰林实验小学　张凤侠

小小课本，大有文章。今年我接手了一年级语文课。一年级是一个特别关键的年级，为了让一年级的孩子能有一个美好的未来，我特别注重孩子们的思想教育，而语文课本就是教育的载体，所以每一课我都认真备课，以期给孩子们更好的教育。在所有的教育当中，爱国主义教育应该是最重要的教育之一。因此在教学《我是中国人》这一课时，我特别进行了设计。

《我是中国人》是入学教育单元“我上学了”中的第一课。这一课是全册书的开始，通过引导学生认识“我是中国人”，对学生进行爱国主义教育。

书中采用图配文的方式——天安门、五星红旗和 56 个民族的孩子身着各自民族的服饰背着书包去上学的场景图，配合“我是中国人”的文字。通过画面观察和听读句子，让学生们初步了解我国是一个多民族的国家，感受作为中国人的自豪，激发爱国之情。

◆课堂实践

一、导入新课

（一）谈话导入

1．同学们，首先欢迎你们进入小学，开始了崭新的学习生活。我们在这节语文课上，将要学习入学教育的第一课。翻开语文书，看到第 2、3 页，在这幅美丽的图画中你们都看到了什么？

预设：许多小朋友、国旗、天安门广场、花、“我是中国人”五个字。

2．同学们观察可真仔细，我们这节课的课题就是《我是中国人》。（板书：我是中国人。）哪位同学认识这几个字？请你来读一读（随机纠正发音和唱读现象）。

（二）深入讨论

1．你知道我们的祖国，它的名字叫什么吗？（中国）

2．世界上有很多国家，中国是其中的一个国家。大家看，在这张世界地图中，这片昂首挺胸的雄鸡版图就是中国。（通过看世界地图，让学生了解我们中国所在的位置，再简单介绍一下中国的历史，激发学生的爱国热情。）

3．中国是我们祖国的名字。这个名字是简称，有谁知道它的全称？

4．（板书：中华人民共和国）学生认读祖国的全名。

5. 练习说话：

我的祖国是中华人民共和国。

中华人民共和国是我的祖国。

二、了解国家（落实目标1）

认识“五星红旗”和“天安门”

1. 观察书中图画，说一说：五星红旗是怎样的？（旗面是红色的，旗上有一大四小五颗黄色的星星）

2. 这面五星红旗，被称为我国的国旗。想一想，你在哪里见过？（幼儿园里的升旗仪式，爸爸妈妈的单位门前，奥运会上运动员获得第一名……）

3. 让我们一起感受升国旗仪式上那激动人心的时刻。请同学们认真观看，一会儿有问题要问大家（播放视频）。

①看到这样的场景你的心情怎样？

请你高兴地说——我是中国人！

请你激动地说——我是中国人！

请你自豪地说——我是中国人！

小结：作为一个中国人，我们要爱护我们的国旗，升旗仪式上，要立正向国旗行注目礼，每天在校园中听到国歌声时，也应该面向国旗肃立。

②画面中还有一个我们国家的代表性建筑，你发现了吗（天安门）？

小结：“天安门”“五星红旗”都是我们祖国的标志。

4. 同学们表现这么好，让我们一起做个律动操放松一下吧。

国旗国旗真美丽，

金星金星照大地，

我愿变朵小红云，

飞上蓝天亲亲你。

三、了解民族

请同学们再看书上的图片，仔细观察图画上人物的打扮：

1. 数一数：图上有多少个小朋友？哇，这么多！老师告诉你一共有56个呢。

2. 想一想：图上这些小朋友都是中国人吗？为什么他们穿的衣服不一样？

从小朋友不同的打扮上，你认出来他们分别是什么民族的？能说几个就说几个。

3. 说一说：认识自己的民族，用“我是(　　)族”说话。（本班一共有两位少数民族的孩子，分别是东乡族和维吾尔族，因此我特别注意让这两位同学发言，再让学生观察讨论。）

小结：我国是一个由56个民族组成的国家，各民族虽然风俗不同，但56个民族的兄弟姐妹亲如一家。

4. 议一议：图上的小朋友们背着书包去干什么？（他们背着书包去上学。）

小结：对，我们这个单元的主题就是“我们上学了”。

◆**点评**：部编版一年级语文上册开篇《我是中国人》没有过多的文字解释，没有华丽的语言夸赞，只出示了一幅多民族齐聚的画面，对于刚刚入学的一年级小学生来说，想要理解其中蕴含的爱国主义教育并不容易，因此教师设计的这个教案注重从实际的生活入手，让学生便于理解。我认为其中有三处设计可以很好地让学生知道我们是中国人，中国又是一个多民族的国家，继而感受到身为中国人的自豪，激发他们的爱国热情。第一，教师利用世界地图让学生感受中国所处的位置，再简单介绍中国历史，激发学生的民族自豪感。第二，教师利用视频让学生感受身为中国人有多么的骄傲，祖国就是我们在世界上生存的底气，我们可以大声地、自豪地说：“我是中国人。”第三，我利用我们班现有的民族资源（两位来自少数民族的同学以及一位少数民族的副班主任）让学生明白我们中国56个民族是一家，我们都是平等的，我们要学会相亲相爱，从而激发学生的爱国热情。

诵读经典 传承中华传统文化之精髓
——《咏鹅》教学设计

北京市顺义区裕龙小学 杨 慧

根据《小学语文课程标准》的要求，小学语文教育要注重优秀文化的渗透，思想道德修养的熏陶，培育审美情趣，塑造健全人格。唐诗作为一种文学体裁，语言凝练，朗朗上口，浅显易懂，意义深远，对青少年的智力发展很有好处。

《咏鹅》是著名的唐代诗人骆宾王的诗作，用 7 岁儿童的眼光将鹅游水嬉戏的神态写得极为生动活泼。表达了小作者对鹅的喜爱之情，表现出儿童时代的骆宾王善于观察事物的能力。

这首诗对学生来说并不陌生，也许从小就已经会背诵了，因此我将教学的重点放在对古诗意思的了解和对作者情感的体会上，并初步教给学生读懂古诗的方法。

◆课堂实践

一、谜语导入，揭示课题

（一）猜谜语

1. 上课之前，先让学生猜一个谜语：“头戴红帽子，身披白袍子，脚穿红袜子，唱歌伸脖子。” 谜底：鹅。

2. 揭示课题——《咏鹅》。

3. 同学们都见过鹅吗？说说你见过的鹅长什么样儿？

（二）讲故事

师：从前有个小男孩叫骆宾王，一天，他和伙伴们正在湖边玩耍，看见一团雪白雪白的东西漂浮在湖面上，再仔细一看，原来，竟是一只美丽的大白鹅正欢叫着向他游过来，这使他非常惊喜，立刻指着鹅作了一首诗：鹅、鹅、鹅，曲项向天歌，白毛浮绿水，红掌拨清波。所以，人们管骆宾王叫“神童”。这首诗流传到现在已经一千多年了，骆宾王那时才 7 岁，和我们现在的年龄差不多，今天大家认真学习，相信你也能作出优美的诗。

【设计意图】一年级学生活泼好动，注意力难以集中。通过猜谜语、讲故事这些喜闻乐见的方式来吸引学生的注意力，了解作者和写作背景。由于是同龄人的故事，孩子们听的兴致高，也激发了学生对古诗的兴趣。

二、初读古诗，学习词语

（一）和鹅宝宝交朋友（出示带拼音的生词）

（二）学习生字“红”

（三）朗读古诗，读准字音

三、理解词语，明白诗意

现在我们来看看小诗人描写的是怎样的大白鹅。

（一）第一行

当小诗人看见这美丽的白鹅，赶紧告诉他的小伙伴“鹅、鹅、鹅”，他为什么要连说三次呢？说明他看到这样可爱的白鹅，心情怎么样？（高兴、激动、惊喜。）

1. 指名读，把这种高兴、惊喜的语气读出来。

2. 大家一起来试一次。

（二）第二行

大白鹅在干什么呢？

1.“项”指鹅的哪儿？脖子怎么样？那么“曲项”是什么意思？谁能用动作来表示出来。（小手做鹅头，胳膊做脖子。）

2. 鹅弯曲着脖子在干什么呢？（看投影回答。）

①“歌”指鹅在干什么？（大叫。）

②为什么小诗人要把白鹅的叫声听成在唱歌，说明他觉得白鹅的叫声怎么样？（因为他喜欢白鹅，所以连它的叫声也觉得动听，像唱歌一样。）

③这里有两个“项”“向”，但表示的意思却不同，说说它们分别表示什么意思？

3. 指导朗读：看，这只白鹅张着大嘴巴，头戴漂亮的红帽子，身穿雪白的礼服，像不像歌唱家正在演唱？那么谁能把这只白鹅高声唱歌的高兴劲读出来？（找两个同学朗读，其他同学认真听。）

4. 全班把前两行连起来读。

（三）第三、四行

白鹅昂首歌唱的样子十分可爱，它在水中浮游的姿态更加的优美。

1. 这里的“白毛”指什么？（长着白色羽毛的鹅。）

2.“浮绿水”是说鹅在干什么？

3. 同学们想一想，还有什么能浮在水上？小船靠桨划水前进，那么鹅怎样游水呢？（齐读第四行。）

①“拨”是指脚掌怎么样？谁能学一学鹅划水的动作？

②“清波”是在说水怎么样？

③“拨”和“波”意思一样吗？（看图）“拨”指鹅用脚掌划水时的动作，“波”指水波、波纹，谁能到前面来指一指图上哪是清清的水波纹？

【设计意图】在具体语境中通过动作、手势来理解词语，区分同音字，最后明白诗句的意思，充分调动学生主动参与的积极性。

4. 指导读：同学们看，白鹅漂浮在绿色的水面上，红色的脚掌轻轻地划动着，美吗？

（四）回归整体

1. 把全诗连起来读一遍。边读边想一想，这只大白鹅在水里是怎么游的？

2. 请同学们数一数，这首诗共有多少个字？小诗人只用了十八个字就写出了一幅美妙的白鹅戏水图，而且写得有声有色。

3. 请大家找一找，诗中哪一行写出了鹅叫的声音？（第二行）

4. 说一说诗中都描写了哪些颜色？（红、白、绿）

四、感情深化，朗读背诵

（一）闭上眼睛，听老师描述

（边说边板书画）蓝蓝的天空下，一只雪白的鹅浮在碧绿的湖面上，它自由自在地游着，红色的脚掌轻轻地滑动，一会儿它昂起头快乐地歌唱，一会儿又低下头欣赏自己美丽的影子。

睁开眼睛，说一说你有什么感受？

（二）播放动画，体会情感

过渡：这样美的感受，我们怎样才能有感情地朗读出来呢？

1. 讲方法：读古诗和一般课文不同，要稍慢一些，吐字清楚，注意停顿，做到声断而气息不断。

2. 先听老师读，大家再读，我们比一比，看谁读得好。

3. 现在，你就是小诗人骆宾王，你看到了水面上这白鹅戏水的美好画面，该怎样朗读呢？指名读，评一评。

4. 大家齐声朗读，会背的可以不看书背诵。

【设计意图】根据一年级学生的年龄特点，调动他们朗读的积极性。尤其让学生把自己当成小诗人，心中的自豪感油然而生，读起来会很带劲，感情也能得到升华。

5. 小游戏：老师手指鹅的哪个部分，就背出描写那部分的句子。

看一看小作者骆宾王是按什么顺序来描写的呢？（头、身体、脚掌）

6. 同学们学得真好，你想不想也像老师这样很快地画出一幅画？那老师这里有个小游戏，请同学们和老师一起来做一做，看看能连出什么。（一只鹅）

五、课后小结

今天我们一起来学习了《鹅》这首古诗，大家感受到了诗中描写的美好景象，以后我们还会学到更多更美的古诗，相信以后你也能像骆宾王一样写出很美的诗。

六、布置作业

1. 必做：有感情地把这首古诗背诵给家长听。
2. 选做：自己画一幅白鹅戏水图给同学或家长欣赏。

◆**反思**：教材是开展语文教学活动的根基，更是传播传统文化的重要载体。因此，在语文课堂上，我努力让学生更多地认识与了解中国的传统文化，在优秀传统文化的熏陶下，培养学生的民族自信心和自豪感。由于一年级的学生年龄较小，枯燥的讲解难免会让学生产生厌烦的心理，因此在课堂上，我努力做到：

一、挖掘诗中意象，营造宽松氛围

这首诗的语言浅显易懂，学生能在读书的过程中把“白毛”“绿水”“红掌”这些表示颜色的词读好，在读中理解词语。对于诗句的意思，课堂上我让学生们伸出小胳膊、小手做鹅头，胳膊当脖子，来体会“曲项向天歌”。用手来做拨水的动作，用手势理解“红掌拨清波”的句意。在这样宽松的课堂氛围中丰富文化内容。

二、优化学习策略，激发学习兴趣

课堂上通过观看动画，让学生感受大白鹅在水中自由自在浮游的动态，用动画深化情感，加深对诗意的理解，产生对大白鹅的喜爱。还通过指哪背哪的小游戏，加深对诗句描写顺序的理解和掌握。变枯燥为生动，渗透文化精髓。

◆**点评**：语文作为一门独特的人文性学科，除了培养学生的审美意识、提升文化修养以外，还承载着传承优秀传统文化的重大责任。尤其在当今文化冲击剧烈的大背景下，我们语文教师有义务成为中华传统文化的传播者。小学生正处于养成人格的重要阶段，在语文教学活动中，有意识地传承中华优秀传统文化，这对引导他们树立正确的人生观、世界观与价值观大有益处。

本教学设计抓住一年级小学生的生理和心理特点，寓教于乐，读一读诗句，说一说想法，做一做动作，玩一玩游戏，把枯燥乏味的古诗教学变得生动活泼，让学生在潜移默化中受到传统文化的熏陶，对中国传统文化产生浓厚的兴趣。

传承文化 创编儿歌 感受四季之美

北京市朝阳师范附属小学 寇艳丽

部编版教材一年级上册第四单元选编了《秋天》《小小的船》《江南》《四季》等几篇适合一年级学生阅读的、韵律感强的儿歌。其中《四季》指导学生初步了解四季的特征，感受四季的美丽。

《四季》是一首富有童趣的儿歌。作者通过对春天的草芽、夏天的荷叶、秋天的谷穗和冬天的雪人这几种代表性事物的描述，表现了春、夏、秋、冬四季的不同特点，表达了对四季的喜爱之情。

全文共 4 个小节，运用拟人化的写法，语言亲切且富有情趣，使用叠词，富于童趣且朗朗上口，各小节语言句式、结构大致相同，便于学生仿说。

◆课堂实践

一、复习导入

【回顾文章内容】

今天，我们继续学习课文，齐读课题——《四季》。通过上节课的学习，我们又积累了一些词语，看看你还认识它们吗？

1. 出示词语：尖尖、春天、青蛙、夏天、弯弯、顽皮地、冬天、说话、就是……

2. 复习文章内容：将词语带回到文中，朗读小诗，读准字音，读通句子，边读边回忆，课文中，四季分别代表谁？

3. 背诵第一小节：上节课我们一起走进了春天，从那尖尖的草芽中感受了春天的生机勃勃，你还记得作者是怎样写的吗？让我们加上动作一起来背一背。

【设计意图】从词语的复习自然过渡到文章内容的温习，最后共同背诵已经学过的第一小节。唤醒学生对知识和方法的记忆，层层深入，为后续的学习做好铺垫。

二、感知夏、秋、冬的特征（感受诗歌词句之美）

（一）荷叶圆圆的夏天

1. 瞧，夏天来了，看这圆圆的荷叶，谁能像刚才一样，通过朗读和动作，读出它的样子？

【预设】

（1）学生重读“圆圆”，但没有加上动作。（评：如果在朗读中加上动作，就更好啦！）

（2）学生没有重读“圆圆”两个字，也没有加上动作。（评：试着加上一个表示“圆圆”的动作，你就能读出荷叶圆圆的样子了。）

2. 就是这片碧绿的荷叶代表了夏天，当它与青蛙对话时，会是什么心情呢？

【预设】

（1）开心的心情，因为夏天到了，荷叶可以生长了。（评：哦，原来荷叶只在夏天生长。如果反过来说，荷叶生长了，说明——夏天到了。你能读一读吗？）

（2）骄傲的心情，因为荷叶代表着夏天。（评：荷叶生长代表着夏天的来临，荷叶在通知小青蛙呢！）

3. 出示春天和夏天两个小节：指名读春、夏两个小节，你发现有什么相似的地方吗？

4. 让我们借助刚刚总结的规律，试着背诵一下这一小节。（初步掌握经典诵读的方法，掌握声韵格律。）

5. 仿照课文，说一说自己喜欢的季节。（让学生在情知和谐的教学过程中理解与体验、感悟与思考，受到情感熏陶，喜欢阅读儿歌。）

在《秋天》和《小小的船》中，我们积累了优美的词语和短语，今天，我们不仅能够积累词语，还能创造优美的语句。

（1）出示学生搜集的图片：上节课后，一位同学搜集的图片。请你说一说这是什么季节？你从哪里看出来的？

（2）练习仿说：让我们仿照课文，给这幅图片编一首小诗，让自己的语言更生动有趣。桃花是什么样子的？它可以对身边的哪个小动物介绍自己？桃花代表的是哪个季节？谁能借助图片，完整地说一说？

（3）出示学生搜集的图片：谁想自己当小诗人？给这幅图片编一首诗？（向日葵圆圆）它在对谁说？（对蝴蝶说）说什么呢？（我是夏天）

（4）4 人小组合作，创作诗歌：请你们 4 人为一小组，运用手中的图片，创作一组小诗。一会儿我们来交流一下。

（5）学生交流。

（二）谷穗弯弯的秋天（感受儿歌的韵律美，学习模仿创作儿歌）

随着蝉鸣渐渐消失，我们迎来了丰收的季节，稻田里的谷穗都弯下了腰。请你小声朗读第三小节，边读边想：如果你是成熟的谷穗，你鞠躬是对谁表示感谢？

【预设】

（1）谷穗在感谢太阳/雨水/大地……（评：真是有礼貌的小谷穗，感谢每一个帮助过它的人。）

（2）指导朗读：让我们带着动作，一起读出谷穗有礼貌的样子。

（三）雪人顽皮的冬天

1. 当最后一粒稻谷被收进谷仓，当第一片雪花飘落时，我们顽皮的老朋友又来了！它是——雪人。请你模仿雪人顽皮的样子读一读第四小节。

2. 除了堆雪人，冬天我们还能做哪些游戏？老师看到你们的脸上都洋溢着笑容，你能用一个词说说你对冬天的感受吗？

3. 谁愿意带着快乐的想象再来读一读冬天这一小节。

4. 总结规律能帮助我们更好地理解背诵文章，那我们一起再来说说第三、四小节有哪些相似的地方？它们和第一、二小节的区别在哪儿？（第二个分句的对谁说，改成了怎样地说）

5. 结合你找到的规律，试着背一背这两个小节吧！同学们背得很有感情，谁愿意挑战一下背诵整篇文章？

6. 仿照课文，说一说自己喜欢的季节。

在刚才的创作中，同学们都意犹未尽，老师就再给大家一次展示的机会，模仿第三、四小节的规律，介绍一下自己喜欢的季节。

（1）教师提供图片：老师先来分享一下自己喜欢的图片，老师喜欢秋天的落叶，你能借助提示语帮助老师创作一首小诗吗？

（2）教师引导：什么景物？（落叶）什么样子？（飘飘）怎样地说？（跳着舞说）说什么？（我是秋天、我就是秋天）

（3）学生提供图片、集体创作：谁愿意分享手中的图片，让大家来帮你创作。请同学们按照刚才的方法，帮他创作一首小诗吧！如果再遇到困难可以同桌互相帮忙。

【设计意图】通过朗读，感受季节的特点；通过交流，找到某个季节具有特征的事物；通过仿说，加深学生对四季特征的感受。

◆**反思：**小学生接触到的人、事、物较少，词汇量不够充沛，无法正确表达自己的意见与看法。因此，小学语文教师可以利用小组合作的模式，让学生对阅读内容进行讨论。如，教授《四季》一课时，可以让学生根据课文内容以及搜集的图片进行创编儿歌。在小组讨论创编的过程中，学生可以倾听其他同学的意见，学生之间因为年龄相仿，可通过其他同学的表达来完善自己的语言。到自己发表意见时，可以用更通顺的语言进行表达，从而提高学生语言构建的核心素养。

◆**点评：**《语文课程标准》指出：“语文教学应激发学生的学习兴趣，注重培养学生自主学习的习惯和意识。”这一理念不仅强调了学习方式的变化，而且强调了学习和发展的主体是学生。

为了实现这一目标，同时也充分调动学生的积极性和主动性，构建开放而有活力的语文课堂。教学时我采用读图识字和儿歌创编活动激发学生学习兴趣，同时采取以下方式来培养学生自主学习的能力：第一，图文结合，掌握四季的特征；第二，仿说练习，感受诗歌的韵律；第三，借助资料，小组合作，想象创编，启迪学生创造性地想象和深化认识。充分地进行语言实践，让学生在实践中逐步学会独立思考，学会读书，促进其独立自主发展。

在本节课的教学中，我充分运用学生为主体、教师为主导的课堂模式，引导学生自主探究文本，提升了学生自主学习的能力。教学过程始终洋溢着师生双边活动的热烈气氛，既不是学生围绕教师转，也不是学生配合教师活动，而是使学生成为学习的主人。

弘扬传统文化 厚植家国情怀
——人教版小学语文五年级下册第四单元“家国情怀”单元整体教学阅读篇第三课时教学设计

人大附中北京经济技术开发区学校 李 佳

《孟子》有言：“天下之本在国，国之本在家，家之本在身。”由此看，中国人的家国情怀自古便有，不只是说之，更多是行之。范仲淹的“先天下之忧而忧，后天下之乐而乐”，毛泽东的“埋骨何须桑梓地，人生无处不青山”，都彰显了家国情怀的历史意义。教育更应引导学生们明白：家国情怀是使命，是担当，更是激人奋进的磅礴力量。

无论是唤起民族的历史记忆，还是关注当下的语文教材，都离不开爱国这一核心。“家国情怀”是五年级下册第四单元的内容，本单元课文有一个共同点，就是通过人物的描写让学生体会人物内心及感受先辈们崇高的精神。

本次教学设计重在第二板块：“家国情怀”阅读篇——寻英雄背影，感英雄情怀。

◆课堂实践

一、整体感知人物形象

出示学习单：

千百年来，中华民族经历了无数战乱，英雄的中华儿女抛头颅洒热血护卫着我们的这一片土地。捐躯赴国难，视死忽如归。在家国面前，我们的英雄们从未退缩。正是因为英雄们的付出，才赢得了我们今天的幸福生活。

1. 读课题《青山处处埋忠骨》《军神》。思考：从课题当中，你感受到了什么？

2. 大声朗读两篇课文各三遍。

第一遍重在巩固生字的读音，要把课文读通读顺。思考：每篇课文告诉了我什么？

第二遍注意语文要素的学习，找出文章中描写动作、语言、神态的内容，体会人物内心。思考：读了课文当中什么（动作、语言、神态）的描写，我发现了谁的什么的内心？

第三遍注意描写人物内心的写作方法。思考：课文在描写主人公的时候运用了哪些描写人物的方法？

3. 把你认为值得学习、借鉴的语句用红色“_____”画出来，多读几遍。

要求：

孩子们在朗读课文的基础上，找出人物的语言、动作、神态，体会人物的内心活动。

【设计意图】①高学段教学要逐步实现“教—扶—放”。出示学习单，让学生明确学习任务。②初步培养孩子提取信息的能力，初步感知人物形象。③学会从人物、动作、语言、神态中体会人物内心。④调动孩子的语言积累，将孩子的语言积累与文本概括建立联系。

二、具体感知人物形象

我们中国有句古话，看人还得“听其言，观其行”，体会他的语言、动作和神态背后的用意。

再读课文，这一遍要注意描写人物内心的写作方法。思考：课文在描写主人公的时候运用了哪些描写人物的方法？

1. 思考文章运用了哪些描写方法来刻画毛主席和军神的，找出来仔细品味这些描写之后的内心活动？

2. 从自己找出的描写中体会他们是怎样的一个人？请任意选一处仿写小情景。

【设计意图】①先从宏观上整体感知描写和分析人物形象从何处着手，再从具体的描写中体会语言的言外之意，把握人物性格特点。②再在感知文本的基础上学会梳理、总结和概括，并通过具体的一处分析，学会一步步分析人物的方法。

三、自由感知人物形象

下面我们就从人物的语言、动作、神态等来看看毛主席和军神这两个人物，小组内选取自己感兴趣的部分，进行分角色朗读。

毛主席接到这封电报后有什么感受，你是从哪里看出来的？

（学生预设：从对毛主席的动作描写中感受到毛主席失去爱子后的悲痛心情。）

谈话过渡：接到长子毛岸英牺牲的电报，作为父亲的毛主席会想到什么？

（学生自由发言。）

指导朗读，从毛主席的动作中感受其失去爱子后无比悲痛的心情。

四、迁移与运用：赞，抗疫英雄

1. 小组合作梳理写作方法：出示学习单。

梳理如何抓住人物的特征进行人物语言、外貌、神态等细节描写；梳理如何通过人物语言、动作、神态等来分析人物的内心和性格特点；总结写人物语言、动作、神态等的方法。

2. 观察与运用，语言表达训练，抒发家国情怀。

播放视频一：钟南山爷爷两次奔赴抗击疫情一线。

学生朗诵抗疫故事：武汉市第六医院急诊科主治医师林杰的故事。

播放视频二：一线社区工作者讲述社区工作人员默默防疫的故事。

刚才我们听了这些故事，相信每个人心中都有很多感想。现在请你们用上这些人物的语言、动作、神态描写，来歌颂与赞美我们的抗疫英雄！小组内先进行讨论，然后推选出小组代表，全班进行交流。

【设计意图】梳理是文本解构及自我建构的过程，是学生个性化学习的必要一环。所以要重视并引导学生自主梳理与总结。

◆**点评：**本文将课文学习与观察生活中的人物相结合，注重知识迁移与运用，结合抗击新冠肺炎疫情中涌现的英雄人物，运用本单元所学人物描写的方法，选择其中一位抗疫英雄，触发孩子们多角度观察人物，在观察的基础上，讲述他的抗疫故事，将观察与语言表达训练结合起来。

一、在语言实践活动中寻英雄背影，感英雄情怀

通过多遍朗读课文，先从宏观上整体感知描写和分析人物形象从何处着手，再从具体的描写中体会语言的言外之意，把握人物性格特点。再在感知文本的基础上学会梳理、总结和概括，并通过一处具体的分析，学会一步步分析人物的方法，感受人物的内心感受。

二、知识迁移与运用，通过观察与语言表达训练，抒发家国情怀

将文本学习与观察生活中的人物相结合，注重知识迁移与运用，结合抗击新冠肺炎疫情中涌现的英雄人物，运用本单元所学人物描写的方法，选择其中一位抗疫英雄，讲述他的故事，锻炼学生表达能力，并抒发自己的家国情怀。

小学语文教学中学生爱国情怀的培养

首都医科大学附属小学　房　迪

语文是一门思想性很强的学科。阅读教材的内容都富有思想性，为我们提供了许多金色的种子。语文教师犹如一个播种者，一个耕耘者，应该在学生的心田里及早地播撒下闪烁着爱国主义思想光辉的种子，让它们开放出美好的情操之花，结出丰硕的道德行为之果。

在学校，爱国主义教育应渗透在语文教学等各科教学之中。从“文以载道”的关系来说，“文”是“道”的形式，“道”是“文”的内容，而爱国主义教育则是“道”的重要部分。而祖国语言又反映了我们民族的精神生活的全部历史，是民族智慧的结晶。祖国语言的美好、艺术和表现力，对学生的影响，似涓涓细流，隽永而深长。

部编版语文第四单元围绕“爱祖国、爱家乡”这一专题进行安排，主要由《古诗二首》《黄山奇石》《日月潭》《葡萄沟》和语文园地四组成。学生第一次接触以“爱祖国、爱家乡”为主题的文章，教材以祖国大好河山的壮美景色为线索，内容丰富，题材多样，通过简练优美的词汇，还有意境深远的古诗，展示了祖国大好河山的美丽。教学中与生活连接，通过在地图上查找四篇课文介绍的地方，创设游览情境，引导学生反复读文，自主感悟，领略不同的民族风情。同时还要挖掘教材中潜在的资源优势，引导学生走出教室，通过观察、访问、调查等探究活动，了解家乡，赞美家乡，激发学生对祖国大好河山的热爱之情。引导学生热爱自己的祖国和家乡，感受祖国山河的壮美。

◆课堂实践

一、激发情感，形象体验，整体感知

首先通过录像，展示出“黄山”其中的一个画面，其次根据归类识字，学生所获得的已有知识经验，和屏幕上的画面相互对照，感知这就是“黄山”。接着教师提问：“谁去过黄山？”“谁在电影电视里见过黄山的风光？”学生回答得不够准确、完整。教师说：“今天这节课老师带你们到黄山游览一番，你们高兴吗？”学生非常高兴！从而引发学生的情感。教师放录像《黄山奇观》风光片，秀丽的风光与录音范读相结合，感染了学生，激发了学生乐学兴趣，使学生进入了情境，心驰神往地进入了课文的学习情境之中。

二、艺术开篇，解题定向，创设情境

《黄山奇石》一课，我设计在讲完第 1 自然段后才出示完整课题。在教学中，第 1 自然段中的两个重点词语“闻名中外”“秀丽神奇”，通过对两个词语的分析鉴赏，学生体会出黄山“奇石”秀丽神奇、有趣极了，知道作者下文要介绍、描写的正是“奇石”。就在这时板书“奇石”。此时，课题出示完整，学生头脑中想象着黄山的奇石到底有多神奇，多有趣呢？于是在设计的情境中开始了积极主动的学习。

三、电教运用，有利于由感性向理性认识的飞跃

如教学《黄山奇石》第 2 自然段，通过读、品词析句，让学生感知“仙桃石”的神奇有趣之后，教学时，教师提问：“这块石头像什么？”学生回答：“像桃子。”教师又问：“这块石头非常像桃子，那就叫它桃子石不行吗？为什么叫它‘仙桃石’呢？”学生展开了想象，正常的人无法把这么大的桃石搬上山，是神仙把天上的仙桃扔下来，仙桃变成了仙桃石。最后教师问：“作者是怎样描写的呢？”从而学生明白了作者怎样写。在学习完课文描写的四种奇石后，通过录像再现四种奇石的真实画面。学生通过将课文的学习和真实的影像进行对照，理解和运用语言文字的能力自然会提高，思维同时也得到了发展。

教学第 3、4、5 自然段时，奇石的名字是根据石头的样子加上人们的想象最后来命名的。如“金鸡叫天都”，教师问：“为什么称这几块巨石为金鸡？”学生回答：“是早上太阳光照射在巨石上，就像镀了一层金一样，所以称金鸡。”教师依次再问：“叫天都又是怎么回事呢？”学生回答：“是因为这几块巨石正对着天都峰，所以人们给这几块巨石命名为‘金鸡叫天都’。”从而学生从学会最终达到会学。此时教师放录像再观看“金鸡叫天都”的情景。

四、总结学法、指导迁移、形成能力

《黄山奇石》一课，第 2、3、4、5 自然段描写奇石的方法是一样的，都是先写“奇石在什么地方，什么样子，根据想象起名字”。教师出示学法规律，让学生开动脑筋，教师说：“我们通过学习，可以给奇石起名字，反过来，知道奇石的名字，也可以想象奇石的样子。”学生通过讨论，最后按老师出示的写法，叙述“天狗望月”这块奇石的样子。这样可以促进学生能力的提高，从而达到质的飞跃。通过起名字这一环节，让学生做主，调动学生的学习积极性。

五、声情并茂、形象生动，引发学生爱国之情

在课尾，引导学生热爱黄山、热爱祖国的山河，教师设计了让学生给黄山没有名字的奇石起名字。学生通过看录像给奇石起了许多生动、有趣的名字，从而感到祖国的黄山还有许多有趣、神奇的奇石，正等着他们去给起名字呢！最后教师问：“同学们学习了这篇课文你最想说

的是什么？能告诉老师和同学们吗？”学生说出了他们对祖国黄山的热爱，要把祖国的山河建设得更美丽！

◆**反思：**《黄山奇石》课文描写了黄山风景区的石头之奇，通过描写“仙桃石”“仙人指路”“金鸡叫天都”等奇石，表达了作者对黄山的喜爱之情，让我们直观感受到祖国的大好山河之奇美。通过对《黄山奇石》的学习，使学生了解祖国的黄山风景秀丽神奇，尤其是奇石更有趣，激发了学生们对祖国黄山的喜爱。同时也使学生更加热爱伟大祖国的山河。为了达到教学目标，我在教学本课时充分运用了电教媒体，使学生真实、生动、形象地感知课文内容，更准确、更直观，仿佛黄山风景真实地出现在学生眼前。

◆**点评：**本单元描绘了不同地域的景色之美、之奇，鹳雀楼在山西省，庐山在江西省，黄山在安徽省，葡萄沟在新疆维吾尔自治区，日月潭在台湾省。地域上从南到北，从东到西，从平原到山野，处处体现了中国的景美、景奇。让学生感受到“祖国处处是美景，家乡处处有特色”。黄山奇石之神奇，景色之秀丽，表达了作者对祖国山河的赞美之情。文章构思清晰，意境优美，想象丰富，妙趣横生，给人以美的享受和熏陶。在《黄山奇石》一课的教学中，我引导学生读文、看图、想象黄山“四绝”的几个镜头，使学生感受到了黄山奇石所具有的独特的美，明白了黄山奇石尤其吸引中外游客的原因；同时也使学生产生了想进一步了解与欣赏奇石的强烈愿望，让学生直观感受到祖国的山河之奇美。教学时，通过学习，让学生感受祖国的物产丰富、风景秀美，进一步激发他们对祖国的热爱之情！

千人糕

北京市朝阳师范学校附属小学　穆　聪

部编版教材二年级下册第二单元选编了《千人糕》这篇课文。“千人糕”实际上就是外形普通、口感平常的米糕，文中为了强调普普通通的米糕的制作材料、生产过程需要经过很多人的劳动才能完成，因此称之为“千人糕”。

课文有两幅插图，连接起来可以看出米糕能“摆在我们面前”的整个过程。第一幅图：稻米、种子、插秧、甜菜、甘蔗、熬糖，展现了制作米糕的主要材料“米”和“糖”是怎么来的。第二幅图：展现了米糕制作、包装、运输、销售的劳动过程。通过两幅插图，可以很直观地感受到米糕制作的每一个环节、每一道工序都关系到许许多多人的劳动，有助于帮助学生进一步体会米糕的来之不易。

许许多多人的劳动，汇成了这一块小小的米糕，这让人联想到眼下的全民抗疫，广大人民在奋力抗击疫情、为国家作出自己的贡献，包括按照要求戴好口罩上学的学生们，这对他们也是一次很好的爱国教育。

◆课堂实践

一、复习词语，进行过渡

（一）复习词语。

（二）过渡：（拿出一块米糕）老师带来什么东西了？（米糕）你闻闻，香不香？咱们上节课通过学习，知道了爸爸说这个米糕是千人糕，这么一块小小的糕，为什么是千人糕啊？（预设：“它是由很多人做成的。”）

二、提出问题，串联全文

问题一：有许多人为做出美味的千人糕作出了贡献，你能从文章哪些地方看出来呢？

（目的：了解米糕的制作过程，为借助插图说米糕经过哪些劳动才做出来的做铺垫，感受米糕的制作需要很多人的劳动，来之不易。）

学习方法：

（提示语：谁能为大家介绍一下学习方法？）

1. 默读课文。

2. 用“____”画出相应的句子。

（安全提示：小心使用铅笔，不要让笔扎到眼睛，用完放回笔袋。）

（书写提示：写字注意三个一，一尺、一拳和一寸）。

学习方法预设：

1. 学生画的是词语，如“种子、农具……”教师评价：我看到有的同学画的是完整句子，你真是善于学习。

2. 学生出声读或指读。教师评价：我观察到有的同学达到了默读的要求：不出声，不动唇，不指读。

3. 学生没有画全，只画了大米的生产过程或只画了糖的生产过程。教师评价：我观察到有的同学看得很仔细，找得很全面。

4. 有的学生写完后开始坐不住。教师评价：我看到有很多同学已经用坐姿告诉老师，他们完成了。

反馈方式：小组汇报。

反馈预设：

1. “是啊，大米是用农民种的稻子加工出来的。农民种稻子需要种子、农具、肥料、水……”教师评价：米糕生产需要大米，大米的生产过程需要许多工序，需要许多人的劳动（顺势在黑板上贴图）。

2. “糖呢，是用甘蔗汁、甜菜汁熬出来的。甘蔗、甜菜也要有人种。熬糖的时候，要有工具，还得有火……”教师评价：米糕生产需要糖，糖的生产过程也需要许多工序，需要许多人的劳动（顺势在黑板上贴图）。

3. “就算米糕做好了，还得要人包装、送货、销售，这些又需要很多人的劳动。”教师评价：那我们一起来看，“就算米糕做好了”说明这已经是做好米糕之后的劳动了（学生对照屏幕完善自己的答案，同桌互查）。

小结：有那么多人为制作米糕作出了自己的贡献，付出了许多劳动。

过渡语：在我们的书中，有幅色彩鲜艳的插图展示出了制作米糕的劳动过程。

问题二：你能借助插图，说说米糕是经过哪些劳动才做成的吗？

（目的：调动学生主动性。）

学习方法：

1. 默读文章第 8~9 自然段。

2. 小组讨论。

学习方法预设：

小组内有的学生没有思路，不参与讨论。教师评价：（教师巡视时）请这些学生认真倾听小组内其他学生的发言，再用自己的语言加以说明。

反馈方式：小组汇报。

反馈预设：

1. 学生按照正确顺序说出劳动过程。教师评价：你能认真分析与练习，有顺序地把过程说完整。

2. 学生只说出米/糖的生产过程。教师评价：你能够根据图片说出米/糖的生产过程，了解米/糖的生产需要很多劳动。

小结：经过这么多的劳动，美味的米糕终于做成了！

问题三：我们想要吃到米糕，还需要哪些劳动过程？

（目的：了解生产米糕工序的复杂、人员的繁多、劳动的艰辛，感受米糕制作的不易。）

学习方法：

1. 默读第 9 自然段。

2. 用“~~~~”画出相关句子。

（安全提示：小心使用铅笔，不要让笔扎到眼睛，用完放回笔袋。）

（书写提示：写字注意三个一，一尺、一拳和一寸。）

学习方法预设：

学生从“还得要人包装”开始画，而没有画出“就算米糕做好了”。教师评价：我看到很多同学都注意到了要画完整句。

反馈方式：个人汇报。

反馈预设：

1. 学生找对了句子，但读的时候没有感情。教师评价：你找得很准确，咱们在读的时候可以把“就算”“还得”“又”这些词加重音，更能表现需要很多劳动（顺势贴图）。

2. 学生找对了句子，读的时候也有感情。教师评价：你不仅认真默读，找对了句子，而且能够以给关键词加重音的方式朗读，读出了米糕制作过程的复杂。

小结：一块小小的米糕，需要这么多材料，需要这么多工序，需要经过很多很多人的劳动与奉献（贴字条），才能来到餐桌上，摆在我们面前。所以我们会由衷地发出感叹：“爸爸，这糕的确应该叫‘千人糕’啊（出示 PPT）!”

三、联系生活，进行体会

提问：生活中很多日常用品都经过了很多人的劳动，你能结合自己搜集的资料说一说吗？

（目的：体会其他劳动成果来之不易。）

学习方法：

与同桌交流你所搜集的资料。

学习方法预设：

有的学生此前没有查资料，不知道要说些什么。教师评价：看看咱们身边的物品。

反馈方式：同桌共同汇报，台前展示。

反馈预设：

1. 学生举出了物品，但只说了物品需要什么材料来制作。教师评价：它的制作需要这么多材料，在制作材料时同样需要许多人的劳动。

2. 学生举出了物品，也分析了物品制作的过程需要很多很多人的劳动。教师评价：你有顺序地讲出了××物品制作的过程，在制作过程中有很多人作出了贡献。

小结：看来不仅是米糕，生活中的每件物品都需要很多很多人付出劳动。它们来之不易，我们要珍惜这些劳动成果。

四、升华情感

每一块米糕、每一件物品的制作，都需要许多人的劳动。

同样，疫情的有效防控，也和每一个人的付出是分不开的：奔赴抗疫前线的医务工作者、日夜建设应急医院的工人、参与防控的基层工作者、遵守规定居家学习的同学们，都在为抗疫作出自己的贡献。

“只要坚定信心、同舟共济、科学防治、精准施策，我们就一定能打赢疫情防控阻击战。”令世人惊叹的“中国速度”，令世人赞叹的“中国凝聚力”，令万众瞩目的“中国国力”，每一个瞬间都闪耀着人民的光辉。祖国必胜的信心引领着千千万万中华儿女不畏风雨，勇敢逆行。未来，我们的祖国更需要每一位同学为实现中华民族伟大复兴的中国梦而奋斗！

◆**点评：**学生在第一课时初步学习了《千人糕》这篇课文，在脑海中对千人糕有了初步印象，知道它是需要很多人才能做成的糕。然而，学生并没有见过真实的糕，同时也没有参与过米糕的制作过程，所以不能很好地体会米糕的制作过程很艰辛、工序很复杂。因此，本节课针对这个问题，教师带来真实的米糕，请学生进行观察，产生直观印象。

同时，本堂课把课本内容延伸升华，联系到当前的疫情防控逐步有所成效，同样是缘于全民为之付出，作出属于自己的贡献。由于学生自身正在经历此事，因此感触也会更加深刻，不仅能够感受到全民为控制疫情这一件事情的付出，而且能够感受到国家的强大，产生强烈的民族自豪感，更加热爱我们的国家。

小小剪纸故事多 争做爱国好少年

北京市东城区西中街小学 于天爽

《朱德的扁担》这篇课文讲的是为了坚守井冈山根据地，粉碎敌人围攻，朱德同志和红军战士一起挑粮的生动故事，表现了革命领袖以身作则，与战士们同甘共苦的高贵品质，同时表现出广大战士对朱德同志的敬爱之情。

课文的第 2 自然段的“可是每次挑粮，大家都争着去”这句话写出了战士们争相挑粮的高涨热情。“可是”承接从井冈山到茅坪去挑粮路程长、路难走的困难，是说虽然有种种困难，但是战士们都争着去挑。“争”字表现了战士们不畏困难、不怕吃苦勇挑重担的革命精神。

课文通过人物的行动和心理描写，真实生动地反映了革命队伍中官兵互敬互爱、同甘共苦的感人场面。课文以“朱德的扁担”为题，以小见大，于细微处见精神，让我们看到了一位革命伟人的鲜活形象。课文最后三句提到“扁担”，与题目呼应，既点明了课题，又深化了内涵。因此在课堂上，可以由红军革命队伍的优良品质向学生们传递爱国情怀，借助多种授课形式深化学生热爱祖国的情感。

◆课堂实践

一、英雄故事知多少

抗战时期的英雄人物辈出，都为国家作出了很大的贡献。他们舍生忘死，用自己的血肉之躯保卫着家园的沃土。学生们先来说一说自己知道的英雄人物都有谁。教师引入的剪纸是国家非物质文化遗产，现在的各大节日和各种活动、展览中都能看到剪纸的身影，教师展示有关井冈山英雄的剪纸实物，引导学生们观看剪纸作品，了解更多的先锋人物，最后全班共同诵读《雷锋叔叔在哪里》。

二、了解光辉历史，学生情景剧演出

学生们表演情景剧《优秀少先队员》，剧中共同歌唱《共产儿童团歌》和《永远的井冈山》。教师在屏幕中展示敬爱的井冈山英雄的资料，他们最终打倒了地主、打倒了帝国主义，用鲜血和生命换来了我们现在胸前鲜艳的红领巾，让我们过上了幸福的日子。

三、传统文化我传承，爱国少年我先行

本环节让学生们亲自动手剪纸，让学生们更近距离地了解非物质文化遗产，获得更多自信心和文化体验。剪纸活动后进行集体讨论，谈谈自己的收获，说说自己从英雄人物中汲取的精神养料，谈谈自己对于动手剪纸的感受和想法，延伸到精神层面的热爱祖国、敬爱前辈。

◆**反思**：《朱德的扁担》这篇课文旨在通过发生在朱德同志身上的一件小事，让学生感悟朱德同志以身作则、和战士们同甘共苦的高贵品质。因为文章篇幅较长，课文讲述的内容与学生生活的经历相差甚远，学生学起来比较吃力，教师教学也不容易把握分寸，教学起来比较辛苦。因此，我在课前做了大量的准备工作。学生对于不常见的扁担一定充满了好奇，因此我着眼于扁担的特别之处，引导学生了解红军战士不畏困难、朱德同志勇挑重担的革命精神，从而增强他们的爱国精神。由于孩子对老一辈革命家的丰功伟绩知之甚少，因而在教学本课时，我让学生做好了课前预习，告诉学生朱德是中国的十大元帅之一的有关知识，还让学生查阅十大元帅的资料。上课时，我让大家把查阅到的资料进行交流。课文的第 3 自然段是教学的重点，为了解决这个重点，在教学时我先提问："朱德是怎样挑粮的？"让学生边读边画出相关的句子，再边看图边用自己的话说说，先说穿着，再说动作，由此产生对朱德的敬佩之情。在教学中运用不同形式，让学生亲自参与剪纸活动，近距离接触非物质文化遗产，这样能够让学生更加直观地感受并理解传统文化活动背后蕴含的爱国情怀，学生在动手剪纸的同时加深对历史的理解，深化爱国情怀。

◆**点评**：二年级下学期，学生们在课本中接触了三个伟人的故事，其中《朱德的扁担》这篇课文尤其引人入胜。在讲解过程中，学生们不仅知道了第一次国内革命战争时期井冈山会师的故事，更能了解到红军战士们不畏艰险、艰苦奋斗的优良品质。因此在课堂上除了讲解文章朗读课文以外，我还为学生们拓展了有关抗日战争和井冈山会师的英雄故事，学生们在了解了历史知识的同时，更增加了对历史中英雄人物的敬爱之情。还通过对于情景剧的排演，加深学生们对具体历史时期的理解，更加贴近学生们的现实生活。最后通过对我国非物质文化遗产——剪纸的讲授，让学生们动手操作，体会传统文化的乐趣与魅力，从而在实践活动中加深对历史和英雄人物的思考理解，并在今后将他们的优良品质运用到学习和生活中去。

爱国情怀在我心，语文课堂情浓浓
——《大禹治水》中的爱国教育

北京市房山区房山长育中心小学　吕宏博

语文课堂情浓浓，爱国情怀在我心，本文结合《大禹治水》这一课例，谈谈我在语文教学中进行爱国主义教育的策略。

《大禹治水》是统编版小学二年级上册第六单元的教学内容，《大禹治水》是一个流传千古的神话故事。《大禹治水》讲述了大禹十三年坚持治理洪水，多次过家门而不入，最终开通河道，治水成功，为百姓造福的故事。大禹心系百姓、无私奉献的精神为世人所敬仰。课文描述的治水前后的两个场景形成鲜明对比，更加凸显了大禹的奉献精神和疏导治水的智慧。本文旨在引领学生在读故事、讲故事的语言实践中，体会大禹心系百姓、无私奉献的精神。

在《大禹治水》这一课文中，激发学生学习兴趣的同时，加强学生对先贤的了解，从而激发学生的爱国主义情怀。

◆课堂实践

一、激趣引入，激发学生爱国主义情怀

教学设计片段一：

同学们，你们喜欢听故事吗？老师带来一个故事，齐读课题。大禹治水，读准“禹”的音。谁知道这个故事？看到课题，你有什么疑问吗？（生 1：大禹是谁？）

相机进行指导，介绍关键人物，鲧和禹，为什么叫“大禹”？大禹是夏朝开国君王，禹是中国古代传说与尧、舜齐名的贤圣帝王，他最卓著的功绩，就是历来被传颂的治理滔天洪水，又划定中国版图为九州。其中治理洪水的功绩十分显著，因此后人称他为大禹。

让我们带着这些问题走进课文吧。打开书第 71 页。

【设计意图】通过对大禹的介绍，激发起学生学习兴趣的同时，加强对先贤的了解，从而激发学生的爱国主义情怀。

二、润物细无声，浓浓爱国情

教学设计片段二：

整体感知，初步理解课文内容。

1. 课文主要讲了什么故事呢？四幅图打乱顺序，学生按课文顺序排序。

③三过家门。

②筑坝挡水。

④疏通河道。

①洪水泛滥。

2. 那为什么要治水呢？谁来读读第一段。

3. 借助上下文，理解“泛滥”一词，猜猜泛滥的意思和什么有关？在文中画一画。齐读这句话。

4. 洪水给百姓带来了无数的灾难，必须治理好它，怎么治理呢？老师这里有两个词语（挡水、疏导）。你知道词语中加点字的意思吗？猜一猜。

5. 查字典比赛。刚才同学猜得对不对呢？咱们进行查字典比赛。在文中“挡”和“疏”分别是哪种意思呢？

（见字典图片）挡：阻挡；疏：清理阻塞。

6. 你们发现了吗？这两个词语正好是文中的两种治水办法，这是谁的治水办法呢？

7. 那鲧是怎么挡水的呢？请女生读这一段（当时——消退）。

文中是怎么写鲧治水的呢？指名说，（他只知道筑坝挡水）是啊，他只知道筑坝挡水，全班一起读。

8. 观看鲧挡水视频。

9. 师生合作读，谁治水（当时……）怎么治（他只知道筑坝挡水……）。

10. 谁能借助老师的提示和图画，说说鲧是怎么治水的。

谁治水，怎么治，治得怎么样？

指名说说。

制造悬疑，为下节课留悬念。

鲧只知道筑坝挡水，九年过去了，洪水仍然没有消退，治水失败了（板书：败）。

禹继续治水，治得怎样呢？咱们下节课接着学习。

【设计意图】治水前洪水经常泛滥，百姓生活在苦难之中；鲧治水九年没有成功，他的儿子禹继续治水；禹因治水多次过家门而不入；禹带领人们采用疏导的办法制服了洪水，百姓过上了幸福的生活。我与学生在读故事、讲故事的语言实践中，共同体会大禹心系百姓、无私奉献的精神，教学过程中没有生硬的生搬硬套，而是在润物细无声中，浸润着浓浓的爱国情，大禹心系百姓、无私奉献的精神，在潜移默化中影响着学生、触动着学生。没有枯燥无味的说教，而是在自然而然中，那份家国情怀悄然在学生心中冉冉升起，这份家国情怀，逐渐根植在学生心中。这无须言喻的爱国情，才是真正浓浓的爱国情，家国情怀，并非泛泛而谈，而是融在骨血里，润物细无声，浓浓爱国情。

三、从课堂到课外，延续爱国情

教学设计片段三：

同学们，美好的时光总是太短暂，转眼走到了课堂的尾声，在本节课结束前，老师推荐给你们一本书，书的名字叫《中国古代神话故事》，这本书里面藏着许多精彩的古代神话故事，比如：精卫填海、夸父逐日等，里面有许多像大禹一样的英雄人物，等待着你们去发掘、去探索、去向往、去学习，感兴趣的同学，快把这本书带回家吧！争做长育书香少年！

学完本课后，学生留下的绝不仅仅是课上这些知识，将课上的这份爱国情延续到课外，学生们会感受到传统文化的博大精深。

课后我向学生们推荐《中国古代神话故事》这本书，浓浓的爱国情怀，也在这一刻得到升华。从课堂之中，到课堂之外，相信会给学生以触动，延续这份爱国情怀。

◆**点评：**爱国主义教育不仅是言语上的说教，更是润物细无声的课外的那份爱国之情，这份家国情怀，根植在学生心中，浓浓的语文情，浓浓的爱国心。以语文文化浸润课堂，加强语文课堂的教育功能，构建以学生为本的课堂，在教学过程中，将语文课堂和爱国主义教育有机地结合起来，充分挖掘学生心中那份家国情怀和爱国情怀，在浓浓的爱国情中，将语文课堂和爱国主义教育有机地结合，让学生爱上语文，更爱我们的国家。爱国情怀在我心，语文课堂情浓浓。

《雾在哪里》教学设计

内蒙古自治区呼伦贝尔市海拉尔区伊敏小学　宫丽娟

《雾在哪里》一文是从儿童的经验世界和想象世界出发，反映时代精神面貌，表现儿童的思想和情感，充满童心童趣的一篇课文。《雾在哪里》是个童话故事，选文不仅语言典范，而且内涵丰富，不仅确保了教科书全面的育人价值，而且保证了教科书的可读性和感染力，既便于学生学习和积累语言，又能使学生在思想上得到启迪，在情感上受到熏陶感染。

作者运用拟人的手法，将“雾”这一人们熟悉的自然现象，描述成小孩子和世界捉迷藏的故事。雾把大海、天空、城市等依次藏起，呈现出大雾笼罩下世界一片朦胧的奇妙景象。作者赋予雾以孩子的语言，把大雾笼罩称作“雾藏起了世界”，把云开雾散称作“雾藏起了自己”，因此整篇课文显得生动有趣。

◆课堂实践

本文是第二课时的教学过程。

一、复习回顾

1. 出示生字词语，学生开火车认读。

2. 运用所学词语说说课文主要内容。

从前有一片雾，他是个（　　）的孩子。“我要把大海藏起来。”

（　　　　　），他把大海藏了起来。（　　　　）是海水、船只，还是蓝色的远方，都看不见了。

“现在我要把（　　　　）藏起来。”雾把海岸藏了起来，同时也把城市藏了起来。（ ）、（ ）、树木、（ ）、（ ）行人和小黑猫，雾把一切都藏起来了， 什么都看不见了。

二、学习第7、8自然段，感悟雾的淘气

1. 认识“躲”，体会雾的淘气。

（1）教师提问：你们知道雾都去了哪些地方吗？板书：海上、岸边、城市的上空。出示句子。

雾飞到海上。

雾来到岸边。

他躲在城市的上空……

“躲”，指名读。

说说近义词，指出“躲”。

（2）出示生字“藏”是一对近义词组成的词语。

（3）教师提问：雾还会躲起来，它给你留下了怎样的印象啊？

（4）指导学生读句子：他躲在城市的上空。

2. 读好设问句。

（1）用横线画出第 7 自然段中的问句：现在，我该把谁藏起来呢？

（2）在第 8 自然段中找出这个问题的答案：我要把自己藏起来。

（3）同桌试读，师生配合读。

（4）分角色读第 7、8 自然段，体会雾的淘气。

三、学习第 9 自然段，感受雾消失后的变化

1. 自由读第 9 自然段，想一想：雾消失后的景色发生了什么变化？

2. 出示句子：不久，大海连同船只和远方，天空连同太阳，海岸连同城市，街道连同房屋和桥梁，都露出来了。

（1）指导学生恰当停顿，读好长句。

（2）圈出这句话中多次重复的词语“连同”，知道“连同”的意思就是“和”。

过渡：雾消失后还有什么变化呢？

3. 出示句子：路上走着行人。小黑猫也出现了，它摇着黑尾巴，悠闲地散步。

（1）理解“悠闲”。

教师提问：你知道“悠闲地散步”是怎样散步吗？

预设学生回答：自由自在地散步、无忧无虑地散步。

指导学生读一读，演一演。教师指出，“悠闲地散步”这是人的行为，而作者把小黑猫当作人来写，真有意思。

（2）学生模仿例句想象说话：雾消失后还会有什么变化呢？

路上走着行人，小黄狗也出现了，它________。

路上走着行人，__________也出现了，它__________。

学生反馈，师生评价。

四、理解雾的消失

1. 齐读最后一个自然段：雾呢？消失了，不知到哪里去了。

2. 提问：雾到哪里去了呢？

3. 学生讨论。

五、写字指导

1. 出示“于、久”。

（1）观察生字，请学生说说书写时要注意哪些地方，教师提醒独体字一般写在田字格的正中间。

（2）教师范写，边写边提示要点。

（3）学生练习书写，描两个，写一个。

（4）展评，相互评价，打五角星。

2. 出示“散、步”。

（1）请学生观察两个字的结构有什么不同，说说书写这两个字时需要注意什么。

（2）教师范写，提醒书写要点。

（3）学生练习书写，描两个，写一个。

（4）展评，相互评价。

3. 修改后再次练习书写。

◆点评：中华文字博大精深，教学本课第一课时是运用随文识字的方法认读生字，拓展和积累相关生字，帮助学生识记的同时，更教给了学生自主识字的方法和意识。

教学第二课时复习巩固词语环节，利用课文填空的方式来巩固，让学生明白词不离句的道理。对于长句教学环节，学生之所以会读成断句，就是因为不得法，教会学生停顿，有利于把握好长句，让学生明白朗读也有方法与技巧。通过读一读演一演的方法，体会作者表达的妙处，并通过想象说话来学习作者的写法，读说结合，强调了想象的重要性，意在培养学生的创新思维。“雾去了哪儿”是学生感兴趣的话题，从想象到现实，意在让学生在想象的同时也要关注生活，关注自然界的种种事物。

《坐井观天》（第二课时）教学设计

北京教育学院附属丰台实验学校　张　焕

《坐井观天》是一篇生动有趣、寓意深刻的童话故事，对于二年级的孩子来说，既有很强的吸引力，又有一定的难度，所以不容易把握文章的情感。因此在教学中应该通过多种教学方法来解决。从识字方面来说，学生已经上二年级了，他们已经掌握了很多识字的方法。课堂上，应该放手让学生用自己学过的方法独立识字。

◆教学过程

一、情趣导入

（一）闯关游戏，复检生字词语

1. 小鸟闯关（看课件读词语）。

师：上节课我们已经初读了第 12 课《坐井观天》这个有趣的小小的寓言故事，并学习了本课的词语，你们还记得它们吗？快看，小鸟给我们带来了上节课的词语朋友，开火车读一读。

【设计意图】复习上节课学习的词语，积累词语。

2. 青蛙闯关（看课件读字）。

师：同学们，你们读得太棒了！小青蛙也来到了我们教室，它也要和大家玩儿一个小游戏。

出示 PPT：无敌抢读王。生读字，重点区分“渴”和“喝”。

师：口渴需要水，喝水要用口。

【设计意图】区分形近字，利用多种方法强调和记忆。

（二）关注结构，写好汉字

回忆一下写字时要注意哪五个步骤：看、描、写、比、练。

（1）出示渴、喝两个字，观察生字特点。

（2）写字的重点笔画。

（3）提示学生说重点笔画，提醒大家压线笔是右下部分先写“人”字，“人”的最后一笔捺改成点，再写竖折。

（4）描红。

（5）评价。

【设计意图】正确的书写方法，培养孩子良好的书写习惯。

（三）回顾课文，整体感知

师：《坐井观天》是一篇既有趣又蕴含着深刻道理的故事，有哪些词语你不理解或者有哪些语句你读不懂？或者是这个故事背后告诉我们的道理你明白了吗？这些问题你们都可以提出来。下面就让我们带着这些问题，深入地学习这篇课文。

生：快速浏览课文，提出不懂的问题。

【设计意图】整体感知，培养学生质疑的能力。

二、熟读精思，感悟对话

（一）学习第 1 自然段

师：这个生字你们还认识吗？谁会用它组个词语？

师：“井沿”一词，谁能到黑板前指一指井沿在哪儿？一只小鸟落在了井沿上，你能把小鸟贴在相应的位置上吗？

师：（手指黑板）咦！这个故事中的一个主人公是小鸟，我们已经找到了。那另一个主人公你们知道是谁吗？生回答：青蛙。

师：青蛙生活在哪里？生回答：井底。

师贴，问：是这里吗？先贴错的地方再贴对的地方，以吸引学生，激发学习兴趣。

【设计意图】通过贴图片，理解“井沿和井底”两个词语的意思，并找到文中的主人公。

（二）学习第一次对话

师：上节课，我们已经找到了小鸟和青蛙有三次对话，并将它们的对话分别用直线和曲线画了出来。请三个组的同学再来读一读吧！它们在谈论什么话题呢？我们先来看它们的第一次对话，两个同学来读一读。

【设计意图】区分说话的内容，为后面的教学做铺垫。

1. 自读第一次对话。

2. 指导朗读，读出语气。

（1）青蛙问小鸟，出示 PPT:“你从哪儿来呀？”

（2）师：那小鸟是怎么回答的呢？

出示 PPT:“我从天上来，飞了一百多里，口渴了，下来找点儿水喝。”

（3）师：指导朗读，注意停顿。

（4）师：小鸟刚才说它飞了一百多里才飞到这里来，你们知道一百多里有多远吗？师举例子。

师：小鸟和大家的感觉是一样的，感觉很累，真是筋疲力尽，才下来找点水喝，让我们再来读一读小鸟的话。

【设计意图】体会小鸟飞得又渴又累。

3. 感受不同，创设情境。（PPT 出示，边说边指 PPT。）

【设计意图】培养学生想象能力。

4. 师生配合朗读。

师：下面老师我来当青蛙，同学们来当小鸟，一起读一读！

【设计意图】学会分角色朗读。

（三）学习第二次对话

1. 聚焦观点。

过渡：同学们，小鸟说的话，青蛙信了吗？预设——没信，按下面的教学步骤进行；预设——信啦，就先出示对话，让学生从词句中找出理由，顺势理解词语的意思，我们在课文里找一找青蛙不相信的理由吧。

（1）出示 PPT：朋友，别说大话了！天不过井口那么大，还用飞那么远吗？

你弄错了。天无边无际，大得很哪！

（2）生回答。

2. 读出感受。

（1）读好青蛙的语气。

（2）说大话 ——用自己的语言说说“说大话”是什么意思。

（3）反问句。青蛙说的话到底是什么意思呢？ 生答。

师：青蛙认为天多大？

师：你能读出青蛙认为天只有井口那么大的语气吗？

小青蛙（毫不犹豫地）说：朋友，别说大话了。天不过井口那么大，还用飞那么远吗？

小青蛙（很坚定地）说：朋友，别说大话了。天不过井口那么大，还用飞那么远吗？

【设计意图】通过引读的方式让学生体会到小青蛙认为天只有井口大的理由，强化造成它这样坚信的意志的主要原因就是它自己一直坐在井底。

（4）读好小鸟语气。

师过渡：小鸟的态度也很坚定。

PPT 出示：你弄错了。天无边无际，大得很哪！指名读出态度坚定的语气。

追问：这次小鸟又一次告诉它天很大很大，并且无边无际，谁知道无边无际是什么意思？什么是无边无际的？出示图片引导。

【设计意图】理解词语的意思，并且渗透出外面的世界很大，物种丰富。

（5）引导思考：青蛙认为天不过井口那么大，而小鸟认为天是无边无际的，为什么它们的认识会不一样呢？

师小结：小鸟每天都飞过很多地方，它看到了一望无际的草原，看到了无边无际的大海，见识了广阔的世界；而青蛙常年居住在井底，以为头顶上的天就是世界的全部。

【设计意图】强调主人公的观点是截然不同的，为寓意做铺垫。

（四）学习第三次对话

1. 师：它们各抒己见，谁也说不过谁，最后都无奈地笑了。

（1）出示 PPT：

青蛙笑了，说："朋友，我天天坐在井里，一抬头就能看见天。我不会弄错的。"

小鸟也笑了，说："朋友，你是弄错了。不信，你跳出井来看一看吧。"

（2）师追问：那青蛙和小鸟的笑又有什么不同吗？请你自己再读读它们的对话，想想它们的笑有什么不同？谁来说，青蛙为什么笑？

（3）师总结：自以为是。

（4）师：那小鸟为什么也笑了？

预设：（小鸟：你太笨了！你怎么那么不听劝！）可气、可笑……

是呀，可把小鸟给急坏了，这只青蛙怎么这么不听劝告啊。

出示板书：不听劝告。

2. 分角色朗读。

（1）师：请前后两名同学表演它们的第三次对话。

（2）根据时间请两组同学上台表演，其他同学认真听，并作出评价。（语气到位，有动作。）

【设计意图】从"笑"字切入，再次更加明确地强调两个主人公的观点截然不同。

三、了解寓意

师：最后小青蛙决定听取小鸟的话，跳出井口看一看，同学们展开想象，想一想小青蛙跳出井口会看到什么呢？会说些什么呢？（出示 PPT）指名回答。

同学们，这个故事我们讲完了，通过学习这个故事，你们有什么想法呢？

【设计意图】针对学生的想法教师顺势补充寓意。

◆**点评：**《坐井观天》是一篇十分有趣的寓言故事。它以短小、简单、浅显的故事表达了一个深刻的道理。选自于《庄子·秋水》，距今已经有 2300 多年了，虽然时间久远，但给我们的启示却很深刻！像这样的寓言故事还有很多，它们也特别有趣，这些故事也需要我们用心去慢慢体会，才能明白其中深刻的道理。

传递友善，播撒“真善美”的种子

北京市石景山区古城小学　宋丽丽

《要下雨了》是部编版小学语文一年级下册第六单元的一篇课文，主要从“燕子低飞、鱼出水面、蚂蚁搬家”三种现象，介绍了下雨前小动物的活动特点及现象原因，帮助学生了解身边的自然常识。

社会主义核心价值观是立德树人之根本，语文作为一门人文性和工具性统一的学科，承担着渗透社会主义核心价值观的重任。《要下雨了》通过对话展开故事情节，课文语言浅显易懂，适合分角色朗读和语言训练。小白兔与燕子、小鱼、蚂蚁之间的交谈，无不体现着朋友间的关心与爱护。如小白兔看到小鱼出水、燕子低飞的不寻常表现后，都送去了关切的问候，同时，小鱼对小白兔也流露出友爱。这种互相尊重、互相关心、和睦友好都在告诉学生哪些是值得赞扬的品行，友善的价值观已融入这些朴实的文字里。更让人感到温暖的是，小白兔在回家的路上，把要下雨的消息告诉了蚂蚁，将友善进行了传递。在本课学习过程中，学生通过角色体验朗读，在具体的语言环境中感受到了美好的情感，在幼小的心灵中埋下了“真”“善”“美”的种子。

◆课堂实践（教学片段）

环节一：朗读对话，读出语气

1. 朗读第 1 自然段。

（1）出示第 1 自然段，自由读，注意把字音读准。

（2）认读词语：山坡、割草、很闷、伸了伸腰。

——“坡”字为什么是“提土旁”？

——小白兔手里拿着的叫镰刀，他用镰刀割草，所以“割”字是“立刀旁”。

——心在门里不舒服，喘气都有些困难，就叫“闷”。

——做个“伸腰”的动作，和人体的动作有关，所以“伸”是个“单人旁”。

（3）出示第 1 自然段，指名读。

（4）教师总结。

——看来，小白兔是个热爱劳动的好孩子，劳动中不怕累。

2. 明确角色，贴示板图。

——小白兔在下雨之前都遇到了谁？

3. 朗读第一组对话。

（1）出示小白兔的话，自由读，指名读。

（2）认读词语“大声喊”。

（3）出示小白兔的话。

——今天的燕子怎么飞得这么低？小白兔心里一定感到很奇怪！谁能读出奇怪的语气？

——小白兔懂得关心朋友，见到朋友和平时不一样，赶忙送去问候。

（4）出示燕子的话，借助音节把字音读正确。

（5）认读词语：潮湿。

——观察发现都有“三点水”，说明和水有关。下雨前，空气里的水分很多，我们就说空气很潮湿。

——谁来替燕子告诉小白兔为什么自己飞得这么低？

（6）板书：低飞。

（7）同桌分角色练习读好对话。

4. 朗读第二组对话。

（1）谈话过渡。

——真的是要下雨了吗？小白兔路过小河边时，遇到了小鱼。

（2）出示对话，自由读，指名读。

——教师过渡：我们听出来了，小白兔是小鱼的好朋友。

（3）拼读词语：闷得很、透透气、淋着雨。

——前面我们认识了“闷”这个字，比很闷还要闷，就是闷得很。跟老师读一读这三个词语。

（4）板书：出水。

（5）对比读，感受关爱。

——哎呀，小鱼都憋得透不过气来了，咱们别让他说那么多话了，能不能去掉一句呢？为什么？

——小伙伴之间就应该互相关爱！有伙伴的关心真温暖，所以在读小鱼的话时，要把小鱼对小白兔的关心读出来。

（6）同桌合作，读小白兔和小鱼的对话。

5. 朗读第三组对话。

（1）谈话过渡。

——燕子、小鱼都告诉小白兔要下雨的消息，于是，他挎起篮子就往家跑。路上，小白兔遇到了一大群蚂蚁，他是怎么做的？

（2）自由朗读第 7 自然段。

（3）拼读词语：消息、搬东西。

——“消息”的“息”在这里要读轻声，“搬”字为什么是“提手旁”？

（4）想象补白。

——课文这一次没有写小白兔的语言，你能猜到他对蚂蚁说了什么吗？

（小蚂蚁，小蚂蚁，快回家吧，要下雨了！）

——小白兔不仅知道了要下雨的消息，还学会了去关心别人，真是好样的！

（5）朗读蚂蚁的话。

——其实，蚂蚁们早就知道要下雨了，他们也把这个消息告诉了小白兔。

（6）板书：搬家。

6. 朗读故事结尾。

（1）齐读小白兔的话。

——告别了小蚂蚁，小白兔加快步子往家跑，他边跑边喊。（妈妈，妈妈，要下雨了！）

（2）出示雷声的音频。

——小白兔刚说完，轰隆隆，一阵雷声响起，哗哗哗，大雨真的下起来了。

【设计意图】指导读好对话语气，疑问、关心等，学生之间的互动：分角色互读，师生互读等，激发朗读兴趣，提高朗读水平，并引导学生感受伙伴之间的相互关爱，懂得爱需要传递下去。

环节二：角色表演，情境体验

1. 情境引入。

——过两天，学校要进行课本剧表演比赛，我们要利用这节课挑选演员。课文读得绘声绘色，动作演得惟妙惟肖的同学就可以成为候选演员。

2. 回读对话。

——这个故事中人物对话很多，那我们就把这些对话先读正确，请你自己找出小白兔、小燕子、小鱼和小蚂蚁的话读一读，还可以为他们加上表情、动作。

3. 分角色表演。

（1）小组练习。

（2）分组汇报。

【设计意图】学生戴上头饰进行表演体验，一是在表演中练习分角色朗读，突破教学重点，二是借助想象与肢体语言的加入走进人物的内心世界，感受他们高尚的情操和美德，在表演中领悟核心价值观。

◆反思：本课教学设计，教师充分利用文中的三组对话，层层深入地引导学生走近文本、走进文本、走出文本，体会情感，进行核心价值观教育。首先通过朗读对话，唤起学生对生活现实场景的回忆，与伙伴见面的打招呼，看到伙伴反常表现的疑问，担心伙伴时的提醒等，感知友好与关爱；其次通过指导读出语气，引导学生换位感知人物内心与情绪，表达友好关爱；最后，抓住低年级学生年龄特点，通过分角色表演，模拟情景体验，感悟友善创造的美好境界。围绕对话学习，感受到伙伴间的关心和体贴，在幼小的心灵中埋下“友善”“关爱”的种子，使学生具有深情而广博的人文情怀，形成对生命、他人、家庭、社会、自然的正确情感与态度，进而形成善良的人格。

◆点评：语文课堂教学的核心不仅仅是教与学的存在，还在于教会学生学会正确对待生活、正确对待他人、正确对待社会、正确对待人生。本设计将小动物们间友善的对话变成教育的契机，润物无声地渗透社会主义核心价值观。一是在朗读对话中，融入核心价值观。学生通过多种形式的读，读出语气，对比读、分角色读、想象读等，感受朋友之间的相互关爱与友善。二是在填补对话中，引领核心价值观。小白兔是怎样把要下雨了的消息告诉小蚂蚁的呢？课文没有具体描述，教师鼓励学生填写留白，引领价值认同，把关爱与友善传递给其他人。三是在表演对话中，升华核心价值观。课堂中，通过分角色表演对话，学生身临其境地学习，走进文本，进行情感体验，成为弘扬核心价值观的践行者。由此，学生受到价值观的教育，真正使情感态度、过程方法、知识技能和谐发展。

《孝敬老人》教学设计

北京市顺义区双兴小学　马玉霞

《孝敬老人》是北京市义务教育课程改革实验教材第四册第二单元的一篇“读词语、读句子识字”的课文。课文由三部分内容组成：第一部分是6个词语，都是亲人的称谓用词。第二部分是4个词组。第三部分是一个句子，讲的是小一辈孝敬老一辈的情境。通过教学，培养学生喜欢阅读的习惯，提高运用所学知识自主识字的能力，在丰富词语的同时，强化语言的运用。让低年级的识字课为中高年级打下语言结构和语言材料的基础。学生在学习知识的同时，教师讲孝敬父母的故事和穿插《弟子规》中的诗句来帮助学生了解“孝敬”一词的含义，使学生对“孝道”有了进一步的认识和理解，继承了中华优秀的传统美德；学生在学习汉字的过程中，通过“孝”字的演变，让学生了解汉字文化，感受汉字魅力，产生热爱祖国汉字的情感，传承中华优秀的汉字文化。

◆课堂实践

一、温习方法，导入新课

导语：同学们，我们已经学过了很多识字方法，运用这些方法，认识了许多有趣的汉字。你都知道哪些识字方法呢？

1. 依形识字（象形字）。

预设：学生可能会说：我看到了大山、太阳和石头的样子就记住了山、日和石这些汉字。

教师相机出示图片（“山、太阳、石”的汉字图片）。

教师点拨：一个汉字就是一幅画，我们可以根据画面来记住一个汉字，多有意思呀！

2. 意合识字（会意字）。

预设：学生可能会说：人靠在树旁休息，单人旁和木合在一起就是休息的“休”；屋里着火就成灾，宝盖和火合在一起就是“灾”。

教师相机出示图片（“休、灾”的汉字图片）。

教师点拨：汉字不仅是一幅画，把两部分合在一起，就表示一个新的意思！

3. 形声识字（形声字）。

预设：学生可能会说：清水的“清”左边是三点水旁，和水有关系，右边是“青”表示这个字的读音；芬芳的“芳”，上边是草字头，和植物有关系，下边是“方”表示这个字的读音。

教师相机出示汉字。

教师点拨：你是根据形声字的特点来识记汉字的。

4. 其他方法。

预设：学生可能会说：利用加一加、减一减、换一换等方法识记汉字。

导语：这节课我们要学习一篇识字课文，要运用这些识字方法自主学习新的汉字。

【设计意图】师生一起温习识字方法，为学生迁移运用识字方法自主识字提供空间，初步培养其自主识字能力。

二、通读课文，自主识字

导语：请同学们做好读书姿势，借助音节自由地读一遍课文，读准字音，边读边圈出生字。

导语：你用什么方法记住这些生字的？在小组内互相说一说。

1. 小组交流。

2. 全班交流。

3. 相机指导。

预设：当学生汇报“孝、敬”时，介绍“孝”的演变过程，感受汉字文化。讲黄香温席的故事，读《弟子规》诗句。

当学生汇报“父、母、叔”时，教师引导学生读一读课文里的词语，并强调“母”的笔顺。

当学生汇报“姐、弟、爷、孙”时，教师引导学生读一读课文里的词组和句子，并强调“弟”的笔画。

【设计意图】学生是学习的主人，运用已有的识字方法自主识字，体现先学后教，教师因需指导。

三、发现规律，指导书写

导语：请你们认真观察下面两组生字，“孝”和“孙”，“父”和“爷”，有什么特点，在书写时应该注意什么？

1. 学生观察字帖，发现书写规律。

2. 学生交流。

预设：学生可能发现“父”字变成“父字头”时要写得扁一些，撇和捺要写得舒展，收笔在横中线上。

预设：学生可能发现“孝”的上面是老字头，下面是“子字旁”。“孙”左边的“子”字“横”变“提”，给右边的点留出空隙，写这个字时要做到左窄右宽。

3. 教师因需范写。

导语：哪个字难写？需要老师帮帮你？

预设：学生可能会说“孝”或“孙”不容易写好。

教师相机在田字格中范写“孝”或“孙”。

4. 学生练习书写。

5. 师生交流评价。

6. 学生再次练习书写。

7. 语境中巩固生字。

导语：淘气的生字藏在《弟子规》里了，你能正确书写吗？

父母教　须敬听　父母责　须顺承

亲爱我　孝何难　亲憎我　孝方贤

【设计意图】因需而范、因意而写，对比两组形近字书写上的特点，发现书写的规律，依据规律练习书写，提高写字实效。

四、归整体，强化积累

导语：把生字朋友送回家，再来读一遍课文，要读得通顺流利。

1. 朗读四字词语，丰富语言积累。

勤学好问　　能歌善舞　　活泼好动　　天真可爱

2. 运用词语，练习表达。

导语：看！这些词语也可以形容一个人，读一读，这次你再试着选择词语来填一填。

助人为乐　　美丽大方　　刻苦学习

心地善良　　活泼开朗　　聪明伶俐

（　　）的大哥哥　　（　　）的小弟弟

（　　）的大姐姐　　（　　）的小妹妹

导语：请你把我们说的这些短语，认认真真地写在学习单上，写完后读一读，背一背。

【设计意图】在丰富词语的同时，强化语言的运用。低年级识字课为中高年级打下认识语言结构和语言材料的基础。

五、诵读经典，感受文化

导语：今天我们学习了识字 1 课“孝敬”老人，说到孝敬，我们知道“孝”是中华民族的传统美德，《弟子规》里的“入则孝”部分就很好地诠释了“孝”的含义。下面老师给你们配上悠扬的乐曲，我们一起来诵读一遍“入则孝”！

入则孝

父母呼　应勿缓　父母命　行勿懒　父母教　须敬听　父母责　须顺承

冬则温　夏则清　晨则省　昏则定　出必告　反必面　居有常　业无变

事虽小　勿擅为　苟擅为　子道亏　物虽小　勿私藏　苟私藏　亲心伤
亲所好　力为具　亲所恶　谨为去　身有伤　贻亲忧　德有伤　贻亲羞
亲爱我　孝何难　亲憎我　孝方贤　亲有过　谏使更　怡吾色　柔吾声
谏不入　悦复谏　号泣随　挞无怨　亲有疾　药先尝　昼夜侍　不离床
丧三年　常悲咽　居处变　酒肉绝　丧尽礼　祭尽诚　事死者　如事生

学生配乐诵读。

结束语：同学们，古圣先贤孝为宗，万善之门孝为基。让我们继续读国学，诵经典，从中习美德，悟孝道，与圣贤为友，与经典同行！

◆反思：《语文课程标准》提出："学生是语文学习的主体，教师是学习活动的组织者和引导者。语文教学应培养学生自主学习的意识和习惯，引导学生掌握语文学习的方法，为学生创设有利于自主、合作、探究学习的环境。"同时还提出："识字教学要注意儿童特点，将学生熟识的语言因素作为主要材料，结合学生的生活经验，引导他们利用各种机会主动识字，力求识用结合。"本节课我充分发挥教材的案例功能，把识字教学与词语的学习、积累、运用有机结合，为中高年级打下认识语言结构、语言材料和实践运用的坚实基础；引导学生运用已有的识字方法，自主识字，提高识字效率；把教师的范写与学生的需求相结合，依据汉字的特点和规律指导书写，教师点拨在关键处，真正实现"先学后教、少教多学、以学定教、顺学而导"的美好境界。

◆点评：

一、在诵读国学经典语境中相机识字

本课与学校"国学经典诵读"相结合，传承中华优秀文化。学习本课要让学生懂得孝敬老人，孝敬我们的长辈。孝是我们中华民族的传统美德，《弟子规》里的"入则孝"部分就很好地诠释了"孝"的含义，这也是我们学校低年级学生诵读的内容，本义就是让学生在读中体会"孝"的含义，并能在日常生活中践行蒙学经典《弟子规》。

结合本课的教学，作者把《弟子规》的内容有机地融合在一起，把本课所学的生字"父、母、孝、敬"正确地填写在《弟子规》的诗句中。在谈"孝敬"时，学生又想到了黄香温席的故事……可见，国学诵读不仅让学生从中习得了美德，还在潜移默化中传承了中华经典文化。

二、迁移运用识字方法，实现自主识字

上课伊始，我先引领学生温习所学的识字方法，同时利用图片与文字相结合的方法，让学生直观形象地感受到识字方法的多样化，为学生在后续自主识字环节打下良好的基础。课上，我把时间交还给学生，让学生在小组里充分地学习交流，在全班汇报交流时教师适时进行点拨拓展。整堂课，学生始终是学习活动的主人，在识字过程中亲身感受到了成功的乐趣，让识字课也变得有滋有味！

浓浓爱国情 飒飒两岸风
——《敕勒歌》教学设计

北京市顺义区裕龙小学 陈 月

《敕勒歌》是南北朝时北朝敕勒人的名歌。诗篇热情地赞美了敕勒草原的辽阔、水草的丰茂和牛羊的繁盛。诗词意境高远、风格浑朴苍茫，有着丰富的审美内涵和热爱国家大美地理风貌的情怀。作品用极其简洁的语言，准确地描绘出敕勒草原的苍茫景象，歌颂了山川风貌，赞美了牧民安居乐业的生活。学习本课，可以有效地激发学生对自然景观的热爱，对美好自然的向往，进而产生浓浓的爱国情怀。

二年级学生对诗歌的形式有一定的了解，明白一些简单的停顿和押韵，但是要让学生读出诗歌的情感和停顿来，比较困难，因此本教学设计注重学生读的指导，进行教师范读、配乐读等多种形式朗读，二年级学生对景色的美体会得并不到位，他们有的甚至不知道草原的景色是什么样的，因此，本节课在关注草原的壮美上，充分发挥学生的想象能力，想象草原的画面，进行想象能力的培养。

◆课堂实践

一、关联背景，引情导入

师：同学们，中国历史悠久，在我国的北朝时期有这样一个民族，他们生活在阴山脚下（图片出示），靠放牧为生（图片出示），他们住在这样的蒙古包里（图片出示），你们猜猜看，他们是我国古代的哪一个少数民族呢？

生：敕勒族。

师：今天我们就来学习一首敕勒族人歌唱自己家乡的歌——敕勒歌，跟老师一起板书“歌”字。师一边板书，一边强调：歌是左右结构，左边是哥哥的哥，右边是一个欠字，欠本意是一个人张着嘴在唱歌。这是一个形声字。

【设计意图】图片出示当时敕勒族人的衣食住行，并让学生猜一猜这是哪个民族，调动了学生的积极性，并对敕勒族人有一个大体的了解，知道了当时的阴山脚下就是敕勒川，既解决了课文中难理解的词语的意思，又对草原风景有个大体的了解。让学生和教师一起书空“歌”字，体现了低年级教学的重点，识字写字即便是第二课时，也十分重要，理解字的字形、类别，并写好“歌”字。

二、初读课文、把握停顿

1. 教师范读：请你打开书第 84 页，认真听老师读，听后，说一说，读这首诗我们要注意什么？

预设：

生："见"的读音要读正确。意思是"出现"的意思。

学生读时要注意停顿。

2. 出示画有停顿符号的课文，按照老师的样子自己读一读。

敕勒歌

北朝民歌

敕勒川，阴山下。

天似/穹庐，笼盖/四野。

天/苍苍，野/茫茫，

风吹草低/见牛羊。

3. 指名展示读。

指导：注意停顿的地方要把声音拉得长一点，突出一点。

【设计意图】教师进行亲身范读，给学生一个良好的榜样作用，他们会照着老师的样子进行朗读，在读准字音的基础上，进行停顿朗读的指导，使学生读出民歌的韵律来，读出民歌的节奏来，读出民歌的美感来。

三、再读课文，感知内容

1. 自学提示：自由读课文，边读边圈出不懂的词语。

2. 小组合作交流：互相解决不懂的词语，把两个人都不明白意思的词语保留下来。

3. 班内交流讨论。

监控：

穹庐：草原上的人住的圆形帐篷，也称蒙古包。

①介绍蒙古包的特点。②解释"天似穹庐，笼盖四野"的意思。③造句：____似__________。

苍苍：表示颜色。不同的事物不同的含义。

茫茫：没有边际。

进行词语的扩展：松柏苍苍，白发苍苍。大海茫茫，云雾茫茫。

4. 有感情地朗读。

天似/穹庐，笼盖/四野。

天/苍苍，野/茫茫，

5. 配乐朗读诗歌，边读边想象画面。

【设计意图】在解决课文的主要内容层面，采用自己圈画—小组交流—班内交流的形式层层递进，理解课文的主要内容，并对重点词语进行扩展训练，使学生真正掌握民歌的意思，采用多种形式的朗读，感受祖国草原的美景。

四、感悟诗意，想象画面

师：这样的草原，你仿佛看到了怎样的画面？听见了怎样的声音？闻到了什么样的味道，心情是什么样的？

生：我仿佛看见了成群的牛羊，看见了茂盛的水草。

生：我仿佛听见了牛羊的叫声。

生：我仿佛闻见了花草的香味。

生：我的心情是开心的、放松的。

……

小结：是啊，刚刚我们说过的都是我们坐在教室里想象出来的，这种手法就叫想象，你学会了吗？

【设计意图】本单元的语文要素是发挥学生的想象能力，因此在此处交给学生对景色想象的方法，可以利用我仿佛听见、看见、闻见、心情如何等，从想象具体事物入手，学会想象的手法，充分达成本单元的语文要素，提高学生的阅读水平。

五、板书提升，扩展延伸

1. 重温风光情，板书思维图。

师：刚刚我们领略大草原的景色，你的感受是什么？还记得草原上有什么吗？

生：我感觉祖国的风光很美，草原上有青草、牛羊、天空、田野。

师：这样用线把它们连起来的形式就叫作思维导图，思维导图能帮助我们更好地了解课文讲了哪些内容，我们赶快把这么好的方法记下来。

2. 学习精品阅读丛书中的《阿里山的美》，了解飒飒两岸风光。

①自学提示：大声朗读课文，边读边画出你觉得阿里山美的地方。

②交流阿里山美在哪？用上想象的手法。

生：我觉得阿里山的_____美，我仿佛看见了_____。

③把阿里山的美的思维导图补充完整。

【设计意图】通过精品阅读上的课文对本文的一个补充扩展，达到良好的教学效果，本阶段学习了想象的手法和绘制思维导图，用《阿里山的美》这篇课文训练学生的想象能力，阿里山美在哪？我仿佛看见了什么？并绘制思维导图，进行整体内容的梳理，充分提高了学生的阅读水平。

◆**反思**：本教学设计定位于培养学生的爱国情怀，主题为“浓浓爱国情，飒飒两岸风”，由于学生年龄较小，这样的爱国启蒙教育必不可少。在游览自然风光时，教会学生可以从哪些角度去思考，去品味，学生在课上表现出了极为浓厚的兴趣，以及对大美自然风光的向往，并扩展到了中国台湾的美丽景色，受到了爱国主义教育的熏陶。

◆**点评**：

一、关注学生想象能力的培养

新教材具有双线编排的特点，具有单元的人文主题和语文要素。本单元的语文要素是培养学生的想象能力，本节课作为单元的起始课，训练学生想象能力必不可少，因此，本节课关注学生对大草原的景色进行想象、利用：我仿佛看到了什么样的景色，我仿佛听见了什么样的声音，我仿佛闻见了什么样的气味，我的心情如何。一系列发挥想象的问题，教给学生运用想象的方法，进而利用精品阅读中的课外阅读进行补充，对阿里山的美体现在哪进行想象：我仿佛看见了阿里山的什么？这就做到了学以致用，充分完成本单元的语文教学要素，并培养了学生对祖国大好河山的热爱之情。

二、关注学生思维发展，初步学习思维导图

学生对把握整体课文内容，以及课文内容的内在联系存在一定的问题，本教学设计从此处入手，利用较为简明的《敕勒歌》进行教学，板书出《敕勒歌》的内容之间的思维导图，给学生直观的认识，利用精品阅读的《阿里山的美》进行课内和课外的勾连，既补充了祖国大好河山中草原和山川的美，又进行了思维导图的训练和拓展。学生在学习认识思维导图的基础上，补充并绘制《阿里山的美》的思维导图，有效地掌握了阅读方法，提高了阅读能力。

向雷锋学习 开友善之花

北京市朝阳师范学校附属小学 郑 鹏

《雷锋叔叔，你在哪里》选自人教版语文教材二年级下册第二单元。本单元的宗旨是让学生明白：有爱，才会甘于奉献；有爱，才会乐于助人。本文是一首儿童诗，作者以优美的语言和流畅的音韵，沿着“长长的小溪”和“弯弯的小路”娓娓地向我们述说着雷锋的故事，轻轻地拨动着我们的心弦。读完这首诗，要让学生明白，人们寻找雷锋、呼唤雷锋，其实就是寻找雷锋精神，呼唤我们都要向雷锋同志学习。

《雷锋叔叔，你在哪里》这篇课文体现的关爱正是社会上人与人之间的关爱，体现了社会主义核心价值观中的“友善”。“友善”强调公民之间应该相互尊重、互相关心、互相帮助，友好和睦，努力形成社会主义新型的人际关系。雷锋正是用自己的行动在实现他“为人民服务”的意志，他的思想和行动都是我们现如今应该学习和发扬的。

◆课堂实践

一、回顾诗歌，整体感知

1. 朗读诗歌，读出这首诗歌有问有答的特点。

2. 思考：雷锋分别帮助了谁？他是怎样帮助别人的？

二、读句子，想象画面

1. 聚焦动作，联系“泥泞”，想象画面。

（1）聚焦动作“抱、冒”，想象画面。

问题：雷锋“抱着迷路的孩子”，想象雷锋是怎么抱着孩子的？

预设 1：雷锋把迷路的小孩抱得紧紧的，怕小孩摔着。

预设 2：雷锋甚至用自己的外套裹着孩子，生怕孩子被雨水淋着。

问题：雷锋“冒着蒙蒙的细雨”，通过“冒”你想象到哪些画面？

预设 1：雷锋顶着风雨，紧紧抱着迷路的小女孩，雨水都打湿了雷锋的头发和衣服。

预设 2：“冒着”说明那时不仅有蒙蒙细雨还有风，雷锋叔叔可能也没有打伞，但还是抱着小女孩把小女孩送回家。

（2）联系“泥泞”，想象画面。

①引导学生运用多种方法猜测“泥泞”的意思。②结合语境，联系“泥泞”，丰富画面。

（3）基于想象，用自己的话说说雷锋事迹。

（4）梳理总结想象画面的方法：想象当时环境，想象人物动作。

2. 聚焦动作，联系“荆棘”，想象画面。

（1）引导学生运用多种方法想象画面。

①聚焦动作“背”，联系生活猜测“年迈”的意思，想象画面。

问题：雷锋“背着年迈的大娘”，“年迈”是什么意思，为何要“背”，背的样子如何？

预设1：年迈是老的意思，因为大娘上了年纪腿脚不灵活，所以雷锋要背着老大娘。

预设2：雷锋怕老大娘摔着，所以他弯着腰特别用力，稳稳地背着年迈的大娘。

预设3：雷锋背着年迈的大娘走了很长的路，累得汗流浃背。

②聚焦动作“踏”，联系“荆棘”，结合语境，想象画面。

问题：雷锋“踏着路上的荆棘”，“荆棘”是什么意思，为什么用“踏”？结合语境，想象画面。

教师出示图片，帮助学生理解“荆棘”的意思。

预设1：因为小路荆棘丛生，非常不好走，所以雷锋叔叔每一步都走得很稳很用力。

预设2：雷锋一步一步坚定地走在荆棘丛生、弯弯曲曲的小路上。

③联系生活，猜测“晶莹”的意思，结合语境，想象画面。

（2）基于想象，用自己的话说说雷锋事迹。

预设：雷锋稳稳地背着年迈的大娘，一步一步坚定地走在荆棘丛生、弯弯曲曲的小路上，一滴滴汗水洒下来，就好像花瓣上晶莹的露珠。

（3）有感情地朗读诗歌。

3. 表达心声，赞美雷锋。

问题：学习了前四小节，你觉得雷锋是一个怎样的人？

预设1：雷锋是一个乐于助人的人。

预设2：雷锋是一个不怕苦不怕累坚持要帮助他人的人。

预设3：雷锋是一个有奉献精神的人。

三、拓展想象，实际运用

1. 适度拓展雷锋事迹。

（1）拓展雷锋事迹，相互交流。

问题：你查到了哪些雷锋事迹，可以讲给大家听吗？

预设 1：

一天傍晚，天下起大雨，雷锋见公路上一位妇女怀里抱着一个小孩，手里拉着一个小孩，身上还背着包袱，在哗哗的大雨中一步一滑地走着，雷锋忙上前一打听，才知道这位大嫂从外地探亲归来，要去十几里外的樟子沟，她着急地说："同志啊，今天雨都把我浇迷糊了，这还有孩子，我哭也哭不到家啊！"雷锋把雨衣披在大嫂身上，抱起那个大一点的孩子冒雨朝樟子沟走去，宁愿自己淋得透湿，也不让他们受罪。他们一直走了两个多小时，才把母子三人安全送到家。

预设 2：

雷锋把自己的藏书拿出来供大家学习，被人们称为"小小的雷锋图书馆"。他帮助同志学习知识，同班战友乔安山文化程度低，雷锋就手把手地教他认字，学算术。同班战友小周父亲得了重病，雷锋知道后，以小周的名义给家里写了信又寄去 10 元钱。战友小韩在夜里出车时棉裤被硫酸水烧了几个洞，雷锋值班回来发现后，把自己的帽子拆下来一针一针地为小韩补好裤子，轻轻地盖在他身上。知道这个情况的乔安山说："为了给你补裤子，雷锋半宿都没睡！"

预设 3：

从 1961 年开始，雷锋经常应邀去外地作报告，他出差的机会多了，为人民服务的机会也就多了。人们流传着这样一句话："雷锋出差一千里，好事做了一火车。"

有一次，雷锋外出，在沈阳车站乘车，出检票口的时候，他发现一群人围着一个背着小孩儿的中年妇女。原来这位妇女是去吉林看丈夫，车票和钱都丢了。雷锋连忙用自己的津贴费买了一张去吉林的火车票塞到大嫂手里，大嫂眼含热泪地说："小兄弟，你叫什么名字？是哪个单位的？""我叫雷锋，家就在中国，我是一名解放军。"

（2）结合雷锋事迹，谈感受。

问题：听了雷锋的故事，你有哪些感受和收获？

预设 1：雷锋特别细心，关心爱护身边的每个人。

预设 2：雷锋时时刻刻关心帮助有困难的人，真是"雷锋出差一千里，好事做了一火车"。

预设 3：听了雷锋的故事我特别感动，觉得特别温暖，我们都要向雷锋学习，助人为乐，与人为善。

2. 读最后一小节，你知道雷锋叔叔在哪里了吗？

3. 联系生活，了解生活中的"雷锋"，仿照句式说一说，感受雷锋精神的传承。

问题：想一想我们身边有哪些像雷锋叔叔一样的人呢？仿照句式说一说。

雷锋就在我们班级里，你看，我们班的________就是小雷锋，他（她）（做了什么），我想对他（她）说："____________。"

四、升华情感

人们寻找雷锋，呼唤雷锋，其实就是在寻找人与人之间的关爱，呼唤热心帮助他人的精神，期盼“予人玫瑰，手有余香”的友善社会。就让我们再次沿着“长长的小溪”，顺着“弯弯的小路”去寻找今天的雷锋，让我们以雷锋叔叔为榜样，做一名雷锋式的好少年，让“友善”之花在身边开放。（播放歌曲《我们要做雷锋式的好少年》，在歌声中结束本课。）

五、作业设计

1. 寻找身边的“雷锋”，讲一讲他的故事。

2. 学习雷锋叔叔乐于助人的精神，帮助他人，做好事。

◆**反思：**“想象”是语文核心素养的重要内容，也是低年级小学生语文学习中需要重点培养的高阶思维。本节课，运用了多种想象方法：学生通过想象当时的环境，想象人物动作表现，联系词语意思想象，来深入理解雷锋事迹；通过联系生活实际想象，拓展想象，来感悟“雷锋精神”，想到身边人“乐于助人”的事迹。这些想象，既能帮助学生能够有感情地朗读诗歌，又能帮助学生理解诗歌内容，还增加了课堂的活跃度；延伸“友善”这一主题，教育学生们要以雷锋叔叔为榜样，做一名雷锋式的好少年。

◆**点评：**本文属于儿童诗，对于二年级学生理解起来比较困难。课上通过抓关键词语展开想象，帮助学生理解诗歌内容，体会诗歌中要传达的“雷锋精神”。如通过“长长的小溪”“蒙蒙的细雨”“泥泞路”这些短语对周围环境进行想象，学生能够想到环境恶劣、行走困难，正是在这样的环境下，雷锋抱着归家的孩子。通过“背、踏”这些动词，可以想象雷锋叔叔背年迈大娘非常吃力。这些想象能让学生感受到雷锋叔叔是关爱他人的。通过拓展想象，我们能够更深入地感悟“雷锋精神”；通过拓展想象学生会发现在马路上，在校园里，到处都是雷锋的身影，雷锋助人为乐的行为更加深入人心，学生内心也就不难理解。哪里需要爱，雷锋叔叔就在哪里。在发现身边的雷锋，学习雷锋叔叔时，“雷锋精神”得到了传承。

品读经典文章 激扬家国情怀

三年级语文：《手术台就是阵地》

北京市房山区城关小学 耿海英

《手术台就是阵地》这篇课文，是三年级下册选学课文中的一篇。课文写了在齐会战斗中，白求恩大夫在一座小庙里争分夺秒地为伤员做手术的故事。课文设置了递进的三个层次，每个层次都抓住这样两个要点来构段：危急的战斗环境，白求恩大夫的表现（言行）。在这样强烈的对比中，突出了白求恩大夫的高尚品德。正如毛主席在《纪念白求恩》一文中所写的："一个外国人，毫无利己的动机，把中国人民的解放事业当作他自己的事业，这是什么精神？这是国际主义的精神，这是共产主义的精神，每一个中国共产党党员都要学习这种精神。"并称赞他是"一个高尚的人，一个纯粹的人，一个有道德的人，一个脱离了低级趣味的人，一个有益于人民的人"。白求恩大夫这种对工作高度负责、这种无私奉献的精神，在当前疫情肆虐的情况下，在中国人民身上得到了最好的诠释。可以说，时代赋予了这篇经典文章新的生命力。

基于《手术台就是阵地》一课所在单元"带着问题默读课文"的教学重点和本课的思想内涵，教学设计如下。

活动一：课题质疑，期待走进人物

教师出示课题，组织学生质疑："手术台"让你想到什么？"阵地"让你想到什么？如果说"手术台就是阵地"你又想到什么呢？

【设计意图】直接用质疑课题的方式，引发学生的思考，激发学生对主人公的好奇心。

活动二：检查预习，初步感知人物

1. 检查字词预习。重点：注意"大夫"的"大"的读音。

2. 学生介绍对白求恩的了解；教师补充资料：亨利·诺尔曼·白求恩，加拿大共产党员，国际主义战士，著名胸外科医师，在加拿大、英国和美国医学界享有盛名。1937 年中国爆发抗日战争，他率领加拿大–美国联合医疗队，于 1938 年初来到中国，在前线进行战地救治，4 个月里做了 300 余次手术，救治了大批伤员。后来，白求恩因为抢救伤员而手术感染，牺牲在战场上。

3. 学生说说自己的感受。

【设计意图】读准字音，扫清阅读障碍；通过对白求恩大夫相关资料的了解，为学生品析课文重点句段，感受人物品质做好铺垫。

4. 教师引导学生阅读课题下的提示：默读课文，联系事情发生的背景，说说你对“手术台就是阵地”这句话的理解。

活动三：跳读课文，了解背景

1. 故事发生背景包括时间、地点和当时的情况。学生完成学习单，交流反馈。

事情发生的背景	
时间	1939 年春，齐会战斗中
地点	齐会地区的一座小庙

2. 默读课文，用直线画出描写战斗形势的句子，摘抄关键词语填在学习单上，交流反馈。

事情发生的背景	
时间	1939 年春，齐会战斗中
地点	齐会地区的一座小庙
当时的情况	硝烟滚滚　弹片纷飞 敌机吼叫　炮弹爆炸 布帘烧着　火苗扑来

3. 连起来读读描写战斗情况的句子，看看你有什么发现？学生感受到战斗越来越激烈，危险离手术台越来越近。

4. 读好这几句话，读出战斗的激烈，读出情况的危险。

【设计意图】关注环境描写，感受战斗的激烈。正是在如此危急的情况下，才更显示出白求恩大夫对工作的极端负责与伟大无私的奉献精神。

活动四：进入情境，感受人物品质

1. 在这么危险的情况下，白求恩大夫是怎么做的？再次默读课文，用波浪线画出相关语句，并用▲标出关键词。

当时的情况	白求恩大夫
硝烟滚滚　弹片纷飞	
敌机吼叫　炮弹爆炸	
布帘烧着　火苗扑来	

2. 交流。

（1）面对硝烟滚滚、弹片纷飞的情况，白求恩是怎么做的？

“白求恩仍然镇静地站在手术台旁。他接过助手递过来的镊子，敏捷地从伤员的腹腔里取出一块弹片，丢在盘子里。”

学生读句子，抓住“镇定、敏捷”，感受白求恩大夫对工作极端负责的态度。

（2）敌机不断吼叫，炮弹不断爆炸，卫生部长一再恳求他撤退，白求恩又是怎么说的？

白求恩沉思了一会儿，说：“我同意撤走部分伤员。至于我个人，要和战士们在一起，不能离开。”

白求恩说：“谢谢师长的关心。可是，手术台是医生的阵地。战士们没有离开他们的阵地，我怎么能离开自己的阵地呢？部长同志，请您转告师长，我是一名八路军战士，不是你们的客人。”

教师：读到这里，你能理解“手术台就是阵地”这句话的含义吗？

学生交流，有感情地朗读，感受白求恩大夫冒着生命危险坚守手术台这块阵地，对工作极其负责，而且不把自己当客人，视中国人民的解放事业为自己的事业行为，具有伟大无私的国际主义精神。

教师：白求恩大夫说完之后是怎样工作的呢？“继续手术”。

（3）布帘烧着了，火苗向手术台扑过来，在这样的情况下白求恩又是怎么做的？

“白求恩仍然争分夺秒地给伤员做手术，做了一个又一个。”

（4）“齐会战斗进行了三天三夜，胜利结束了。白求恩大夫在手术台旁，连续工作了六十九个小时。”

学生读句子，从“争分夺秒”“一个又一个”“六十九个小时”中感受白求恩大夫把手术台当作自己的阵地，他是这样说的，也是这样做的。

【设计意图】通过白求恩大夫在这样危险的环境中工作的言行，感受白求恩大夫对工作极端负责的品质和无私奉献的精神。

活动五：联系实际，激扬家国情怀

结合身边尽职尽责、无私奉献的人物事迹，以“____就是阵地”为题，模仿第 3 自然段说一段话。（注意可以适当地加入对当时环境的介绍，说说人物的表现，从中能反映出人物所具有的品质。）

【设计意图】白求恩是一名医生，学生会自然而然地想到疫情中我国的医护人员为了自己的国家和人民，甚至为了其他国家的防疫工作所作出的巨大牺牲。

活动六：课外阅读，继续感受人物美好品质

推荐阅读《纪念白求恩》，推荐电影《白求恩大夫》。

◆**点评：**本节课教师立足文本，沟通课堂内外，让学生在“大语文”理念指引下学习语言，陶冶情操。

通过课堂上的语文活动，教师和孩子们一起经历了默读画批、表格呈现、交流感受、情境朗读、联系生活实际练习表达的学习历程，并将课堂阅读延伸至课外。在教学中，教师先要学生读画出描写当时白求恩所处的危险环境的语句。重点交流在战斗越来越危急的情况下白求恩是怎样工作的。学生入情入境，变话为画。进而引导学生结合身边尽职尽责、无私奉献的人物事迹，以“__________就是阵地”为题，模仿第3自然段说一段话。学生不仅在阅读课文的过程中学会默读与思考，感受人物精神品质，模仿文章表达方法，更是在抗击疫情大课堂中，将家国情怀根植于内心。

整本书《雷锋——大海里的一滴水》导读课教学设计

北京市大兴区孙村学校　王　明

《雷锋——大海里的一滴水》讲述的是雷锋的一生。本书为人物传记类读本，通过共读书中精彩片段，激发学生阅读兴趣，使其能细致了解雷锋的优秀品质。

全书按照雷锋从小到大再至牺牲时的生活、工作经历所写，记录了他幼年的不幸、少年的成长、成年的勤奋工作、乐于助人等事迹。选读此书，旨在让学生了解雷锋叔叔优秀的品质，通过读书学生们不仅能了解雷锋叔叔乐于助人的优秀品质，还能知道他是一个爱读书、勤俭节约、无私奉献的人，从多角度了解雷锋叔叔的为人，从而向他学习。

◆课堂实践

一、诵读诗歌忆雷锋

同学们，上学期我们学过一篇诗歌叫作《雷锋叔叔，你在哪里》，大家齐声朗读诗歌。（出示诗歌片段）齐读诗歌片段。同学们上学期学了这首诗歌，结合你生活中了解的，你觉得雷锋叔叔是个什么样的人？

预设：雷锋叔叔是个乐于助人的人。

从刚才同学们的回答中可以看出我们对雷锋叔叔已经有了一些简单的了解，都知道他是一个爱做好事的人。你们知道吗？我们伟大的领袖毛主席就曾为雷锋同志题词：向雷锋同志学习。不仅如此，当时的国家领导人朱德、刘少奇、周恩来、邓小平等都为雷锋叔叔题过词（出示图片），那雷锋叔叔到底是个怎样的人呢？有人曾经形容他为“雷锋出差一千里，好事做了一火车”呢！并且因为雷锋叔叔做的好事太多了，全国人民都向他学习，你们还想不想知道雷锋叔叔的其他故事呢？

二、观察封面知信息

让我们一起走进这本书《雷锋——大海里的一滴水》，在看这本书之前，老师先带大家回顾一下二年级我们学到的到一本书，我们首先关注的是什么？（书名和作者）这本书的书名是什么呢？

预设：书名叫《雷锋——大海里的一滴水》。

这本书的书名好像比咱们之前看的书的书名长，下边还有一行副标题，叫作大海里的一滴水。

大海里的一滴水是极其普通的，那他是不是这样一个普通的人呢？一会儿我们去书中看一看。那这本书作者是谁？（徐鲁）对，你了解徐鲁吗？（出示徐鲁简介）那大家自己读一读徐鲁的简介。我们发现徐鲁的简介还在书中后勒口处出现。

除了书名和作者，在书的封面、封底和勒口处我们还能找到一些你感兴趣的信息。同学们可以利用课下去阅读了解。这些封皮信息在认真阅读后能帮助我们简单了解这本书，也能帮助我们今后在书店购书时作出一定的判断选择。

那这本书里到底记录了雷锋叔叔的哪些故事呢？那就让我们一起来读一读吧……

三、读精彩章节诱期待

翻开目录，我们上学期在空中课堂的“快乐读书吧”里学习了怎么看目录，那么请你说说目录上的文字和数字分别表示什么意思？（书的章节名称和该章节的页数。）我们发现了这本书中目录最上边还有——写给小读者的话。看看作者跟我们说了什么？

从文字中我们看到了哪些令你印象深刻的句子？

“我觉得要使自己活着，就是为了使别人过得更美好。”

“我要牢记这样的话：永远愉快地多给别人，少从别人那里拿取……”

大家知道这些话都是谁说出来的吗？（雷锋），这些话都出自他的日记。文中提到这些话背后的事迹都记录在他的数百则日记里。你们想不想看看他日记里的故事？雷锋叔叔非常爱记日记，他经常把他经历的事情以及工作、学习记录在本子上。并且日记写得非常好，曾被许多战友、领导看过，也感动过很多人。本学期我们也学习了写日记，可有些同学对写日记很是头疼，不知道写什么。老师告诉大家，在这本书里就记录了一个雷锋叔叔日记写得好的小秘诀。你们想不想知道是什么，那我们先猜猜可能是什么小秘诀，（找同学说一说）那刚才同学们说的到底对不对呢？我们一起到书中帮忙找找。让我们一起来阅读“钉子精神”这一章节，请大家默读第 135~138 页，看看讲了件什么事，并找到日记写得好的小秘诀。一会儿找同学用几句话来简单说一说。

预设：讲的是雷锋叔叔不浪费时间，在电影开始前都认真读书的故事。秘诀就是爱读书。

那这章的故事叫“钉子精神”，“钉子精神”告诉我们雷锋叔叔经常挤时间读书，是个爱读书的人。

（板书：爱读书。）

你们知道吗，雷锋叔叔不光爱读书，他在和我们现在一样是少先队员的时候还带头做了一件大好事，而这件事让乡亲们都纷纷对他举起了大拇指，甚至当时的乡长还给他亲手戴了一朵大红花呢！（图片）你们想一想他到底做了一件什么事呢？老师给大家一个小提示。

“1955 年下半年，乡里组织了农民扫盲识字运动，决定把从没有进过学堂的爹爹、婆婆和中青年村民都号召起来，参加夜校和识字班，在每一个村子里都扫除文盲，可是农村里上过学的人毕竟不多……”

这回你们猜猜他可能做了一件什么事呢？

预设：给乡亲们找老师教乡亲们识字。

那刚才同学们到底猜得对不对呢？我们一起来读读“青翠的小树”这一章，（板书）一会儿找同学来用几句话给我们说说讲了一件什么事，从这个故事中我们看出来雷锋又是个怎样的人？

预设：雷锋教不识字的乡亲们识字。

没想到他竟然教的是成年叔叔伯伯婶子读书，这太超乎我们想象了！那小雷锋教得怎么样？（好极了）农民伯伯们都称小雷锋是“小先生”，真是太厉害了。

那看完这个故事，雷锋叔叔给你留下了什么印象？

预设：雷锋叔叔从小就爱帮助人。（板书：爱助人。）

雷锋叔叔的优秀品质可不止这些，他可是一个以国为家的人，他身上还有许多宝贵的品质值得我们学习，并且这本书中记录了许多他做过的有意义的事情。其中一个故事就是围绕着雷锋叔叔的“百宝箱”去写的，你们想不想知道雷锋叔叔百宝箱里都藏了什么？并且雷锋叔叔还做过“田螺姑娘”，经常在别人不知情的情况下，就悄悄地帮助了别人，想知道他为谁做了哪些好事吗？想的话就课下赶快去书中找一找。书中不光有这些，还记录了他的成长经历和他的工作经历，都值得我们去学习。大家利用课下认真读一读，同学之间也可以相互讲一讲你读过的故事。同学们今天我们读的这本书都是围绕雷锋叔叔来写的，讲述了他的一生，像这样主要记录人物生平的书籍，你们知道属于什么类的书籍吗？

预设：人物传记类。

对了，就是属于人物传记类，老师希望你们能跟随这本书的文字走进雷锋的一生。

四、遗留悬念升华认知

其实雷锋叔叔的优秀事迹很多很多，但就是这样一名优秀的战士却在一次意外中牺牲了。同学们你们知道雷锋叔叔牺牲的时候多大吗？他的牺牲让所有人哀痛，他又是怎么牺牲的呢？老师希望你们去书中寻找答案。雷锋叔叔虽然牺牲了但他的精神影响了一代又一代人，为了纪念雷锋并向他学习，我们国家把每年的 3 月 5 日定为“学雷锋纪念日”。雷锋叔叔的精神又是怎样传递的呢？这些内容，无声的文字都会悄悄告诉你。

五、阅读积累（二选一）

1. 摘抄阅读章节中你认为有新鲜感的句子。

2. 或写一篇日记。记录你今天初读《雷锋——大海里的一滴水》这本书的感想。

六、阅读任务（二选一）

1. 继续阅读《雷锋——大海里的一滴水》这本书，每天至少阅读三个故事章节，一周后读完这本书，并设计完成雷锋故事思维导图（可参考板书），比一比谁的读书思维导图更丰富。

2. 小组评选优秀同学为大家讲一件书中令他印象深刻的雷锋故事。

◆**点评：**《雷锋——大海里的一滴水》不仅是青少年推荐读物还是党建读物，可见雷锋的优秀品质与精神多么值得我们每一个人学习。本人通过执教本书导读课，激发学生对雷锋叔叔的了解，拉近与雷锋同志的距离，并向之学习。

让孩子们通过阅读感受雷锋大公无私、乐于奉献、勤于学习、努力工作的优秀品质，弘扬雷锋精神。同时，孩子们通过读书深刻了解到每年3月5日“学雷锋纪念日”的重要意义。人人化身“活雷锋”，将雷锋精神一代代流传下去。同时，希望学生们通过阅读感悟到书中的家国情怀，并将这份情怀浸润在自己的心中。

《大禹治水》

北京市顺义区天竺第一小学　丁巳菊

《大禹治水》是一个流传千古的神话故事。课文讲述了大禹十三年坚持治理洪水，三过家门而不入，最终开通河道，治水成功，为百姓造福的故事。大禹心系百姓、无私奉献的精神为世人所敬仰。

全文结构清晰，语言精练。按照事情的发展顺序，讲了大禹治水的经过。课文描述的治水前后的两个场景形成了鲜明对比，更加凸显了大禹的奉献精神和疏导治水的智慧。通过本课教学让学生来体会大禹心系百姓、无私奉献的精神。

◆课堂实践

一、回顾课文，导入新课

同学们，你能用上“洪水、淹没、毒蛇、猛兽、恢复、安居乐业”这几个词语说说课文讲了一个什么故事吗？

二、品读文字，精读感悟

1. 学习第 3 自然段。

洪水给百姓带来了无数的灾难，必须治好它。鲧治水失败了，他的儿子禹继续担起了治水的重任。禹是怎样做的呢？

2. 出示句子，圈画关键词语。

禹离开了家乡，一去就是十三年。这十三年里，他到处奔走，曾经多次路过自己家门口。可是他认为治水要紧，一次也没有走进家门看一看。

3. 抓关键词体会大禹治水时间长，过程难，心系百姓。

通过“十三年”“多次”“一次”等词语体会大禹治水时间长，艰辛，心系百姓。（播放《三过家门而不入》动画视频。）

（1）看过视频，再读课文，你有什么问题要问禹吗？（预设：大禹你不想自己的孩子吗？大禹你为什么着急把洪水治理好？……）

指名用“因为……所以……”回答。

（2）指导朗读。因为百姓们被肆虐的洪水折磨着，禹看在眼里，急在心里，所以他一定要尽快把洪水治理好。带着禹治水的决心来读一读这几句。

4. 理解“到处奔走”。

（1）“到处奔走”是什么意思？

（2）通过这个词你能想象到禹治水时都遇到了哪些困难？

教师介绍：传说中，禹为了治水，晚上常常睡在草丘山冈，天蒙蒙亮就又出发了。他的脚长年泡在泥水中，脚跟都烂了，他只好拄着棍子走路。此时，你想把哪个词送给禹呢？

（　　　　　　　）的禹。

5. 带着对禹的赞美，自己再读读这一段吧。

【设计意图】一组数字背后蕴藏着大禹心系百姓、无私奉献的精神。“到处奔走”让学生感悟到禹治水的艰辛。教学时抓住关键词语，教师适时播放视频，补充资料进一步加深对禹无私奉献的理解。最后再通过有感情的朗读表达出自己的感受。

三、第 4 自然段

1. 禹到底是怎样治好洪水的呢？自由读第 4 自然段，画出禹治理洪水的句子。

2. 出示句子：禹吸取了鲧治水失败的教训，采用疏导的办法治水。他和大家一起，疏通了很多河道，让洪水通过河道，最后流到大海里去。

（1）结合插图理解“疏导”的意思。

（2）认真观察插图，用自己的话向大家介绍一下禹是怎样治理好洪水的？

（3）为什么鲧治水失败了，而禹治水成功了？

（4）齐读禹治理洪水的语句，感受禹的智慧。

【设计意图】教学时，引导学生观察课文插图，学生看到插图中禹带领百姓用简单的工具疏通河道，再次感受治水的艰辛。再通过与鲧治水方法的比较，感受禹的智慧。

3. 体会百姓“安居乐业”。

洪水终于退了，毒蛇猛兽被驱赶走了，人们把家搬了回来。

指名读“治水后”的景象句子。

理解“安居乐业”。

观察两幅图片，哪一幅是人们安居乐业的景象？（百姓有屋可住，有田可种，幸福地过日子。）

①观察图片对比朗读治水前、治水后的句子，感悟大禹的功绩。

大水淹没了田地，冲毁了房屋，毒蛇猛兽到处伤害百姓和牲畜，人们的生活痛苦极了。

洪水终于退了，毒蛇猛兽被驱赶走了，人们把家搬了回来。大家在被水淹过的土地上耕种，农业生产渐渐恢复了，百姓安居乐业，重新过上了幸福的生活。

②百姓的生活从痛苦极了到安居乐业。如果你是百姓会怎样感激禹呢？

我想对禹说：“(　　　　　　　　　　　　)。”

4. 小结：人民非常感激禹的功绩，因此尊称他为“大禹”，也就是伟大的禹。

【设计意图】通过直观的图片对比和对比朗读，学生了解了大禹治水的功绩。再通过创设情境，学生站在百姓的角度抒发对禹的无私奉献、一心为民的赞美。

四、联系生活，拓展延伸

大禹治水的故事代代相传。从古至今，我们中华民族都不缺少像大禹这样无私奉献的人。说说你身边无私奉献的人！

五、课后巩固

把《大禹治水》的故事讲给爸爸妈妈听。

◆反思：在教学大禹“三过家门而不入”这一环节时，我给学生播放了视频。学生感受比较深刻，然后设计向大禹提问环节，再由学生用上“因为……所以……”的句式回答，在一问一答间既进行了语言训练，也让学生感受到了大禹舍小家为大家，无私奉献的精神。在感受禹治水后的功绩时，教师出示了对比图片，在对比感悟中加深学生的理解。但学生语言表达能力还有待加强，在表述图片内容时有一定的困难。

◆点评：大禹治水是我国代代相传的故事，是中华传统文化中重要的一部分。其内容处处蕴含爱国主义精神，是一篇非常好的爱国主义教育文章。作者在教学时创设情境，运用信息技术、图片对比、说话训练等多种教学策略，使学生层层递进地感悟到大禹一心为民、无私奉献的精神。

《示儿》课堂上的家国情怀

北京市通州区漷县镇中心小学　刘新月

《示儿》为陆游的临终遗嘱，作于宋宁宗嘉定三年（1210）。诗人辞世前念念不忘的，唯有驱逐入侵者、收复中原、统一国家，真挚而又强烈的爱国情怀感人至深，是古代爱国诗的典范之作。

欲体会爱国之情，先须知爱国之人。因此，“知人论世”是教给学生解读《示儿》的一把钥匙。结合陆游一生的报国壮志及曾经的西北从军经历，可以对诗句的含义作出更加深入的理解，对诗人抵御外族入侵的民族立场和“国家至上”的情感有更为完整的体会。

◆课堂实践

板块一：读诗题

1. 识解“示”“祭”。

出示“示”甲骨文字形图片，理解“示”字本义：供放祭品的石桌，也即所谓的“灵石”。

出示“祭”字，理解“家祭”。

2. 解读题目。

出示“示儿”，理解“示”在诗题中的意思。

引读：临终前对儿子们说些什么？

要求学生自己朗读诗句，借助注解理解诗句意思。

【设计意图】由“示”到“祭”，再到理解题意，由此引入诗句阅读，符合阅读期待心理。

板块二：解诗句

1. 指名朗读诗句，要求读正确，读出七言古诗的节奏。

2. 借助注解，一行一行地解读：诗人临终前对儿子们说了些什么？

适时点拨：理解“元、但、乃”的意思。

交流归纳：死后无牵无挂；挂念国家没有统一；盼望早日北定中原；祭奠时告慰统一的消息。

3. 逐句缩减，理解遗愿。

如果陆游只能对儿子们说三句话，留下哪三句？（2、3、4）

如果只能说两句话，留下哪两句？（3、4）

如果只能说一句话，留下哪一句？（4）

陆游的遗愿是什么？“告乃翁”，即在九泉之下也要知道“北定中原”的消息。

【设计意图】借助注解，自主解读；逐句缩减，领会诗意。旨在培养学生的独立学习和概括能力。

板块三：感诗情

1. 还原语境，沿情四问。

（1）一个人临终前，在自己的儿女面前，一般会留什么样的遗言？而陆游的遗言有何不同？

以此体会陆游“国”重于“家”的“国家至上”的伟大情怀，非常人所能做得到。

（2）一个人知道自己将要辞世，心情一般会万分悲哀，而陆游的“悲”有何不同？

以此体会陆游“悲”情背后的复杂情感：为“不见九州同”而“悲伤”；为“遗民泪尽胡尘里”而“悲愤”；为“王师北定中原日”而“悲壮”；为“家祭告慰”而“悲欢”。

（3）既然说死后万事皆空，为何独独要“悲”？

从这“空”与“悲”的矛盾冲突中，感受陆游超越个人生死、超越个人情感、超越家庭悲欢的伟大情怀。这个“悲”是民族之情，是国家之爱！犹如“灵魂”飞出了人的身体，照耀着山河，令人肃然起敬！

（4）既然人死后万事都不可知，为何还要“告乃翁”？

从这一“不可知”与“告乃翁”的矛盾冲突中，感受陆游对收复中原、统一国家的志愿矢志不渝、至死不改、终成遗愿的伟大情感，九泉之下仍然不忘北定中原，此情感天动地、可泣鬼神！爱到此境，直抒胸臆最感人！

2. 有感情地诵读诗句。

【设计意图】从生活经验和矛盾冲突入手，提出四个触及诗人深层情感的问题，犹如打开了一道道解读之门，看到诗人未曾言说的内心世界和伟大情怀。这便是读诗的路径，也是思考的路径。而还原的方式，则将学生带入了诗人创作时的独特心情与心境，体会尤为真切而深刻。

板块四：知诗人

1. 爱国诗及爱国诗人灿若星辰，为何朱自清说陆游“才配称为爱国诗人”？

（1）出示陆游的家世简介，学生自由阅读。

由此知晓陆游从小深受中国传统文化的熏陶及忠君爱国思想的教育。

（2）出示陆游的一生经历，学生自由阅读。

由此知晓陆游毕生志向及西北从军的经历，感怀其屡遭罢黜不改其志，及至老年依然壮怀激烈的报国之情。

（3）出示陆游一生多个阶段的爱国诗作，学生自由阅读。

十一月四日风雨大作

僵卧孤村不自哀，尚思为国戍轮台。

夜阑卧听风吹雨，铁马冰河入梦来。

秋夜将晓出篱门迎凉有感二首·其二

三万里河东入海，五千仞岳上摩天。

遗民泪尽胡尘里，南望王师又一年。

从诗作中看到陆游爱国的一生。

2. 课外主题阅读。

将杜甫、辛弃疾、文天祥等爱国诗人的代表作集成“爱国组诗”，开展主题阅读；参照阅读名家对《示儿》等诗篇的解读评论，以加深理解。

【设计意图】从一首诗读到一个人，进而从一组诗读到一群人，拓展了学生的阅读视野，并将这首诗放在了一个更为广阔的背景中来重新认识其价值意义。这就引领学生进入了一种专业的阅读课程。

◆点评：对学生循序渐进地进行彰显中华民族传统文化精髓的家国情怀教育，可以激发学生的国家认同感、民族自豪感与历史使命感。小学阶段不仅是小学生学习科学文化知识、培养良好学习习惯的好时机，更是他们铸造良好人格、树立正确价值观的重要时期。而语文教材是传播知识的重要媒介，更是思想价值的主要载体，所以在小学语文教学过程中恰当地渗透家国情怀教育十分必要。本节语文课的教学中，将听、说、读、写能力的培养与家国情怀教育有机地结合起来，将课内外知识与家国情怀教育有机地结合起来，达到积跬步以至千里的目的。作为一名语文教师要有长远的目光，教育学生于春风化雨中，影响学生于潜移默化中，让他们拥有深厚的爱国之心，强烈的报国之志，真正促进学生家国情怀的生成，进而使学生产生崇高的爱国主义精神。

传统文化在语文教学中的渗透
——以《第一次抱母亲》为例

北京市顺义区裕龙小学 焦 洁 刘丽嫚

中华民族有五千年的悠久历史，在现代文明发展的同时，传统文化越发受到重视，并且渗透于我们生活中的方方面面。在小学古文教学过程中渗透中华传统文化，可以达到更好的教学效果，既帮助学生扎实掌握了古文，也能够提升学生对于中华传统文化的理解。在教学过程中我注重渗透传统文化，从而实现了激发学生学习兴趣，陶冶品德情操的目标。本文以弘扬优秀传统文化为起点、在古文教学中寻找切入点，对此进行了实践探究。

北大教授李零说："我读《论语》，是读原典，孔子的想法是什么，要看原书。我的一切结论，是用孔子本人的话来讲话。"这话说得很实在，说到点子上了。讲经典，就是引导学生读原典，一字一句，一章一篇，老老实实地读。每天早读课、课前、阅读课都是阅读经典的时间。不要小瞧这些零散时间，就是它们让学生有了更多的和国学经典亲密接触的机会。在这些时间里，老师经常向学生推荐经典的、民族的、优秀的视听材料，让学生有更多的机会接触传统文化，让学生在对经典的了解之中把握传统文化的真谛，在比较、撞击中逐步提高独立思考和判断的能力，与贤哲进行精神的对话、心灵的沟通。

◆课堂实践

语文课堂就看教师怎样创造机会让学生与贤哲进行对话。本文以《第一次抱母亲》的教学为例，进行分析。

一、学者，所以求为君子也

在揭示课题后老师问学生，"第一次""抱""母亲"这三个词语你对哪个词语感兴趣，说说你的看法。

生：我对"第一次"感兴趣，第一次抱母亲是什么感受呢？我没有抱过。

生：我在想这里的"母亲"……我觉得母亲是把我们带到这个世界的人，就像抱的右边"包"的古字。

生：我对"抱"感兴趣，因为都是妈妈抱我们，这里的作者反其道而行之，或许是在说回报。

师：说得真好，这几位同学的发言让我很震撼。老师也想说几句。“父兮生我，母兮鞠我，拊我蓄我，长我育我，顾我复我，出入腹我。欲报之德，昊天罔极。”你能听懂什么是“欲报之德，昊天罔极”吗？ 让我们一起读读课文来理解。

当我们读到“重担”一节时，老师问：“重担就是那一百多斤的东西吗？”学生说不是，还有很多生活中的琐事，比如把我和妹妹辛辛苦苦养大也是重担。要照顾我们，护着我们，可能还要抱着妹妹干活呢！

你看“翻山越岭”，能从这儿理解吗？这么轻的身子挑这么重的担子，她是这么辛辛苦苦地养育自己的儿女。跟我读“拊我蓄我，长我育我，顾我复我，出入腹我”。

二、事在易而求诸难

课文学到最后，老师在黑板上写了“孝”字，说：“《说文解字》解释‘孝’字就是‘善事父母者’。‘孝’字写的就是老人与子女的关系。你们如何理解这里的‘孝’？”大部分学生都说就是孝敬父母，有一个学生说：“树欲静而风不止，子欲孝而亲不待。我们应该现在就好好孝顺父母。”“树欲静而风不止，子欲孝而亲不待，这句话用得好，赞一个！”

接下来，老师呈现了要背诵的内容（三年级国学里的《论孝友》）。

老师很高兴地说：“老师听了你们的背诵也很感慨，也想起了我们前不久背诵的《孟子》中的一句话，有人能猜到吗？”老师故意提示：“人人——”立马就有学生举手背诵：“人人亲其亲，长其长，而天下平。”老师故意说：“事在易而求诸难，你们会做些什么事孝敬父母呢？”有的学生说给妈妈捶捶背、洗洗脚，有的学生说打扫卫生。

最后老师留了作业——说说心里话。让学生看着印有母亲照片的稿纸写自己想对妈妈说的话。下面是学生的作品。

其一：今天我想说的话太多太多了！我小时候不懂事，常常让你生气，我也不知道让你操了多少心，流了多少泪，现在想起来觉得真不应该呀！

我还记得有一次，我和一位同学玩，一不小心打到脸了。他哭了，脸也紫了，你知道以后生气极了，一晚上都没睡个好觉，一直在担心那位同学。第二天早上，你又去超市买了两箱牛奶，去看望那位同学，又带他去看医生。妈妈，我想对你说：“妈妈，对不起，又让你操心了。”

千言万语都无法表达我对你的感激之情！也许一句“对不起”，一句“谢谢您”太过平常了，不能完全表达我对您的感谢。如今，儿子已长大了，以后不再调皮，我一定好好学习，亲其亲，长其长，用我的学习成绩来报答你。最后我希望你每天都能开开心心、快快乐乐地生活！

其二：妈妈，我想对您说：您是世界上最好的妈妈！每天您都早早地起床，做饭、洗衣、拖地，把家里收拾得干干净净，在生活上更是对我无微不至地关心。记得有一次，我高烧不退，您急得就像热锅上的蚂蚁，喂我吃下退烧药贴上退烧贴后，还不停地用水给我擦拭，可是依然没有什么效果。不巧的是爸爸还在单位加班，半夜三更，您只好孤身带着我打车来到医院。输液让我的手臂又疼又胀，是您不断地安慰我、鼓励我，才让我放松心情，坚持了下来。回到家里，您顾不上休息，拖着疲惫的身体，给我做好吃的。经过您的精心护理，我的身体很快就好了。正如孟郊在《游子吟》里写的："慈母手中线，游子身上衣；临行密密缝，意恐迟迟归；谁言寸草心，报得三春晖。"等我长大了，我一定要好好报答您。

作为语文教师，我们又何尝不是在践行着"事在易而求诸难"呢？如果说《第一次抱母亲》中"孝"字联系的是老人和孩子，那么希望语文教师联系的是现代与经典，在现代的语文课堂里栽种经典的种子：融旧开新，再续华夏人文慧命；敬德尊圣，重铸炎黄民族心魂。这就是我们认为的当代国学的文化生命与历史使命。每一个语文教师都可以以独立自信的人文情怀，豁达开朗的文化胸襟，积极参与当代世界人文价值与全球普适伦理的文化重建，引导学生读经典，创造新的经典。

◆**反思**：多年的语文教学中渗透传统文化的实践，收到了一定的效果。

一、学生的学习兴趣更高涨

古文教学是小学语文教学中难度最大的部分，一方面因为学生的理解能力有限，另一方面是因为古诗词距离学生的生活比较遥远。当古诗词和传统文化结合之后，学生能够透彻地理解古诗词中的含义，并且学习的负担减轻，学习的兴趣也提高了。

二、学习的气氛更加浓郁

让每个教育墙都说话，在班级墙上教师设置了"传统文化区"和"古文学习区"，让墙壁潜移默化地发挥育人作用。当将传统文化引入古诗词教学的工作过程中之后，课堂上学生会积极主动地发言，整个课堂的学习气氛是非常浓郁的。

三、生活理念更和谐

当古文教学和传统文化结合起来之后，学生更深刻地感受到古文的魅力，当学生对于古文的魅力以及中国传统文化的理解上升到一个新的层次之后，就可以有效地指导实践生活，在现实生活中更好地感悟生活的美！

◆**点评**：本文通过分析《第一次抱母亲》教学案例，寻求传统文化内容博大精深导致的小学生学习内容选择困难的解决策略，解决传统文化内容博大精深与学生学习时间有限性之间的矛盾。教师在教学中可以将学习内容的广博浏览与经典名句的精思熟读结合起来，同时最大可能地进行学科渗透整合，充分发挥传统文化的多元价值与功能。

《为中华之崛起而读书》教学分析

北京小学长阳分校　刘方玉

《为中华之崛起而读书》课文主要讲了周恩来在沈阳求学期间发生的故事。事情的起因是12岁的周恩来对听到伯父感叹“中华不振”感到不解；经过是周恩来在租界看到中国妇女受欺，而围观的中国人都敢怒不敢言，理解了伯父的感叹，从而有了“把祖国和人民从苦难和屈辱中拯救出来”的想法；结果在修身课上周恩来振聋发聩地立志“为中华之崛起而读书”。最终把握本文主要内容：12岁的周恩来来到奉天，听到伯父叹着气说“中华不振”，他疑惑不解。直到他亲眼看到在外国租界一位中国妇女受到洋人侮辱，而围观的中国人都敢怒不敢言，才真正体会到“中华不振”的沉重分量，从而立志为中华之崛起而读书。

《为中华之崛起而读书》三个场景用倒叙来安排，情节因果依存，后两件事是第一件事的原因，结构清晰。教学时在引导着学生找出人物和三件主要事件后，再让学生根据其因果关系将其连接起来，文章的主要内容就把握到位了。

《为中华之崛起而读书》的课后第一题就明确要求学生要“默读课文，想想课文讲了哪几件事，再连起来说说课文的主要内容”。这道题正好是本单元语文要素训练的体现与落实。《为中华之崛起而读书》文章中涉及很多人物：周恩来、魏校长、同学、伯父、女人、洋人、中国巡警……情节上作者精心选择了三个特殊的场景：周恩来在修身课上的讨论中，立志振兴中华；周恩来在与伯父的对话中，耳闻“中华不振”；在租界的一场事故中，目睹“中华不振”。从周恩来修身课上“为中华之崛起而读书”的豪言，到听伯父说“中华不振”的疑惑，到在租界中看到受欺压国人的敢怒不敢言，我们不难看出“周恩来”就是主要人物。现在，再来看看他的行为：

主要内容：

- 修身课上，与其他同学“为家父而读书”“为明理而读书”“为光耀门楣而读书”不同，周恩来是“为中华之崛起而读书”。振聋发聩，心存家国。
- 听到伯父说“中华不振”，十二岁的周恩来疑惑不解：“那不是我们中国的地方吗？为什么不能去呢？”小小的周恩来已经有了国家主权意识。
- 直到在租界中看到的屈辱一幕，周恩来有了“把祖国和人民从苦难和屈辱中拯救出来”的想法，从而确立了他“为中华之崛起而读书”的志向。

关注到了这些主要人物和事件，我们也就把握住了文章的主要内容。另外，如果文章涉及两件或两件以上的事件，我们还要厘清这几件事之间的关系。

教学时在引导学生找出人物和三件主要事件后，再让学生根据其因果关系连接起来，自然文章的主要内容就把握到位了。

◆课堂实践（第二课时）

【学习任务一】图片导入，理解志向。

1. 在刚刚结束的国庆阅兵仪式上有这样一个细节（出示图片）:

（这盛世，如你所愿。）

2. 相信同学们经过上节课的学习都知道周恩来的愿望指的是什么（中华的崛起）?

3. 师小结：结合上节课的学习，我们来回顾一下课文的主要内容。

当时的周恩来生活在一个怎样的中国呢?

指名生回答，提示可用课文中的词语。（板书：中华不振。）

【学习任务二】感受不振，理解原因。

1. 从课文的哪些描写中感受到“中华不振”？请你默读课文第 11~17 段，画出相关语句。

2. 交流查阅的资料，进一步体会“中华不振”。

师：看似匪夷所思的事情，却在中国国土上真实发生了，这与当时的社会背景息息相关，请同学分享你查到的资料。

【学习任务三】结合诗歌，体会“振兴中华之志”。

1. 读书对中华的崛起有什么帮助?

2. 同学们说的这些我们在周恩来写的这首诗中也能深刻地感受到（出示《大江歌罢掉头东》）。

【学习任务四】学以致用，言志练笔。

1. 引导：天下兴亡，匹夫有责。中华的崛起振兴其实离不开每个中国人的奋斗，周恩来亲身体会了中华不振带来的不公，所以树立为中华之崛起而读书的理想，那么你的理想是什么呢?你又为什么会树立这样的理想呢？找同学说一说。请拿起你的笔写一写。

2. 小结：少年周恩来立志为国，志向远大，你们正值少年，也是国家的希望，让我们在梁启超的《少年中国说》中结束我们这节课。

◆点评：

一、找准切入点，紧扣“中华不振”这一主题

之所以要为中华之崛起而读书，究其原因就是“中华不振”。教师就是抓住这个切入点来进行教学的。首先设下疑问，什么是中华不振？其次从哪里体会到中华不振？找到中华不振的词句，最后思考为何中华不振。在课堂上，围绕着中华不振让学生进行多组对话，从语气和词句中体会中华不振，激发学生的爱国情怀，使学生达到情感的高潮。

二、讲读经典段落，体会细节

课文的第 8 自然段是体现中华不振的特写镜头，是激发学生情感的要点。因此，我把这一段作为一个感情的突破口，请多位同学来细读这一段，并且边读边不失时机地加以追问：为什么围观的群众都紧紧地握着拳头？为什么洋人打伤了人还得意扬扬？你仿佛看见了什么？你仿佛听见了什么？通过我的引导，学生十分动情，朗读也一次比一次好，情感表达得也一次比一次强。

三、直面历史，树立学生的爱国之志

在学生感情最为强烈的时候，不失时机地补充历史材料，这些材料唤起了学生的爱国意识，萌发报国之情。可以真切地感受到学生在课堂上的心情已和当时的周恩来一样，愤愤不平，使学生真正地融入课文之中。这个时候，教师又安排学生进行小练笔，回顾开始时的内容：你究竟是为了什么而读书？学生们纷纷写出了自己的远大志向。

《千年梦圆在今朝》

成都市龙泉驿区向阳桥小学　尹　红

这是本单元的一篇略读课文，课文按照时间顺序，选取航天发展中的标志性事件，勾画了中国航天的发展历程，展现了中国航天的伟大成就。

课文的字里行间，洋溢着浓浓的民族自豪感，也揭示了每一次航天发展里程碑的意义。千年飞天梦的实现，离不开一代代航天人的不懈努力、无私奉献、团结协作、勇于探索、自主创新、锲而不舍。

教学本课，一是让学生了解中国航天事业的发展历程、中华民族千年梦圆的经过，体会到一代代科技工作者身上闪光的品质、伟大的精神，激发学生的爱国情感和民族自豪感；二是学习默读课文、抓住课文的主要内容，学习作者在具体的事实描述中说明道理的写法。

◆教学过程

一、观看新闻视频，激发情感

1.（以课文第 5 自然段中的文字作为介绍）同学们，2003 年 10 月 15 日上午 9 点，在我国酒泉卫星发射中心，随着一阵震耳欲聋的巨响，我国自行研制的“神舟五号”飞船被送上太空。这次载人航天飞行的成功，向全世界宣告：中国已经成为第三个独立掌握载人航天技术的国家。

2020 年 12 月 4 日下午，国家航天局公布了探月工程“嫦娥五号”探测器在月球表面进行国旗展示的照片。这不到一秒钟的展示动作，凝聚了多少航天人的心血！

2. 从企盼到升空，从载人到探月，我们终于实现了飞天的梦想。现在，让我们跨越历史长河，沿着时间隧道，乘坐时空飞船，去追寻数千年的中华飞天梦。

3. 揭示课题。

板书：千年梦圆在今朝。

释题：千年梦——中华民族千年的飞天梦；今朝——今天，现在；圆——实现。

中华民族千年的飞天梦现在实现了！听到这个好消息，你的心情如何？

师：让我们带着激动又兴奋的心情，朗读课题。

二、自读思考，把握课文主要内容

（一）首学——检测预习，理解词语，扫清阅读理解障碍

1. “鲲鹏展翅”——读庄子的《逍遥游》片段，根据叙述理解“鲲鹏”之意、雄、美。

“九天揽月”——给出“揽”在字典中的四个义项，选择合适的选项，理解词意。

2. “先驱”——师讲解文中人物“万户”的地位；生列举自己找到的资料印证“先驱”之意。

“苍穹”——结合句子上下文理解。

3. “里程碑、软着陆”，读词典中对于这两个词语的解释。

（二）互学——自读批注，组内交流

1. PPT 出示自读要求——

（1）快速默读课文，可在课文中勾画答案，也可在课文旁批注：中华民族的飞天梦是什么？

（2）数千年的中华民族的飞天梦想是怎样一步一步“圆”的？

圈出表示时间的词语；横线画出文中列举的大量事实；思考：每个阶段的重大事件对我国对世界有何重大影响？

2. 小组讨论交流，梳理课文的主要内容。

3. 小组代表发言，讨论交流读书感受，教师相机概括“圆梦历程”（或贴词卡）。

梦想——试飞——卫星——神舟——探月。

三、群学——研读感悟，升华情感

（一）抓句中表示事件的重大影响的序数词理解航天事业的发展历程和里程碑意义

传说，我国明代的官员万户，是世界历史上**第一个**试验利用火箭上天的人。

经过十多年的努力，1970 年 4 月 24 日，寂寞而辽阔的太空中，**第一次**响起了中国人的声音，那穿越苍穹的《东方红》乐曲，让海内外华人振奋不已。中国成为世界上**第五个**能够发射卫星的国家。

我国首次载人航天飞行的成功，向全世界宣告：中国已经成为**第三个**独立掌握载人航天技术的国家。

2007 年 10 月 24 日，我国成功发射第一颗月球探测卫星“嫦娥一号”，成为世界上**第四个**掌握月球探测技术的国家。

从这些序数词中，你读懂了什么？

预设 1：我明白了中国航天事业在国际上的重要地位。

预设 2：随着时间的推移，中国航天事业不断探索更深的领域，取得的成就也在不断增多。

（二）观看“神舟回顾”图片和视频，了解神舟系列火箭的发展历程

观看“嫦娥探测卫星”图片和视频，了解我国探月工程的实施与成就。

（三）研读批注，汇报交流

1. 自主研读，批注。

（1）千年梦圆在今朝。“神舟五号”能发射成功，你认为应该归功于谁？

（2）“神舟五号”载人飞船的升空，具有怎样的历史意义？

（3）我国“月球探测卫星”的发射，对世界有什么样的影响？

2. 讨论交流读书感受，并抓住关键语句指导理解和朗读。

预设一：数百年来，坚定而执着的炎黄子孙，在实现飞天梦的过程中，遭受了无数失败，付出了惨重代价，但是，始终没有放弃飞离地球的努力。

这句话承上启下，一方面用万户的火箭飞行失败说明中华民族在追求遨游太空的梦想过程中并不是一帆风顺的，遭遇了很多的失败和挫折；另一方面说明中华民族并没有因为失败放弃飞天的梦想，而始终坚定执着，不断努力。

预设二：1991 年，党中央决定实施载人航天工程，110 多个单位直接承担了研制、建设和发射任务。

这句话运用说明方法“列数字”，证明研究时间长，参与人员众多，体现了中国一代代航天人坚持不懈探索的精神。

预设三：（老师补充资料）一个个英雄的背后往往还站着无数的无名英雄。梦圆的过程中有太多的感人故事。请同学们读读这段文字——

为了保证“神舟五号”的成功发射，科学家们共设计了 20 种救生方案保证航天员安全，针对飞船系统的故障对策有 139 个，8 位科学家未见飞天身先死，这些科学家有的倒在出差的火车上，有的牺牲在实验室，他们努力了数十年，却没能看到飞天的壮丽场景。在酒泉卫星发射基地有一座烈士陵园，这里长眠着 600 多位航天工作者，他们牺牲时平均年龄还不到 25 岁，有的人为了寻找飞船的残骸活活渴死在茫茫沙漠中；有的人为了攻克技术难关，年轻的生命早早地凋零；有的人为了排除险情，献出了自己宝贵的生命……

师：你从中读懂了科技人员、航天员、工人、解放军官兵身上的什么精神？

学生汇报交流，教师相机板书：不懈努力、默默奉献、团结协作、勇于探索、自主创新、锲而不舍。

3. 总结写作方法。

（1）文章中列举了四件事，做到了详略得当。

万户的火箭飞行 （略）

人造卫星 （略）

载人航天 （详）

空间探测　　　　（次详）

（2）在一个个事实描述中说明道理的写法既有说服力又具体感人，是非常值得我们学习的。

4. 学生齐读课文最后一段，教师激情总结全文。

千年梦圆在今朝，同学们，继“神舟六号”之后，中国又相继发射成功“神舟七号”“神舟八号”“神舟九号”，现在“神舟十一号”和“天宫二号”的对接，“嫦娥五号”探月展示国旗……随着祖国的发展，相信不久的将来会有更多的“中国梦”在一代代炎黄子孙的努力中实现。

四、共学——拓展阅读，激发民族自豪感

1. 欣赏诗歌：《炎黄飞天梦》，由解放军军官魏桂林在中华飞天梦实现后而作。

2. 回扣课题，激发情感。

祖国有这样美丽而又辉煌的成果，让我们激动地告诉全世界：千年梦圆在今朝！

让我们自豪地告诉全世界：千年梦圆在今朝！

让我们骄傲地告诉全世界：千年梦圆在今朝！

◆点评：

中华民族优秀传统文化认同和文化自信的培养须从孩子抓起。

“中华民族飞天梦”的实现，经历了上千年的历程，它既漫长又艰辛。但中华人民共和国成立后，短短的几十年，中国航天事业取得的伟大成就，让世界瞩目，让人们振奋，令每个中华儿女自豪！

课堂中，我以“中华民族飞天梦圆”的艰难历程让学生在历史的回顾中感受一代代航天人的伟大精神；以“神舟”系列飞船和“嫦娥”系列探月卫星的成功发射，激发学生的爱国热情和民族自豪感；以课文为载体，以历史为依托，以感悟为主导，以航天人为榜样，将中华民族优秀传统文化中的“家国情怀”根植在小学生的思想中、生命里。

《为中华之崛起而读书》

北京市大兴区第二小学　苑桂艳

这篇课文写的是周恩来少年时代目睹了中国人在外国租界里受洋人欺凌却无处说理的场景，从中深刻体会到伯父说的“中华不振”的含义，从而立志要为振兴中华而读书，表现出了少年周恩来的家国情怀和远大志向。

课文结构严谨，层次清晰。先写12岁的周恩来刚到东北就听伯父叹着气说“中华不振”，这使他疑惑不解；接着写周恩来在租界里亲眼看到一位中国妇女受到洋人的欺侮，而围观的中国人都敢怒不敢言，这使他真正体会到伯父说的话的含义；然后写在修身课上，周恩来在全班同学面前表明了自己的壮志：要“为中华之崛起而读书”；最后写周恩来在少年时代就心系中华的振兴，立下远大志向。课文各层次之间过渡自然，层层推进。

◆**课堂实践**

一、直入新课

师：学习第一个故事的时候，我们用的是什么方法？

先读通顺，再读出疑问。

生自己读。

师：对，有疑问了，先做好标注，然后尝试解决疑问。请问，解决这些疑问，我们可以怎么办？

可以联系上下文来理解。

师：还可以询问、查资料，弄明白后带着自己的理解读文章，就读出滋味来了。还有些实在不能理解的地方，课后再去寻找答案。

二、自读，学习课文

1. 充分自读。

师：接下来我们先尝试自读课文，学习第二个故事和第三个故事。读书要讲方法，请看两个小要求。

课件出示：

先将课文读通顺，再读出疑问。

在这些有疑问的地方，画上“？”。

2. 尝试质疑，解疑。

生：为什么伯父会说“有时也要绕着走，免得惹出麻烦没有地方说理”？

师：谁找到了下文中写到的“麻烦”是什么？

课件出示：

他们凑了过去，只见人群中有个女人正在哭诉着什么。一问才知道，这个女人的亲人被洋人的汽车轧死了，她原本指望巡警局给她撑腰，惩处这个洋人，谁知中国巡警不但不惩处肇事的洋人，反而还训斥她。

师：“撑腰”和“训斥”形成对比。谁来说说你对这两个词的理解？

生：撑腰就是做主的意思。

生：主持公道。

生：就好像当法官。

生：训斥就是骂人，很凶地骂。

师：对比后，你发现了什么？

生：原本中国巡警应该为中国人撑腰，因为是洋人轧死了中国人，可是巡警不但不为她撑腰，还训斥她。非常不讲道理！

生：就是因为当时中国太弱，被欺负，所以巡警也狗仗人势。

师：说得好，都是因为“中华不振”。请大家再看看，还有这样的地方吗？

生：“围观的中国人都紧握着拳头，但这是在外国人的租界里，谁又敢怎么样呢？大家只能劝慰这个不幸的女人。”原本大家要帮忙，但是却不敢帮忙，只能劝。大家也很无奈，因为中华不振。

师：是啊。抓住“紧握拳头”和“劝慰”这对矛盾来读，你会读到当时中国人的心情，你会体会到“中华不振”，国民敢怒不敢言的无奈。来吧，让我们一起把这个故事读一读，一边读，一边好好体会。

师：这个故事的结尾说“这时周恩来才真正体会到‘中华不振’这四个字沉重分量”，现在你体会到了吗？

课件出示：

（中华不振就是我们总是被帝国主义列强欺负。）

（中华不振就是中国人受到委屈都没人管。）

（中华不振就是中国人不敢帮助中国人。）

（中华不振就是中国人在自己的国家里，生活很困难，而洋人却过得很好，还欺负人。）

师：体会得真好。

所以周恩来才会立下“为中华之崛起而读书”的志向。

三、总结升华

师：同学们，正是因为有了像周恩来、毛泽东、钱学森等这样的一大批伟人、名人，才实现了中华民族的繁荣富强。他们从小立志读书，才成就了他们的远大理想。在我们今天的社会，也不再是像过去那样把帝国主义列强赶出中国的土地，而是要面对新的国际竞争、新的世界形势，目前我们虽然取得了巨大的成就，但离发达国家还有很大的差距，那么我们应该立下怎样的志向呢?

教师板书“？”，学生 4 人一组展开小组讨论。

生：为祖国的科技发达而读书。

生：为国家作出更大的贡献而读书。

生：为创造祖国美好的明天而读书。

生：为祖国更加繁荣富强而读书。

师：同学们都抒发了自己的爱国之志，那请你们谨记：要将自己的爱国之心化为报国之志，要真正做到——

生：为中华之崛起而读书。

生：为了祖国的强大而读书。

师：同学们说得太好了，不管是你的远大的理想还是近期的目标，老师都希望你能实现。

今天咱们学习了周恩来少年励志的故事，这是一个很激励人的故事，同学们有没有收获?伟人的故事还有很多，请同学们课下收集一下关于周总理的资料。

◆**点评：**教师从教学实际出发，促进学生与文本交流、师生情感交流，激发了学生的爱国情感，为学习语文奠定情感基础。充分体现了学生的主体作用，让学生充分地读，在读中整体感知，在读中有所感悟，在读中培养语感，在读中受到情感的熏陶，提高学生语文学习的兴趣。读写结合，力争将语言文字的训练落到实处，锻炼学生的想象力、表达力，提高习作水平。

本节课“少讲多读，以读代讲”，在读中体会人物的语言、动作，体会人物的特点。通过读书在下文中寻找问题的答案。更为巧妙的是，积极引导学生发现文本结构上的“悬念与伏笔”，不露痕迹地将教学的重点指向于体会作者的写作感情。不但让学生感兴趣，还活跃了课堂气氛，提高了他们的思维概括能力和体会文章所表达的思想感情的能力。

“好的开端是成功的一半”，为了激发学生的求知欲，让学生充满兴趣地学习，联系实际，通过谈话谈到志向，提升学生的爱国素养。

为中华之崛起而读书

北京市大兴区礼贤镇第一中心小学　郭树静

本文是统编版教材四年级上册第七单元的第二篇课文。本单元的人文主题是“家国情怀”。本文是一篇记叙文，主要记叙了少年时代的周恩来，耳闻目睹中华不振的两件事情之后，立志要为振兴中华而读书的经历，表现了少年周恩来的远大志向。

课文层次巧妙，过渡自然。课文没有按照事情发展的顺序叙述三件事，而是采用了先出示结果，再追溯原因的写法。从生动的情境描写开始，制造悬念，步步设疑，引人入胜，自然地过渡，又使事件之间衔接流畅。文章结尾与前文修身课上的回应相呼应，使结构更完整，点明了中心，突出了主题。

由于文章所描绘的时代离学生较远，因此可以引导学生收集相关资料，了解时代背景和人物生平，加深对课文内容的理解，感受少年周恩来的远大志向和爱国情怀。从而启发学生思考读书的意义，从而更好地激发学生的爱国情怀。

◆课堂实践

一、谈话导入，激发兴趣

1. 同学们，老师问大家一个问题：你们为什么而读书？学生发表自己的见解。

2. 下面我们来认识一个人，来看看他读书是为了什么，与我们有什么不同。

3. 自由读课文，解决以下问题：

（1）主人公是谁？你对他有哪些了解？

学生回答并介绍周恩来的资料，初步了解伟人周恩来。教师相机补充。

（2）他为什么读书？

“为中华之崛起而读书”。教师板书课题。

二、初读课文，了解梗概

1. 默读课文，思考：课文讲了几件事？完成学习单。

序号	时间	地点	人物	事件

2. 小组交流学习单，订正答案。

3. 根据学习单的表格，试着概括这篇文章的主要内容。

4. 全班交流，修正。

5. 教师小结：本文围绕周恩来读书写了三件事，大家弄清每件事讲了什么，把三件事串联起来，就能把握文章的主要内容了。

6. 观察这三件事，你觉得它们之间有联系吗？顺序这样安排合适吗？

预设：这三件事之间存在因果关系。第 1~10 自然段写了在修身课上，少年周恩来为中华之崛起而读书的回答，让魏校长震撼和赞赏；第 11~14 自然段，写 12 岁的周恩来，在东北奉天，听伯父叹气说“中华不振”，这使他疑惑不解；第 15~17 自然段，写周恩来在外国人占据的地方，亲眼看到一位中国妇女受到外国人的欺侮却没处说理，使他真正体会到伯父说的“中华不振”的含义。

三件事发展的顺序，你能重新排序吗？

预设：第二件事，第三件事，第一件事的顺序。

教师小结：这是采用了先出示结果，再追溯原因的写法。作者先描写为什么而读书的对话情景，再顺应读者的疑惑，揭示人物的身份，阐明立志的缘由。环环相扣，吸引读者阅读。

三、品读课文，聚焦人物

1. 厘清重点：课文中的三件事，哪一件让周恩来深切体会到“中华不振”？请找出来。预设：第三件。

2. 理解原因：默读第 16 自然段，圈出人物，在旁边批注自己的学习感受。

3. 小组交流，补充完善。

4. 全班交流，深化理解。

指导学生边读边想象当时的场景，感受“中华不振”。

5. 演一演。找几个同学把第三件事情情景再现，从而深刻体会“中华不振”。

6. 教师小结：看似不该发生的事，在外国人占领的地盘里却发生了，结合你们课前收集的资料，进一步体会当时社会的状况，周恩来真正体会到了伯父口中所说的“中华不振”的含义。这也是周恩来立志“为中华之崛起而读书”的原因。

四、巧借古诗，升华情感

1. 结合《大江歌罢掉头东》体会周恩来“振兴中华”的远大志向。

2. 了解诗歌创作背景，更好地理解诗歌大概意思。

3. 集体诵读，感受周恩来报效祖国的决心。

五、读书立志，加深体验

1. 谈话：课文学到这儿，你为什么而读书与课前的答案有没有变化？请你和同学们交流分享。

2. 结合社会热点，感受中国的崛起。

（1）中国抗击新冠病毒疫情成功。

（2）“嫦娥五号”月球采集月壤，成功返回地球。

你还能从哪些事件中感受中国的崛起？请举例说明。

3. 请再次大声喊出你今天读书的目的。

4. 拓展阅读：《一夜的工作》《周总理，你在哪里》《十里长街送总理》。

◆**反思：**这篇课文讲的是周恩来少年时代目睹了“中华不振”，从而立志“为中华之崛起而读书”的故事，根据本课的学习目标，我将学生的自主探究与教师的适时引导结合起来，通过阅读、批注、表演、拓展等多种方式，让学生读进去，再读出来，从而体会文章的内涵，正确引导学生对读书意义的理解，升华了爱国的情感。

◆**点评：**

一、紧扣“中华不振”这一主题

少年周恩来之所以要为中华之崛起而读书，究其原因是“中华不振”。学生在教师引导下，找到描写中华不振的语句，体会中华不振，想象中华不振，思考为何中华不振，抓准这个切入点，进行教学，大大激发了学生的爱国情怀。

二、多次聚焦人物，深化理解主题

在教学中，第一次聚焦周恩来，了解伟人的生平事迹，初步体会他的爱国情怀和远大抱负，走近伟人，了解伟人，更好地激发学生的爱国情怀。第二次聚焦“妇女”，感受在当时社会背景下，人命如草芥，就连中国的巡警都不能给老百姓做主，社会底层的劳苦大众过着痛苦不堪的生活，这给少年周恩来带来了巨大的震撼。第三次聚焦“围观群众”，他们明知妇女遭受不白之冤，但是敢怒不敢言。这个鲜活的例子，体现了周恩来目睹了中华不振，并深刻理解了伯父的话，从而立志为中华之崛起而读书。

《梅兰芳蓄须》教学设计

亳州京师翰林实验小学　张　宇

《梅兰芳蓄须》是部编版四年级上册第七单元的一篇自读课文，是一篇朴实、生动的人物传记类文章。文章题目用主要事件来呈现，直截了当地向读者呈现出故事主要人物以及事件内容，使读者一下子产生阅读的欲望：梅兰芳是谁？为什么蓄须？进一步引起学生思考、阅读。整篇文章，作者李大同列举了“蓄须、变卖房产、装病”三件事，向读者展现了一个视戏曲为生命的杰出艺术家，面对侵略者的骚扰百折不挠，始终坚守自己爱国情怀的高尚气节。文章共9个自然段，围绕着首段内容“梅兰芳先生是闻名世界的京剧艺术表演家。他在舞台上唱旦角，为了演出的需要，总是把胡须剃得干干净净的。但他的一生中，有几年却是留着胡须的”。介绍了自日本占领上海之后梅兰芳的生活状态。

◆课堂实践

一、激发兴趣，导入新课

同学们大家好！今天老师给你们带来了一段戏曲，（出示音频）大家先来听一听，然后来谈一下。告诉老师，你想说什么？噢，对了，这是京剧，京剧是我国的国粹，全世界人们都非常喜欢（出示京剧中旦角的资料）。

师：齐读课题（板书课题）。

二、梅兰芳生平简介

梅兰芳（1894 年 10 月 22 日—1961 年 8 月 8 日），名澜，又名鹤鸣，别署缀玉轩主人，艺名兰芳，清光绪二十年（1894）出生于北京，祖籍江苏泰州。中国京剧表演艺术大师。

梅兰芳是京剧艺术最卓越的表演艺术家之一。他与程砚秋、尚小云、荀慧生并称“京剧四大名旦”。梅兰芳位列四大名旦之首。

梅兰芳在 50 余年的舞台生涯中，发展和提高了京剧旦角的演唱和表演艺术，先后培养、教授学生 100 多人，形成一个具有独特风格的艺术流派，世称“梅派”。

代表作：《贵妃醉酒》《天女散花》《嫦娥奔月》《霸王别姬》等。

三、初读课文，整体认知

1. 自由读课文，思考：课文讲了一件什么事情？

（梅兰芳先生面对日本人的不断纠缠和骚扰，想出了很多办法拒绝演出。）

2. 默读课文，想一想课文可以分为几个部分，你能用自己的话总结吗？

（第一部分：第 1 自然段介绍梅兰芳生平。第二部分：第 2~7 自然段想办法拒绝演出。第三部分：第 8 自然段梅兰芳重新登台。）

四、细读课文，理解提示

出示自学提示：

1. 关于梅兰芳先生写了哪些事情？你能总结出来吗？

（板书：藏身租界、香港拒演、卖房度日、蓄须明志、打针装病。）

2. 通过默读勾画，找出为什么梅兰芳先生拒绝演出以及他拒绝演出时想到的办法。

（原因：不断纠缠、多次逼迫随时骚扰、强令上台。）

（办法：藏身租界，远避中国香港深居简出不再登台、蓄须明志、打针装病。）

3. 梅兰芳经历了哪些困难和危险？

（虚度生命、卖房度日、险丢性命。）

4. 根据自己找到的信息完成表格。

5. 默读课文，在梅兰芳经历的危险和困难处，批注自己的感受，同桌间相互交流。

（忍受日本人的纠缠、逼迫时出示中国香港沦陷的资料）引导学生感受梅兰芳义无反顾的勇气。

（打针装病时，适时调动学生对日本侵略者凶残的认知）引导学生感受梅兰芳视死如归的民族气节。

五、情感升华

同学们，如果说梅兰芳风靡海外，受到全世界人的爱戴是缘于他优美的嗓音、精湛的技艺，那么他坚定不移的民族气节使他在人们心目中的地位越来越高尚，成为一代又一代人心目中永远的偶像。而像梅兰芳先生这样的爱国志士还有很多，你知道吗？

◆**反思：**在学习这篇课文时，我以读为本的理念，在教学中，我引导学生体会作者的写作手法。同时我引导学生抓住自己感受深刻的句子或段落展开精读学习。先让学生自读课文，画出自己感受深刻的句子或段落，在一旁进行批注，写下自己的感受；然后组织学生进行交流，引导学生通过重点的句子、词语反复体会，谈出自己的独特感受；再随机引导学生进行感情朗读，读出自己的感受、体会。在教学中，我启发、鼓励学生用自己的语言讲出自己的体会，对学生的表述情况进行恰当的点评、归纳和提升。学生通过读书感受到了梅兰芳大师高尚的人格和爱国情怀。

◆**点评**：整篇文章的结构是“先概括后具体再总结”。文章开篇便介绍了梅兰芳是何许人也，并抛出了文章最大的一个矛盾点，也是本文的一条重要线索：是何缘由让著名旦角，却蓄上了胡须？是不再热爱戏曲了吗？贯穿了课文第 2 自然段的内容——依然深深地热爱着戏曲。这也印证着首段“闻名世界的京剧艺术表演家”的评价。热爱戏曲却为何蓄须？因为爱国，因为坚守着中国人的气节。接着通过第 3~8 自然段详细介绍了梅兰芳先生作为著名京剧艺术表演家，却不得不蓄须、变卖房产，甚至装病危及生命来躲避殖民者骚扰的故事。最后再总结升华，梅兰芳的表演让人喜爱，民族气节更令人敬佩。作者巧用关联词，生动地刻画了梅兰芳先生忠贞爱国的人物形象。例如“蓄须”这一故事中，“拒绝的借口都用尽了，梅兰芳最后只能蓄须明志”。他用了哪些借口？还想到哪些借口？想象梅兰芳先生到底是被逼到了何种境地才作出蓄须明志的决定，体会人物的艰辛。“后来，梅兰芳不堪其扰，只好又回到了上海”。“变卖房产”这个故事中，“无论戏园子老板开出的条件多么优厚，他都拒绝了。”“他宁可卖房度日，也决不在日本侵略者的统治下登台演出。”……这不仅可以引导学生入情入境地体会人物处境，更是学生学习遣词造句，规范语言表达的良好范本。

走进伟人的世界

北京市朝阳师范学校附属小学　史晓琳

统编版教材五年级下册在选文上体现出了情思更加宏阔。如第四单元选编了四篇课文，有表达爱国情怀的《古诗三首》，有介绍毛泽东主席痛失爱子时坚强精神的《青山处处埋忠骨》，有介绍革命前辈刘伯承事迹的《军神》，还有介绍革命前辈方志敏事迹的《清贫》。

本节课选取的三篇课文都是革命传统教育题材，分别是《青山处处埋忠骨》《军神》和《清贫》。

《青山处处埋忠骨》主要讲述了毛主席的爱子毛岸英在抗美援朝的战争中光荣牺牲后，毛主席惊悉这个噩耗后极度痛苦的心情和对毛岸英遗体是否归葬的抉择过程，表现了毛主席超人的胸怀。《军神》主要讲述了刘伯承到一家外国诊所做眼部手术，拒绝使用麻醉剂，为他做手术的外国医生沃克称他为“军神”的故事。《清贫》是方志敏同志1935年于狱中写就，堪称是革命的正气歌。文章用简洁朴实的语言，叙述了他被捕后国民党士兵对其搜身的情景。

◆课堂实践

一、明确要素，整体感知

（一）明确语文要素

导语：在家国情怀单元中，我们将要学习哪些内容？通过阅读单元导读页，你能从中了解到什么？

预设：《古诗三首》《青山处处埋忠骨》《军神》和《清贫》；在学习中，我们要通过课文中人物动作、语言、神态的描写，体会人物的内心。

（二）通读文本，整体感知

导语：千百年来，中华民族经历万千战乱，英雄的中华儿女抛头颅洒热血捍卫着我们的这一片土地。捐躯赴国难，视死忽如归。在家国面前，我们的英雄们从未退缩。在你的心目中，那时候的英雄是什么样的？

预设：英勇无畏，愿意为了国家和人民而献出自己的生命……

过渡：是啊，在这危急时刻，正是这些英雄们站了出来，保家卫国。现在请你默读《青山处处埋忠骨》《军神》和《清贫》三篇课文各一遍，结合课前预习，试着说说文章的主要内容。

二、细节描写，感知人物形象

（一）明确要求，合作学习

导语：看来同学们都已经了解了课文内容。

学习提示：默读课文，画出人物动作、语言、神态的语句，进一步体会人物的内心世界，在空白处写写自己的感受。说说哪些内容给你留下了深刻的印象？

学习方法：自学、小组合作。

学习时间：自学 5 分钟，小组交流 5 分钟。

（二）小组汇报，交流展示

预设：《青山处处埋忠骨》

内容 1：岸英是毛主席最心爱的长子，毛主席在他身上倾注了无限的父爱。当年，地下党的同志们冒着生命危险找到了岸英，把孩子送到他身边。后来岸英去苏联留学，回国后毛主席又亲自把爱子送到农村锻炼。那一次次的分离，岸英不都平平安安回到自己的身边来了吗？这次怎么会……“岸英！岸英！”

预设：从毛主席的语言和神态中体会到他的悲痛心情。

内容 2：毛主席用食指按着紧锁的眉头，情不自禁地喃喃着。

主席不由自主地站了起来，仰起头，望着天花板，强忍着心中的悲痛，目光中流露出无限的眷恋。

预设：从毛主席的语言、动作和神态中感受到他的悲痛心情。

内容 3：岸英奔赴朝鲜时……“儿子活着不能相见，就让我见见遗骨吧！”主席想。

预设：从毛主席的心理活动中体会到他的悲痛心情。了解到毛主席对儿子的愧疚以及希望儿子的遗体运回祖国安葬，想和死去的儿子见上最后一面。感受到一个普普通通的父亲形象。

总结：这里既是对毛岸英烈士的高度评价，又表明了毛主席对儿子遗体安葬问题的态度，充分显示了他无产阶级革命家的博大胸襟。

预设：《军神》

内容 1：“你是军人！”沃克医生一针见血地说，“我当过军医，这么重的伤势，只有军人才能这样从容镇定！”

预设：“一针见血”写出了沃克医生敏锐的洞察力，而从他的话语中我们再一次感受到了刘伯承的伤势很重，更加突出了刘伯承的从容与坚强。

内容 2：手术台上，一向从容镇定的沃克医生……你挺不住可以哼叫。

预设：动作描写和语言描写让我们感受到了沃克医生失去了平日的镇定，让刘伯承可以哼叫，是因为他深知手术时的痛苦难以承受，表现出了对病人的关心，也从侧面衬托出了刘伯承的钢铁意志让沃克医生十分感动。

内容 3：沃克医生惊呆了，大声嚷道："你是一个真正的男子汉，一块会说话的钢板！你堪称军神！"

预设：刘伯承以他超凡的意志感动了沃克医生，这是沃克医生发自内心的赞美，也表达出了对刘伯承由衷的钦佩。

总结：刘伯承的故事，相信会让大家对老一辈无产阶级革命家产生由衷的钦佩，他们为了实现革命理想坚定刚毅、勇于战胜一切困难的伟大精神令我们感动！

预设：《清贫》

内容 1："我从事革命斗争，已经十余年了。在这长期的奋斗中，我一向是过着朴素的生活，从没有奢侈过。经手的款项，总在数百万元；但为革命而筹集的金钱，是一点一滴地用之于革命事业。"

预设：作为共产党的一个高级将领，方志敏一直过着朴素的生活难能可贵，值得敬仰。而且他"经手的款项"总在"数百万元"，他依然能克己奉公，甘于清贫，令人敬佩，可以说"两袖清风，一身正气"是他一生的写照。

内容 2：他们满肚子热望在我身上搜出一千或八百大洋……除了一只时表和一支自来水笔之外，一个铜板都没有搜出。

预设："满肚子热望"说明国民党士兵认为从方志敏身上一定能得到一笔可观的意外之财，在他们看来方志敏应该和国民党的高级将领一样十分有钱。但事实是方志敏清贫一生，清廉一生。

内容 3："哼！你不要做出那难看的样子来吧！我确实一个铜板都没有存，想从我这里发洋财，是想错了。"我微笑着，淡淡地说。

预设：面对凶恶贪婪的国民党士兵的要挟、威吓，方志敏微笑面对、从容应答，共产党员淡定伟岸的气度令人钦佩。

总结：孩子们，方志敏之所以能够一生清贫、矜持不苟、舍己为公，就是因为他有坚定的革命信念，他深爱着我们可爱的祖国。

三、总结升华

峥嵘岁月虽已去，铮铮誓言难忘怀。革命先烈们用自己的生命换来了我们今日的幸福生活，他们身上"苟利国家生死以，岂因祸福避趋之"的责任感和使命感令我们敬佩与感动。

◆**反思**：《语文课程标准》中明确指出："阅读是学生个性化的行为，不应以教师的分析来代替学生的阅读实践。"因此，本课教学主要以读为主，"读—议—悟"。

引导学生带着问题阅读课文，促成学生良好读书习惯的养成，培养学生会学习的能力。在教学中，以学生为中心，放手让学生运用自学和小组合作学习的方式来深入学习。通过读让学生抓住重点词句，通过读、议、写让学生理解内容，体会出感情，掌握描写方法，一步一步，环环紧扣，引领学生用自己的心灵主动去与文本对话，突出重点、突破难点就不成问题了，在反复朗读中进入文中情景加以创设情境，引导学生发挥想象和创造性思维，一步一步升华主题。

◆**点评**：本节课属于单元整合阅读课。这三篇课文都是在引导学生进一步地走进伟人的世界，去感受他们的故事，从而树立正确的价值观，感受中国人代代相传的家国情怀，让学生在语文素养提升、审美艺术鉴赏水平得到提高以及思维力得到培养的同时，铭记一段不容忘却的历史。更深刻地感悟中国人"苟利国家生死以，岂因祸福避趋之"的责任感和使命感。

在学习这三篇文章的时候，主要是通过课文中动作、语言、神态的描写，体会人物的内心。所以本教学设计的撰写也紧紧围绕这一中心，在课内阅读方法教学基础上，让学生在自主阅读过程中，抓住人物的细节，从而进一步体会人物的形象。让学生横向和纵向对比和感悟三篇文章，在学习和运用基本方法的同时，更能深入体会到革命前辈的内心之情，进一步地激发学生的爱国情怀，对学生树立正确的价值观起到促进作用。

一片丹心，流芳千古
——古人的爱国情怀

北京市通州区漷县镇中心小学　刘　巍

中国是一个历史悠久的文明古国，爱国主义是中华民族的魂中之魄。在我们这个诗的国度里，一部诗史，也是一部民族的心灵史。自古以来，多少富有民族情操和爱国精神的伟大爱国文人，将其满腔热血、浩然之气融入诗篇中，宣泄了对国家、民族和人民的或慷慨激昂，或忧患愤郁，或忠贞不渝，或爱恋陶醉的民族感情。不同的年代，不同的表达，却饱含着不变的情怀。那便是内心深处的社会责任感，是儒家思想影响下的文人骨气，是中华儿女民族情愫的体现。这些，已然形成了民族的灵魂因子。当今时代，利用中华优秀传统文化中的爱国情结引导学生深入理解中华民族最深沉的精神追求，让学生认识到整个国家的前途命运与个人理想价值的实现有着不可分割的关系。让其从古代诗人的爱国情怀中吸取营养，弘扬爱国主义精神，从而使学生成为中华优秀传统文化的传承者。

一、悲喜愤慨，爱国情深

同样的情怀，不同的表达。为了让学生深刻地感受古人的爱国情怀，我选取了三首典型而又为学生所熟知的古诗作为教学载体。分别是杜甫的《闻官军收河南河北》、陆游的《示儿》及李清照的《夏日绝句》。这三位诗人可谓中国古代诗歌史上颇具风格的爱国诗人，尤其是前两位诗人忧国忧民、至死不渝的爱国形象深入人心。而李清照作为才华横溢的女诗人，也怀揣一颗忧国之心，堪称巾帼英雄。从诗歌主题上来看，这三首诗同为爱国诗，同是在国家衰落、分裂战乱的历史背景下写的，表达了他们对国家命运的深切关怀，感人至深。然而，他们的表达方式却不尽相同：《闻官军收河南河北》以“喜”为感情基调，塑造了一个为战争胜利喜极而泣、喜极而狂的爱国形象，让人匪夷所思之余又深受感动；《示儿》以“悲”为基调，描摹了一个盼望祖国统一、至死不渝的爱国形象，一寸赤心，催人泪下；而《夏日绝句》则以“愤”为基调，展现了一个正气凛然、英勇无畏的爱国形象，激荡人心，令人肃然起敬。这三首诗或喜，或悲，或愤，以不同的方式宣泄着同样的爱国情怀，不受时代的限制，不受性别的拘束。通过古诗的学习赏析，让学生从中认识伟大的爱国者形象，感受他们深切的爱国情怀，从而受到启发，弘扬爱国主义精神。

二、古今对话，感人至深

这三首诗，每一首都是那样的感人，尤其是陆游的绝笔诗《示儿》更是深深地打动了每一位学生。这首诗以家常嘱托的形式构思，看似短小精悍、通俗易懂，实则字字悲切，句句含情，感人至深。其感人之处在于写作的时间。耄耋之年，临死之际，于家于儿终无挂念，却不忘抗金救国的壮志！其感人之处在于赤子之心。回首一生，陆游仕途坎坷，怀才不遇，饱受排斥，然而他却终其一生追求报国！感人之处在于其位卑言轻，身居村野，生活困顿，却能胸怀天下，至死不渝……这首诗的背后隐含着陆游一生的报国壮志，隐含着古代文人骨子里共有的民族情怀！

然而，这些潜在的、深沉的爱国情怀并不一定为学生所理解，必须深入诗人的生平事迹及其时代背景中，去触摸诗人的心灵，这样才会被震撼、被感化。因此，在讲这首诗时，首先，我创设了表演朗读的情境，让学生在想象中诵读，在诵读中感受，在感受中表达，通过声音、表情再现诗歌情景，进而融入诗歌，走进陆游，这是第一次与古人对话。接着，在学生最动情处，引导学生质疑：为什么陆游奄奄一息，不想自己安危，不安排儿女后事，却仍旧心念国家？从而激发学生探究的欲望。

此时，引出周恩来对陆游的评价："陆游不是为个人而忧伤，他忧的是国家、民族，他是个有骨气的爱国诗人。"随后自然而然地引出阅读材料：陆游，生于北宋灭亡时期，金军攻占京都汴州，其随父迁于南宋新都杭州。民族的矛盾、国家的不幸、家庭的流离，给他留下不可磨灭的印记。他一生坚持抗金，却又屡遭"主和派"排斥。46 岁，投身军旅，但仅 10 个多月军队便解散。后又做了几任小官，不久便被罢官归乡。75 岁时，入京做过史官。79 岁，回归故里，生活十分困顿。直到 1210 年，他与世长辞，留下绝笔诗《示儿》，享年 85 岁。进而出示陆游 48 岁时写的《观大散关图有感》、68 岁闲居故里时写的《十一月四日风雨大作》，以及同时期林升写的《题临安邸》，通过关联阅读的方式，让学生从陆游的一生中去感受、去体会、去理解绝笔诗中所包含的悲伤、遗憾、无奈以及期望，以深化学生对陆游高大爱国形象的认识。由一首诗走进多首诗，最后认识一个诗人，这是与古人又一次深入的对话。

最后，让学生将自己的所思所感化为笔下的表达，深化对陆游爱国情怀的认知，这是学生与诗人陆游的最后一次对话。在情感的层层铺垫下，学生深深地被陆游那执着、赤诚的一片丹心打动，一个个笔端下流泻出了这样的评价：生虽平凡，死却伟大；一身为一国，心共国存；生于忧患，死于遗憾，爱国之情，至死不渝；本怀壮志平天下，却因排斥归故里……当阅读完陆游的一生重读《示儿》时，我分明听到了学生的诵读中有垂死寄托时的遗憾与悲伤，我分明看见了学生眼睛里闪烁着泪花，有的甚至垂下了泪珠，那晶莹剔透的泪珠里闪烁着的，不仅是为陆游遗憾的泪、悲伤的泪，更是为陆游那爱国爱民、至死不渝精神所感动的泪。而这，也就告诉了我，这堂课是有价值的，因为它触动了学生的心灵。

三、文情合璧，深化解读

课堂是一门遗憾的艺术。虽然这节课触动了学生的内心，实现了爱国教育的目标，但是也存在着很多遗憾。如：在课堂环节设计中，教师牵引的作用过大，学生自由的、主动的思想就受限制了。如第一环节中老师的范读虽然奠定了本节课情感的基调，但是严重影响了孩子们个性化的理解和朗读，他们可能会刻意地去模仿和表演。不如先让学生自己去感受、去朗读。再如，第二个环节中，首先出示了周恩来对陆游的评价，学生便会以此为引导，一味地追求形式，而忽视了对材料的用心阅读，同时材料设计上，大段生平材料的介绍，总结了陆游的一生，学生无心再去仔细揣摩诗歌，这样就脱离了诗歌文体特点，丢去了语言文字而去空谈情感，学生评价和感受就会流于表层，缺乏浓厚的情感感受做基础，缺乏深刻性。因此，语文教育只有文情合璧，才能更深刻地解读诗人，解读诗情，从而受到精神的洗礼、心灵的净化。

一片丹心，流芳千古。读诗，也是在读人、读史。从诗人的诗史中，我们深受震撼，继承了中华儿女爱国的民族传统，一代又一代……

◆**点评：**本文以爱国诗歌为爱国教育载体，站在爱国诗歌史的长河中，选取最具典型的三位爱国诗人，再从爱国诗人的爱国诗中选取典型的爱国诗歌，构成一个大的爱国主题“一片丹心，流芳千古——古人的爱国情怀”，从悲、愤、喜三种爱国情怀来感召学生，让学生深入理解何为爱国。其中，又选取伟大爱国诗人陆游的名诗《示儿》，详细介绍爱国教育的具体实践过程。与众不同的是，教学中，教师跳出了课本，由一首绝笔诗想到诗人不同人生阶段的爱国诗，通过关联阅读引导学生了解陆游的一生，深入感受诗人爱国爱民的一片丹心。整个课堂，学生融入其中，老师融入其中，我们的心跟随着陆游的心一起悲伤、遗憾、慨叹。

品忠骨之情　报强国之志

北京市朝阳师范学校附属小学　侯　婷

统编版教材五年级下册第四单元选编了《古诗三首》《青山处处埋忠骨》《军神》《清贫》四篇以爱国情怀为主题的文章。文中，无论是国家领导人还是普通群众，都折射出对祖国强烈的热爱之情。本单元的人文主题则是“苟利国家生死以，岂因祸福避趋之”。

本节课《青山处处埋忠骨》是基于史实的文学创作，主要描写了毛主席在听闻爱子毛岸英牺牲的噩耗后，内心极度痛苦、煎熬，几经踌躇后，最终决定将毛岸英的遗骨安葬在朝鲜，表现了毛主席作为一名父亲的真实情感和身为国家领导人的伟大胸怀。学生在阅读过程中，通过抓住关键词句感受毛主席作为一名国家领导人的爱国情怀；在面对爱子遗骨是否回到祖国这一直入人心的现实问题，所表现出来的伟人胸怀。这些爱国的表现，必定在学生的心里种下一颗爱国的种子，从而激发学生的爱国情怀，将其努力转化为自己的行动力，去报效祖国。

◆课堂实践

一、回忆主要内容，导入新课

导入：上节课我们通过学习课文，了解了课文的主要内容，课文的题目是《青山处处埋忠骨》，这节课我们继续一起探索其背后的故事吧！请同学们快速浏览课文，回忆一下课文的两个部分分别写了什么内容呢?

预设：第一部分主要写了毛主席看到有关毛岸英在朝鲜牺牲的电报后，心情无比悲痛。第二部分主要写了毛主席在面对毛岸英的遗骨是否归葬这一问题时，内心经历了艰难的抉择，最后做出了将爱子葬于朝鲜的决定。

二、自读课文，感受慈父心痛

1. 默读批画。

2. 默读第一部分，画出描写毛主席的相关语句，体会他的内心世界，把自己的感受批注在相关语句的旁边。

（1）从人物的动作中体会内心。

从见到这封电报起，毛主席整整一天没说一句话，只是一支接着一支地吸着烟。桌上的饭菜已经热了几次。

通过关键词句“一天没说一句话”“一支接着一支地吸着烟”，并联系生活经验，人只有在特别悲痛或者伤心的时候才会一天也不说话，一支一支地吸烟。从中感受到此时的毛主席内心很悲痛。

（2）从人物的神态、语言中体会内心。

那一次次的分离，岸英不都平平安安回到自己的身边来了吗？这次怎么会……“岸英！岸英！”毛主席用食指按着紧锁的眉头，情不自禁地喃喃着。

“按着紧锁的眉头”“情不自禁地喃喃着”，同学们通过这些对毛主席动作、语言和神态的描写，感受到毛主席的内心世界，作为一名父亲，面对爱子毛岸英的牺牲，此时的毛主席悲恸欲绝。

3. 出示资料（以时间轴的方式呈现，内容为毛岸英从出生到牺牲的每一阶段），进一步感受毛主席内心万分悲痛的原因。

4. 有感情地分层次朗读课文。

过渡：是呀！最心爱的长子在朝鲜战场牺牲了，我们体会到毛主席万分悲痛。即使这样，他又做出了一个重大的决定，那就是将爱子葬于朝鲜，并在电报记录稿上批示了这样的文字：青山处处埋忠骨，何须马革裹尸还。做出这样的决定，毛主席的内心又是怎样的痛呢？

三、合读课文，感受伟人胸怀

1. 默读画批。

请同学们默读课文的第二部分，画出描写毛主席的相关语句，体会他的内心世界，把自己的感受批注在旁边。

（1）从人物动作中体会人物内心。

毛主席不由自主地站了起来，仰着头，望着天花板，强忍着心中的悲痛，目光中流露出无限的眷恋。

抓住“不由自主”“仰着头”“望着”“流露”等这些描写毛主席动作的关键词，从中体会到了此时的毛主席特别希望能够再见儿子一面。

（2）从人物语言中体会人物内心。

他若有所思地说道：“哪个战士的血肉之躯不是父母所生？不能因为我是主席，就要搞特殊。不是有千千万万志愿军烈士安葬在朝鲜吗？岸英是我的儿子，也是朝鲜人民的儿子，就尊重朝鲜人民的意愿吧。”

这段话是对毛主席独白的描写，毛主席作为一名父亲，特别想见到儿子，但是同时想到了千千万万的志愿军烈士，想到自己作为领袖不能搞特殊，想到毛岸英的牺牲是为朝鲜人民作贡献，毛岸英也是朝鲜人民的儿子，所以最终选择了让爱子和志愿军烈士一样安葬在朝鲜。这也让我们感受到了毛主席作为国家领导人，面对爱子的遗体是否运回国内安葬这一问题时，内心的艰难抉择。

（3）从人物神态中体会人物内心。

秘书将电报记录稿交毛主席签字的一瞬间，毛主席下意识地踌躇了一会儿，那神情分明在说，难道岸英真的回不来了？父子真的不能相见了？毛主席黯然的目光转向窗外，右手指指写字台，示意秘书将电报记录稿放在上面。

从“踌躇”中我们感受到毛主席内心的犹豫，“黯然的目光”“指指”，通过毛主席的动作、神态，我们体会到了毛主席对爱子的不舍和抉择的艰难。

2. 分角色朗读感悟。

3. 小结：毛主席作为一名父亲，也有着与常人一样的情感，面对爱子的牺牲内心万分悲痛，即使是遗骨，也希望能见一面。但为了国家和人民，他毅然决然放弃了这个决定，他为了国家而舍弃了自己的小家，此时的他对于将爱子葬于朝鲜这一决定，内心十分坚定，从中让我们体会到他有着无产阶级革命家的伟大胸怀。

四、理解主题，拓展提升

1. 理解难句。

“青山处处埋忠骨，何须马革裹尸还。”英烈们既然把整个身心都献给了国家，死后尸体葬在哪里已经不重要了，即使长眠于异国他乡又有何妨？青山连绵，哪里都可以安葬英雄们的遗骨。因为无论他们被安葬在哪里，人民永远都会记得他们，他们的精神永远会激励和鼓舞着后世之人。

2. 结合资料，拓展提升。

结合夏明翰、赵一曼、黄继光、邱少云的资料，进一步体会“青山处处埋忠骨，何须马革裹尸还”的精神。

3. 小结：虽然此时的毛主席内心万分悲痛，但还是在电报上写下了批示“青山处处埋忠骨，何须马革裹尸还”，前半句也是课文的题目，相信学到这里，你已经知晓了这个题目背后的故事啦！其实呀！忠骨指的不仅是毛岸英烈士的遗骨，也指像毛岸英一样为国捐躯的英雄儿女，就像同学们说的夏明翰、赵一曼、黄继光、邱少云等，他们都是为国捐躯的英雄儿女，他们用自己的鲜血换来了我们今天的幸福生活。他们把整个身心都献给了国家，死后尸体葬在哪里已经不重要了，即使长眠于异国他乡又有何妨？青山连绵，哪里都可以安葬英雄们的遗骨。因为无论他们被安葬在哪里，人民永远都会记得他们，因为他们的精神永远与人民同在。作为小学生的我们，其实爱国的行为就在我们身边，比如光盘行动、垃圾分类、遵守疫情的规则等，爱国的形式大到为祖国奉献自己的生命，小到一个行为。让我们从现在做起，从这一刻做起……

◆**点评：**本节课属于单元精读课。培养学生高阶思维的发展已经是当下语文教学中的一个新的认识和热点问题，但是学生的思维是隐性的，缺少统一的评价工具。教师需要借助有效的教学活动引导学生的思维向深度发展，并对学生的思维能力有较为客观的评价。虽然语文课堂中的教学活动是有限的，比如朗读、小组合作等，但是教师可以在有限的教学活动中促进学生思维能力的无限发展，并通过教学活动对学生的思维进行有效的评价，从而实现用显性的教学活动促进学生思维深度发展的培养目标。本节课主要对思维评价的方式进行了初步探索，发现朗读不仅是语文学习的主要方式，更是学生思维外化的呈现方式，学生通过朗读既能对课文内容进行整体的感知，又能提升学生对课文的情感体验。教师通过朗读可以对学生的思维过程进行评价与监控，而本教学设计恰是实现了朗读对思维的评价作用，让学生的思维过程变得可视化。

《少年中国说》

北京市丰台区长安新城小学　裴　建

《少年中国说》是梁启超先生于 1900 年发表在《清议报》上的一篇文章。全文逻辑严密，语言气势磅礴，感情充沛。课文节选了其中的一部分，以整齐的句式描绘了少年中国的光辉前程，激励中国少年奋发图强，勇挑建设少年中国的历史重任，表现了作者对祖国繁荣富强的热切期盼。

◆课堂实践

一、设疑导入

《少年中国说》我们并不陌生，谁还记得我们在什么场景下背诵过？（生：开学典礼的时候。）没错，我们一、二年级开学典礼的时候就曾经背过。那么你们知道，为什么我们在开学典礼的时候要背诵这篇文章吗？这篇文章的作者是谁？这篇文章是作者在什么时候、什么情况下写的呢？今天我们就一起来学习一下。

二、结合注释和资料，帮助学生读懂课文

1. 读文识字，熟悉课文内容。

2. 思考：作者心中的少年中国是一个什么样的中国？

（预设：智慧、富有、强大、独立、自由、进步、胜于欧洲、雄于地球的中国。）

3. 结合资料，激发爱国热情。

（1）介绍作者。

师：课下同学们收集了关于这一课的资料，谁来介绍一下作者？

预设：梁启超（1873 年 2 月 23 日—1929 年 1 月 19 日）：字卓如，一字任甫，号任公，又号饮冰室主人、饮冰子、哀时客、中国之新民、自由斋主人。清朝光绪年间举人，中国近代思想家、政治家、教育家、史学家、文学家。戊戌变法（百日维新）领袖之一，中国近代维新派、新法家代表人物。

（2）介绍写作背景。

《少年中国说》是梁启超先生于 1900 年发表在《清议报》上的一篇文章。当时八国联军阴谋瓜分中国，污蔑中国是“老大帝国”“东亚病夫”“一盘散沙”，不能自治，只能由帝国主义列强共管或瓜分。在国内，一些昏聩无知的卖国求荣者叫嚷“中国不亡是无天理”“任何列强三日内就可以灭亡中国”。为了驳斥帝国主义的野蛮行径和卑劣阴谋，纠正国内一些人自暴自弃、甘为亡国奴的心理，激起全国人民的爱国热情，梁启超先生适时地写出了这篇《少年中国说》。

师：正是因为这样的背景，所以梁启超先生才说：故今日之责任，不在他人，而全在我少年。

（3）激发情感。

师：正是因为当时八国联军阴谋瓜分中国，污蔑中国是“老大帝国”“东亚病夫”“一盘散沙”，不能自治，只能由帝国主义列强共管或瓜分。所以梁先生说？

生：故今日之责任，不在他人，而全在我少年。

师：正是因为：在国内，一些昏聩无知的卖国求荣者叫嚷“中国不亡是无天理”“任何列强三日内就可以灭亡中国”。所以梁先生说？

生：故今日之责任，不在他人，而全在我少年。

师：正是为了驳斥帝国主义的野蛮行径和卑劣阴谋，纠正国内一些人自暴自弃、甘为亡国奴的心理，激起全国人民的爱国热情，所以梁先生说？

生：故今日之责任，不在他人，而全在我少年。

师：他还说？（生读第 1 自然段，气势要磅礴：少年智则国智……）

4. 读第 2 自然段，想一想，作者用哪些事物来赞美中国少年？

（1）生总结、汇报，师引导。

红日、（黄）河、潜龙、乳虎、鹰隼、奇花、干将。

小组交流：重点阅读第 2 自然段，根据注释理解句子的意思。

生总结并汇报。

（2）朗读，体会情感：读出韵律美，让人感受到中国少年的蓬勃生命力。

师小结：我们在总结过程中发现，这些事物都是动态描写，都充满着生命力。作者用这些充满生命力的事物来比拟少年中国，就是告诉我们，少年中国就是最具有生命力，最有发展前途的。

5. 朗读第 3 自然段，体会句子承载的思想感情。

生总结，汇报：这段是抒情段，作者用两个感叹句，再次重申了中国少年和少年中国密切的关系以及作者对他们的赞美之情。

三、联系实际，激发学生爱国情感

1. 展示学生手抄报：百年来中国各个领域为国家富强而奋斗的杰出人物故事。

2. 现在新冠疫情在世界蔓延，只有中国控制得最好！为什么？因为今日之中国已经今非昔比！美国纠集一些国家共同抵制中国，但是我们的外交部发言人腰杆硬得很，为什么？因为我们的国家强大了！

师：故今日之责任，不在他人，而全在我少年。

生：少年智则国智……

希望同学们现在努力读书，学好本领，长大也能成为梁启超先生希望的那样的中国少年！

◆**点评**：设疑入课。这篇课文对五年级学生们来说不算陌生，一、二年级的开学典礼上同学都背过。开课抓住这一点引发学生的熟悉感。但是由于当时学生年龄小，对作者和写作背景、写作目的并不知道。所以老师提问，引起学生的学习兴趣。

师生互读，激发情感。在介绍完写作背景后，老师说一句背景，学生说一句："故今日之责任，不在他人，而全在我少年。"使学生意识到自己的使命。

联系生活实际，抓住教育契机。如今新冠疫情肆虐世界，中国刚刚经历了新冠疫情的暴发，全国多地水灾、旱灾等自然灾害，但是今日之中国早已不是当初那个积贫积弱的国家，今日之中国人民、今日之中国少年早已不是那愚钝无知之辈。通过全班朗读课文，让学生在朗读中升华爱国之情，在朗读中体会作者的语重心长，在朗读中明白自己的责任和使命！

《枫桥夜泊》

北京印刷学院附属小学　李　晴

《枫桥夜泊》是北京义务教育课程改革实验教材小学语文第九册第四单元第 13 课中的一首古诗。作者是唐代诗人张继，全诗描写了其在江南旅途中，路过苏州枫桥停船过夜的情景。全诗围绕“愁”字展开了景物描写和气氛渲染，通过月落、乌啼、寒霜、江枫、渔火、钟声等意象，表达了诗人科举落榜、仕途不顺、有家未归的羁旅情怀。本诗表面上看似写景，实际是作者借助景物抒发情怀，全诗情景交融、浑然一体，作者的无限愁思在简短的文字中跃然纸上。

我在课堂教学中努力构建一种探索性学习的纵向结构，即通过“了解背景—想象画面—感悟意境—品味情感”的模式，让学生在文本阅读、想象、联想、交流、朗读等活动中，理解诗文的含义，感受文章的思想情感，继续积累学习古诗的方法，并感悟到祖国传统文化的优美。

◆教学过程

一、诗画激趣，揭示课题

1. 课件出示：《静夜思》。

（1）古人云，诗中有画画中有诗。老师这有一幅画，谁能用一首古诗对这幅画加以描绘？

（2）抬头望月就勾起了李白的思乡之情！这世间万物在诗人的眼中是有感情的，而这借景抒情也是写诗最常用的方法。

2. 揭示课题。

和李白同时代的另一位诗人——张继也曾巧妙地借助景物描写抒发情怀，成就了一篇千古绝唱——齐读题目——《枫桥夜泊》。

【设计意图】创设情境，激发兴趣。

二、初读诗文，了解大意

学生课前进行了预习，通过查注释和字典，初步了解了诗的内容。

1. 指名读古诗，读准字音。

2. 理解题意。

“泊”多音字解意。

3. 再读一读，然后同桌交流诗文内容。这首诗都写到了什么？

4．指导总结诗意。

【设计意图】 正确、流畅地朗读，解题知大意。

三、细读诗文，感悟诗境

（一）细读上联，感受意境

1．自读上联，想象画面。

（1）读诗文，悟感受。自己静静地读一读，看看读完后你有怎样的感受？从哪里体会出来的？找到后画下来。

（2）交流感受，想象画面。

描述画面。理解“愁眠”。指导朗读。

（3）总结画面。课件提示。

2．再读上联，体会愁思。

（1）学生质疑，理解愁绪。

在这漆黑的夜晚，张继一人漂泊于凄凉的江畔，愁得难以入眠。读到这里，你心里有没有一些疑问呀？

（2）出示背景资料。学生自读。

想真正理解一首古诗的内容，有时必须要先了解诗人的经历和诗的写作背景。

（3）讨论问题：深秋的夜晚，他为何孤身一人漂泊异乡呀？

他在愁什么？此时张继在想什么？

①思乡之愁。

②人生之愁。

（4）交流总结，体会情感。

诗人思念家乡和亲人，可一事无成羞愧难当，怎么回事呀？诗人这一身才华却无处施展，难道就要被埋没吗？诗人该怎么办？在这凄凉的异乡之夜那心中的不甘、绝望与矛盾一齐涌上心头，直愁得他双眉紧锁，辗转难眠。读读吧！

3．品读上联，体会写法。

（1）诗人只用了一个字就把这眼前的景物和自己的感受巧妙地联系在了一起，这个字就是？

（2）“对”出情景。

谁和谁相面对着？闭上眼想一想在你的脑海中浮现出了怎样的画面？

（3）“对”出愁绪。

在一片幽暗之中，本已愁绪满怀的张继在看到这凄凉的景色时他的心情会怎样？（看到这凄凉的景色，真让他愁上加愁。）

（4）总结写法：借景抒情。

这哪里还是在写景，这分明是在写他的心呀！

（二）品读下联，钟声化愁

1. 这一夜张继把自己的愁绪给了月亮、江枫、渔火。而当夜越来越深、月亮落下、乌鸦入睡、枫影不见、渔火不明、寒霜不清时，这满腔的孤独和忧愁要托付给谁呢？听——课件：钟声起，下联出。

2. 体会钟声的寓意。

（1）这悠悠扬扬的钟声划破黑暗，在水面上飘飘荡荡，这钟声仿佛在对张继说……

（2）这钟声一下一下敲打在张继心上，敲醒了他那颗愁苦的心。

【设计意图】想象诗文画面感受当时情景。学生课前查阅了关于作者的资料，使得学生带着有准备的头脑走进课堂，通过讨论交流深入诗人内心体会情感。自学下联感悟钟声，“对”出情景交融，“对”出借景抒情。学生的理解代替了老师的讲解，这充分彰显孩子是学习的主体。同时，学生的讲解又是以文本为依据和生发点的，因而不断地回读与印证又使得教学尊重文本、紧贴文本展开。

四、熟读成诵情感升华

1. 配乐，师生对读全诗。

2. 指导朗诵。

3. 反复诵读：姑苏城外寒山寺——（高、低、轻三次。）

【设计意图】反复诵读升华情感。

五、拓展想象，续写梦想

在阵阵钟声中，张继终于沉沉地入睡了，他那挂满泪水的脸上露出了一丝微笑——他梦到了什么？请你写下来。

【设计意图】发挥想象习作训练。

六、总结全诗，课后延伸

1. 总结全诗。在这漂泊的夜晚，张继把眼前所见、耳畔所闻，都融入了自己的情感，成就了这千古名篇。

2. 布置作业。

（1）有感情地朗读并背诵。

（2）交流修改，完成续写。

（3）品读张继的诗作，看看在这些诗中他又是如何借助景物描写来抒发感情的。

◆**点评**：语文课程是一门学习语言文字运用的综合性、实践性课程。学生是语文学习的主体。因此，教师在教学中要充分发挥学生在学习中的主体地位，注重激发学生的学习兴趣，注意培养学生自主学习的意识和习惯，引导学生掌握语文学习的方法，为学生创设有利于自主、合作、探究的学习环境。

五年级学生已经学习过不少古诗，对古诗有一定的理解能力，也具备了比较强的独立学习解决问题的能力，在学习中能借助注释、工具书、想象画面等多种方法来读懂古诗的大意，对学习古诗也有一定的热情。

教师改变了在古诗词课堂中教师始终“讲”、学生被动“听”的局面，充分相信学生，把学习的主动权交给学生，充分调动了学生的学习积极性。

苟利国家生死以 岂因祸福避趋之
——《从军行》教学设计（片段）

成都市龙泉驿区向阳桥小学 胡林凤

五千年来，家国情怀就像一条奔腾不息的长河，滋润着一代代中华儿女，孕育出灿若星河般的民族群英，铸造了风雨同舟、自强不息的民族之魂。自古以来，无数有志之士胸怀家国，为中华民族的发展舍生忘我，他们或立志为官造福于百姓，或救亡图存献身于国家，或修身立学传道于后人，以实际行动为我们诠释了真正的家国情怀。

部编版小学语文五年级下册第四单元主要围绕“家国情怀”这一主题，安排了《古诗三首》《军神》《青山处处埋忠骨》《清贫》四篇课文。每篇文章都对人物的刻画细致入微，从不同角度表现了人物崇高的品质。其中，《从军行》是唐代诗人王昌龄的组诗作品，表现的是战士们为保家卫国，志比金坚的家国情怀。

◆教学环节

环节一：视频导入，营造氛围

1. 播放视频：各地志愿者奔赴武汉抗击疫情的视频。

2. 教师谈话导入：若有战，召必回，战必胜，在新冠疫情暴发后，各地医护人员纷纷奔赴一线，抗击疫情，这是一场没有硝烟的战争，对他们而言，这就是一次“从军出征”，在经历了 76 天的战“疫”后，最终取得了胜利。如今，我们的和平生活来之不易，这也是祖祖辈辈的英勇将士用血肉之躯换来的。

今天我们来一起学习一首边塞诗。板书（板书：从军行）并齐读诗的题目。古有将士从军出征，在战场上奋勇杀敌，屡立战功；今有医护人员签下请战书，面对险境毫不畏惧。同学们，谁知道“从军”是什么意思呢？

生：参加军队。

师：这首诗便是唐代诗人王昌龄的边塞组诗《从军行》中的第四首诗，我们一起来看看在他眼中，将士们是如何戍守边关、杀敌报国的吧。

3. 解读课题。

4. 了解诗人。

5. 激发想象。

师：同学们，在“秦时明月汉时关，万里长征人未还”“醉卧沙场君莫笑，古来征战几人回”这一类的边塞诗中，你认为，边塞是个什么样的地方呢？

那么在王昌龄的笔下，边塞风光又是怎样的呢？我们一起去诗中一探究竟吧。

环节二：初读古诗，感知诗意

1. 通读古诗，把握情境。

2. 解读字词，想象画面。

环节三：品读古诗，想象诗境

师：了解了古诗的字面含义，我们再一起去探究诗人想要表达的更深的感情吧！

出示古诗课件，让我们用看电影的方式来展开此诗，你都看到了什么呢？

生：展开想象描述画面。

师：配乐读旁白。天上云卷云舒，在浩渺无边的长天之上，云层倏忽万变，恣意翻滚。天空下，大地上的一切也随着云朵的移动忽明忽暗，云层下是一片广袤无边的高原。时而是蓝如玻璃的青海湖，时而是白雪皑皑的祁连山，时而是郁郁葱葱的沙漠绿洲，时而是茫茫戈壁。

看到这样的画面你有什么感受？

生：让人一下子热血沸腾，有一种建功立业的冲动。

师：此刻，镜头停了下来，远处山梁上有一支队伍正在行进。镜头慢慢拉近，戈壁的狂风不时卷起一阵阵黄沙，仿佛在向这支队伍示威。风沙不断撕咬着将士们的脸颊、征衣。没有人躲闪，队伍井然有序，继续静静前行，只有此起彼伏的铠甲摩擦发出的窸窣声。镜头进一步拉近，定格在山梁上驻马远眺的一位将军身上，此次出征经历大大小小战斗已不下百场，肆虐的黄沙已磨穿了身上的铁甲，但将军的目光仍无比的坚毅。仿佛在向远方喊出他那心底的誓言：“不破楼兰终不还。”

课件再次出示第二句：黄沙百战穿金甲，不破楼兰终不还。

1. 生解读诗句。

2. 师：抓住关键词“穿”，解读：这里的“穿”是指穿上金甲吗？

生：不是，“穿”在这里是磨破的意思。

师：金属制作的盔甲都会被磨破，这说明了什么呢？

生：说明将士们征战了很久，而且战事十分激烈。

师：金甲虽然磨破了，但是将士们忠心报国的雄心壮志并没有减少，相反地，他们的拳拳爱国之情变得更加深厚了。你从哪里看出来的呢？

生：我是从“终不还”看出来的，这场战争如果没有取得胜利，将士们就不会回家。

师：是的，这个“还”字意味深长。在传统文化中，中国人的故土情怀深植于心，不管是衣锦还乡还是叶落归根，“还乡”是千百年来万千游子共同的梦。是怎样的爱国情怀才让将士们发出了“终不还”的决绝誓言呢？就是那比故土情怀更加崇高的家国情怀啊，他们总是时刻准备着报效祖国，这样的家国情怀让我们深深被触动。

环节四：带入情境，感悟古诗

1. 感悟诗情，小练笔。

（1）师：“不破楼兰终不还”，让我们深刻感受到了将士们的万丈豪情，但是，他们也同样有着自己的亲人，他们是谁的儿子又是谁的父亲呢？难道他们就这样甘愿战死异乡吗？难道他们就不思念家乡的亲人，不想回家吗？

生：他们也同样思念亲人，也想早日回家呀，但是比起国家的生死存亡，这又算得了什么呢？

师预设情境：也许此刻，年迈的父母正拄着拐杖在家门口等待；也许年幼的儿女正哭啼着呼唤父亲回家；也许思念过度的妻子正夜夜以泪浸湿枕巾。

那么，如果你就是戍守边关的将士，你想对他们说些什么呢？同学们，请你给亲人写一封信，告诉他们为什么你“终不还”。

学生练笔、展示交流。

（2）再次有感情地朗读古诗。

2. 总结全诗。

师：即使战争如此残酷，可守边的将士们却黄沙百战穿金甲，不破楼兰终不还。这节课，我们跟随着王昌龄的诗句一起领略了苍茫壮阔、金戈铁马的边塞生活，我们仿佛看到了边塞的恶劣环境，感受到了将士们的凄楚与悲凉，更感受到了他们誓死报国的壮志豪情，这就是一种家国情怀，有了他们的付出，才换来了国家的统一和安定，才让百姓们有了和平的生活。

◆**反思**：《从军行》是唐代诗人王昌龄所写的一首优秀的边塞诗，反映了戍边将士保卫边境，杀敌立功的雄心壮志，具有昂扬的战斗精神，动人心魄，充满了爱国热情和乐观精神。

在教学中，我将武汉抗“疫”精神与边关将士们“不破楼兰终不还”的精神结合起来，指出这都是一种伟大的家国情怀。在古诗解读中，我抓住关键点“穿”和“终不还”，采用了朗读、配乐想象和动笔练习的方式，让学生从口、耳、手多元化多角度感悟古诗中将士们的豪壮誓言，让家国情怀深入其内心。

◆**点评**：几千年来，家国情怀一直是扎根在中华儿女内心深处的精神支柱，无论是古人所讲的“修身、齐家、治国、平天下”，还是现在我们所讲的社会主义核心价值观的国家、社会和个人三个层面，都是家国情怀在不同时代的表现。“家是最小国，国是千万家”，家国情怀的培养不仅是培养学生核心价值观和核心素养的基础，也是学生成长过程中不可或缺的一部分。

在语文教学中，我们要立足于教材，也要紧跟当今时事，将古今不同形式的家国情怀结合起来、统一起来。在新版小学语文部编版教材中，有很多家国情怀的元素融入其中，不管是课文中描绘的祖国大好河山，还是歌颂仁人志士的英雄事迹，都是我们进行家国教育的好题材。

因此，在《从军行》这首古诗的教学中，教师便积极地将古今家国情怀结合起来，不仅让学生有了充分的代入感，同时也使学生能更加深刻地体会到这种爱国精神的延续。

《俗世奇人》整本书阅读课教学设计

北京教育学院附属丰台实验学校　边晓露

五年级下册语文教材第23课《刷子李》是选自冯骥才先生所著的《俗世奇人》，这本书用凝练的天津味的语言为读者讲述了清末民初36个俗世中的奇人的故事，不仅情节一波三折，而且故事生动有趣，用典型的事例凸显了人物的性格，一定会引起孩子们的阅读兴趣。

教学《刷子李》后，为帮助学生进一步领会用典型事例写出人物风格的写作方法，鼓励学生阅读整本书《俗世奇人》，从而实现课内阅读与课外阅读的对接。《俗世奇人》这本书充分展现传统文化的精髓，体现我国民族文化的精气神，是我们当今社会不可多得的精神财富。学生可以通过阅读本书，了解天津的传统地域文化，传承地道的民俗风味。

这本书在写作方面堪称典范，不仅情节跌宕起伏，而且语言也很有特色。冯骥才先生擅用比喻、夸张等修辞方法，还使用了不少天津方言。对人物的动作描写极为传神，并牢牢抓住了人物的性格特点。学生可以学到不少阅读和写作技巧。

对学生的精神成长有极为重要的意义。手艺人要凭勤学苦练获得的本事生存，高人也是凭真本事赢得尊重。冯骥才先生用精彩的故事把这些智慧记录下来，至今仍能够带给读者启发和感悟。

◆课堂实践

1. 导读激趣：书的封面、插图、目录，是否能读、要读。制订阅读计划。

首先我们通过云家访的机会，在线上让学生们了解了这本书的大概内容，激发学生阅读的兴趣，学生自主决定是否要读这本书，并根据各自的情况，制订阅读计划。

2. 通读指导：用闯关的模式使学生多次走进同一本书。

第一关：初识奇人　人物速写

1. 所有的故事都发生在天津卫码头，但却又独立成篇，互不相关。你觉得在这群奇人身上，什么最让你感到传奇？为你最感兴趣的奇人写一段人物介绍，200字左右。

【设计意图】通读阶段，为了让学生们边读边思考，写人物介绍可以让学生从文本中获取关键信息，也可以形成对人物的初步认识。

2. 为你最喜爱的人物代言，他的经历有何传奇，最喜爱他的理由是什么，为他做一张名片吧。

3. 如果现在开展一次“天津卫码头之星”评选，就邀请你们来做评委，你想设置哪些特别的奖项？又会将它们颁发给谁？

（1）奖项设置：奇人们本身都带有非常鲜明的个性化标签。

（出示：靓、邪、绝、野、怪、灵……）

你最想用什么字来形容？你想颁发什么奖？

（最牛手艺，最灵嘴巴，最邪门道，最讽点子，最怪癖好……）

（2）挑选最喜欢的一位，用简短的话写一写颁奖词。

第二关：奇人分类　品析人物

根据他们的共同特点，尝试给这些奇人分分类，用上思维导图的方式。比如可以从以下几个方面对这些奇人归类：技艺高超有“绝活”，技不如人要“认栽”，脾气行为很“各色”，事分好坏分“褒贬”。

第三关：处世智慧　精神成长

1. 一个个妙趣横生，甚至荒诞传奇的故事下，是个性十足、空前绝后的小人物们。回想文章，为什么他们能活得如此亮堂，把看似寻常的故事过成了一种传奇？

2. 作者选取的是一些大人物还是小人物来写，这样的手法有什么好处？

第四关：津味特色　文化魅力

1.《俗世奇人》是一部具有天津地方文化特色的文学作品，冯骥才先生在创作过程中运用了许多带有天津地区口语特色的词语、表达方式，请试着找出这些词语，并分析它们想表达的意思和在语境中的运用。

词语	意思	运用
嘛	什么	这叫嘛规矩？他就这规矩。——《苏七块》
赛	好像	红唇皓齿，眸子赛灯。——《苏七块》
打	自、从	声音打胸腔出来
甭	不用	屋里任嘛甭放
通	全	通身乌黑
费猜	反复猜度	也是费猜

【设计意图】杂学是生活，也是知识。

写作来源于生活，冯骥才生活的土地也成了他创作的土壤，作品中带着天津卫特有的风土人情，浓郁的天津风味就是语言的一大特色。

2. 听《俗世奇人》天津话诵读音频。

跟普通话诵读对比，你更喜欢哪一个版本？说说你的理由。

冯骥才的每一部作品都用这样的语言吗？

【设计意图】引导学生感受天津方言的生动。这是文本的需要，带有传统文化的民俗元素，读起来更接地气。

第五关：作品创作　联结生活

1. 读到这里，不得不提写出这部传奇作品的冯骥才。他自己就是一位俗世奇人。请仔细阅读本书的导读部分，或搜集作者的资料，了解作者为什么要创作《俗世奇人》。

【设计意图】介绍奇人作者，亮出他的多重身份：作家、画家、民间文化研究者、民间艺术抢救工作者。作者冯骥才将自己的多重身份带入了整本书的文学创作中，把身为作家所凝练的文字功力，兼为画家写意的笔法造诣，同为民间文化研究者的民俗风味融为一体，为整本书打下了极富特色的文学艺术烙印。

2. 《俗世奇人》的阅读研究接近尾声，对照这几周以来我们对作品的品读，你又有了什么新的联系和发现？请完成阅读总结与思考，400字左右。

3. 作者曾把作品冠名为《市井人物》，后来改名为《俗世奇人》。现在你对作品的理解一定更加深入了，如果请你重新给这部作品取个书名，你想取什么？并请说明理由。

4. 时空穿越，对话奇人。天津卫真是个人杰地灵的地方，充满了小人物的传奇，让我们穿越回清末民初的天津卫，你最想遇到哪个奇人，你想对他说点什么呢？你会跟他发生怎样的故事呢？结合人物的特点大胆想象，写一篇小短文。

5. 大俗中隐奇人，异事中窥俗世。目前我国有很多传统民间文化遗产正在逐渐消失，保护这些民俗文化已经迫在眉睫，你有没有关注到自己家乡的传统民间文化，像北京的兔爷儿、吹糖人等，它们的现状怎么样？请尝试模仿《俗世奇人》的写法来创作一篇关于自己身边的民俗文化或者民间艺人的短篇小说。

◆点评：聚焦故事中奇人的拿手绝活、生存智慧，进一步感受“世人是可爱的，世事是好玩的”，体味市井小人物活法之传奇，并为后续拟将进行人物处世智慧等深度阅读分享拉开序幕。

活动中，学生披文入境，搜集信息、归纳信息，评选活动、颁奖词交流、方言比较、趣味体验，这些所有的阅读实践都一一对应着活动目标，不偏不倚，学生在不同目标、不同策略的指向中感受到了世人的可爱、世事的好玩，更有作品中可供挖掘的活法和乐子。

“授人以鱼不如授人以渔”，如此这般，学生的阅读所获必定会泛起美好的涟漪，呈现悠远的景致。多元的策略设计，让阅读变得更有方法、更有意思，一场酣畅淋漓的思维激荡也就此发生。

念念不忘，必有回响。想必这次活动后，能使学生在心底泛起涟漪的，绝不仅仅是津门的奇人逸事、市井的声色犬马，更会有对“传奇”一词深切的体悟、细致的叩问和回念。这便是这次活动带给学生阅读思维上可攀高的深远意义。

《圆明园的毁灭》

北京市通州区漷县镇中心小学　赵秋月

《圆明园的毁灭》这篇课文主要描述了昔日辉煌的圆明园景观和被侵略者肆意践踏、毁灭后悲惨的圆明园惨状。课文语言简洁，结构严谨，构思颇具匠心，题目为“毁灭”，却用了大量的篇幅写它辉煌的过去，把美的东西毁灭了，这真是一个悲剧，更能激起学生们对圆明园毁灭的痛心和对侵略者的仇恨。表达了作者对祖国灿烂文化的无限热爱，对侵略者野蛮行径的无比仇恨，激发学生们不忘国耻、振兴中华的责任感和使命感。

◆课堂实践

课前准备：学生围绕圆明园的布局、建筑、收藏的文物等方面搜集资料；教师准备有关课文的背景资料。

一、谈话导入

同学们，雨果曾经说过：“人们一向把希腊的巴特农神庙、埃及的金字塔、罗马的竞技场、巴黎的圣母院和东方的圆明园相提并论。如果不能目睹圆明园，人们就在梦中看到它。”

圆明园为何受到如此的赞美？我们引以为傲的圆明园又经历了些什么，竟然变成了如今的废墟？今天，我们就来学习《圆明园的毁灭》这篇文章，了解圆明园曾经的辉煌和遭受的苦难。

二、自读课文，掌握字词

1. 自读课文，画出不认识的生字、词语。

2. 查阅工具书，理解生字、词语。教师随机指导。

3. 小组内交流，运用词语造句，借以理解。

三、默读课文，整体感知

1. 默读课文，想想每个自然段主要讲了什么？尝试概括。

2. 思考：课文可以分成哪几个部分？

讨论梳理：

（1）课文第 1 自然段：说明圆明园的毁灭是中国以及世界文化史上不可估量的损失。

（2）课文第 2~4 自然段：具体介绍圆明园的布局、建筑风格及收藏的文物，再现圆明园当年的宏伟壮丽。

（3）课文第 5 自然段：讲述圆明园被毁灭的经过。

四、走进辉煌的圆明园

1. 出示课文第 1 自然段，结合课文，说一说“不可估量”是什么意思？

2. 文中连续出现了两次“不可估量”，说明了什么？

3. 人们为什么给圆明园这么高的评价？默读课文第 2~4 自然段，想一想昔日辉煌的圆明园到底是怎样的？

（1）布局：众星拱月。（出示圆明园整体布局图，直观感受圆明园的宏伟壮观。）

（2）建筑：多、美、奇。

（3）文物：年代久远，收藏众多，珍贵。（分析句子，从中体会。学生结合查阅的资料来介绍具体的文物。）

五、感悟圆明园的毁灭

过渡：我们中国有这样宏伟壮观的圆明园是多么令人骄傲啊，可是就在 1860 年 10 月 6 日这天，却发生了让我们万分悲痛的事情。

1. 播放《火烧圆明园》视频资料。

2. 观看视频，说说你们有怎样的感受？

3. 阅读课文第 5 自然段，你从中体会到了什么？

4. 侵略者为什么能轻而易举地毁灭了宏伟的圆明园？（介绍相关背景资料，让学生明白侵略者之所以敢如此为非作歹，是因为清政府的腐败无能。）

5. 有感情地朗读第 5 自然段，体会情感。

六、拓展延伸

1. 这篇文章题为《圆明园的毁灭》，而大量的篇幅却是描写昔日的辉煌，你觉得这样写合适吗？

2. 假如此时你就站在圆明园的废墟旁，你想说些什么？

◆**反思：**在这篇文章的教学中，我通过抓重点句子的方法来引导学生把握课文内容。在此基础上，我通过让学生用不同的方式阅读，来体会作者的思想感情，从而激发学生对侵略者的愤恨、对祖国的热爱，以及振兴中华的责任感和使命感。

◆**点评：** 本篇课文蕴含的爱国主义元素很多，但是如何去深入挖掘，如何让小学生深刻、全面地理解课文中的爱国主义元素有一定的难度，作者选择通过朗读来渗透爱国主义教育。在学生朗读课文的过程中，学生会认识到在八国联军侵华以后，导致我国宝贵的皇家园林被破坏，进而充分认识到如果国家落后就要受辱，因此国家必须要强大。这样，就会增强学生的爱国主义情怀，引导学生立志为祖国强大而努力。同时，通过课前让学生查阅相关资料来调动学生的学习积极性，将背景资料与课文最后一部分的教学结合起来，这样的方式能让学生更好地感受到课文中的爱国主义元素，更好地体会到课文蕴含的深刻含义。

感受爱国情怀 树立正确人生观

北京市朝阳师范学校附属小学 曹艳青

《小岛》是部编版教材五年级上册第四单元“爱国情怀”主题下的一篇课文。课文讲述了将军来到小岛视察，惊奇地发现战士们在寸草难生的小岛上种了许多小白菜，于是产生了在守岛部队中推广种菜方法的念头。晚饭时，战士们特意为将军准备了一盘小白菜，将军舍不得吃，专门将小白菜倒进汤里和战士们一起享用。清晨将军离开时，向着太阳，向着绿色菜地，也向着小岛行了一个标准的军礼。表达了将军对战士们艰苦奋斗的精神、乐观向上的生活态度和热爱海岛、热爱祖国的高尚情怀的敬意。

本课中，对守岛战士们为了守卫祖国忍受孤独、临危不惧的精神，艰苦奋斗、乐观向上的态度，热爱海岛、热爱祖国的高尚情怀进行深化教育，可以帮助学生认识人们的生活、理想和斗争，使他们受到思想品德教育，促进他们的政治品质和思想感情的形成，树立美好的人生观和世界观。还可以结合新冠肺炎疫情中的英雄人物事迹，引导学生学习这种临危不惧，为了祖国为了人民贡献出自己的一分力量的精神。

◆课堂实践

一、激趣导入

同学们，大家好，在第四单元“爱国情怀”的主题下，通过前三课的学习，我们感受到了中国人代代相传的爱国情怀。驻扎在海岛的守岛部队，也在用自己的方式表达着对祖国的爱。今天我们跟随一位将军登上《小岛》，一起去感受守岛部队的爱国情怀。相信大家通过今天的学习，一定会有很多收获。

二、初读感知，厘清脉络

通过刚才的学习，我们读准了字音，理解了字义，接下来，请同学们静下心来，先来读一读学习提示中的内容。（PPT 出示学习提示。）

明确了学习任务后，请你一边读一边思考：这篇课文讲了一件什么事？

预设：我通过通读全文，发现这篇课文是按照事情发展顺序写的，我还发现了这个故事是以将军的视角推动故事情节的发展，第 1~19 自然段讲了将军来到小岛视察，惊奇地发现战士们在寸草难生的小岛上种了许多小白菜，于是产生了在守岛部队中推广种菜方法的念头。第 20~35

自然段讲了晚饭时，战士们特意为将军准备了一盘小白菜，将军舍不得吃，专门将小白菜倒进汤里和战士们一起享用。第 36~37 自然段讲了清晨将军离开时，向着太阳，向着绿色菜地，也向着小岛行了一个标准的军礼。

总结：我们可以从将军的角度，将故事的主要情节分为三个部分：第一部分是第 1~19 自然段“发现菜地”，第二部分是第 20~35 自然段“分菜同享”，第三部分是第 36~37 自然段“将军敬礼”。

三、品味将军心理历程，尝试讲故事

同学们，通过刚刚的交流，我们梳理了课文的主要情节，现在我们一起来追随将军的脚步，感悟将军的心路历程，完成第一个学习任务。

1. 回顾方法。

2. 通过分析课文内容，梳理本课中以人物的口吻讲故事可以用的方法。

（1）角色代入法。

（2）通过动作、语言揣摩人物心理。

预设：我在看到“炊事员端来一个盘子，将军一看，脸色马上变了。那是一盘小白菜”。看到这里的时候，将军的脸色变了，我想可能是因为他想到了：一盘小白菜，在其他地方可能并不稀奇，但是在这个寸草难生的小岛上，却如珍珠般珍贵，这可是战士们克服种种困难种出来的为数不多的小白菜啊！战士们常年都吃不到新鲜的蔬菜，好多战士因此牙龈都溃烂了，我怎么能够吃得下去呢？真是太不像话了，战士们居然用倾注心血种出来的小白菜款待我，我必须严厉地斥责他！在这里我们可以通过将军的动作、神态来揣摩他的心理活动。

（3）加上适当的动作和神态。

预设：当秘书问，晚上岛上吃什么时，将军白了他一眼，再加上心理活动：“战士吃什么我就吃什么，不能搞特殊，本来我留下吃晚饭已经给他们增加负担了，怎么还能问吃什么呢？”

小结：说得对，加上神态、动作和心理活动，将军这个人物形象就生动起来了。

（4）抓住关键词揣摩人物的语气。

预设：将军分菜这个片段：（PPT）在这里我抓住了“哽”这个字，我读给大家听一听。“我的喉咙哽了一下，同志们，孩子们，我给大家分菜，每人一筷子。”

小结：读得真有感情啊！同学们，你们看，是不是把将军说话的语调、节奏、语气加上后，这个故事更加生动了呢？

3. 总结方法：同学们可以用学到的方法，合理想象将军的心理活动，加上动作神态，使用恰当的语气，丰富故事情节，请你把这个故事给自己的家人、自己的朋友讲一讲吧！

四、结合资料，体会人物思想感情

同学们，刚刚我们用将军的口吻讲述了上岛之后的故事，接下来我们完成第二个学习任务。课前我们也搜集了资料，你能结合资料和课文中的关键语句，说一说我国守岛部队的生活是怎样的吗？

预设：

1. 我通过第 1、2 自然段的内容：这里树少、草少、土也很少，将军上岛时正是这里比较凉快的时候，但也有 20 多摄氏度，凉快的时候还这么高温度，我想，那热的时候得多热呀？他们居然能忍受。通过这些我了解到守岛部队战士们的生存条件恶劣，生活条件非常艰苦。

2. 出示图片：这是守岛部队战士们生活的高脚屋，他们在这样的环境下，从自己的家乡背土，想出办法来种菜，还将菜种成中国地图的形状，他们是多么爱自己的家乡，热爱我们的祖国啊！并且这么来之不易种的菜，他们摘了一盘当作将军的晚餐，他们知道将军的生活条件和他们一样艰苦，这是对长者的关爱啊！

3. 通过搜集资料，我了解到守岛部队为了守住祖国的领土，需要在一个孤岛、一块礁石上忍受常人所不能忍的孤独，就像这张图片上一样。课文第 4 自然段也提到这个地方的蔬菜是很难生长的。生活这么艰苦，他们为了守护祖国什么都可以忍受，我真的觉得他们特别伟大！

4. 我想和大家分享一下南海的资料：南海，位于中国大陆的南方，自然海域面积约 350 万平方千米，其中中国领海总面积约 210 万平方千米，中国汉代、南北朝时称为涨海、沸海。清代逐渐改称南海。南海有丰富的物产资源。20 世纪 70 年代始，越南、菲律宾、马来西亚等国相继出兵侵占了南沙部分岛礁，引发南海争端。课文中的小岛在南海的最南端。通过这些资料我了解到小岛不仅生活条件艰苦，位置偏远，而且非常危险，随时面临着其他国家的侵犯，守岛战士们为了保卫我国的领土艰苦奋斗着！

5. 出示图片：我想分享一组照片，这是永暑礁爱国亭，守礁官兵上演精彩的“对弈”。这是弹吉他的照片，这是战士们日常作战训练的照片，他们的脸上洋溢着笑容，在艰苦的环境中体现出战士们艰苦奋斗的精神，乐观向上的生活态度！

6. 我想和大家分享有着“人民楷模”国家荣誉称号、“最美奋斗者”称号获得者王继才的故事。自 1986 年 7 月起，王继才在没有一个人支持的情况下，毅然和妻子一起上了开山岛。那时候他俩每年工资仅有 3700 元，1995 年才又多了 2000 元，但是这些钱很难维持家里的最低开销，他们买不起衣服，一直都很节省，吃一盘炒黄豆都觉得奢侈。虽然生活艰苦，但是面对不法分子送来的钱，王继才都是断然拒绝的。他和妻子以海岛为家、与艰苦做伴，坚持每天升国旗，每天按时巡岛、护航标、写日志，与走私、偷渡分子作斗争。

小结：是啊，同学们，王继才的事迹让我们感动，我国还有更多的驻守海岛、扎根海岛、默默无闻的海防战士们，他们把毕生精力都献给了祖国的海防事业。

同学们，到了这里，你是否理解了课文最后一个自然段：当将军离开小岛时，他向着太阳，向着那片绿色，也向着小岛，行了一个标准的军礼。这个举动的含义是什么呢？

预设：将军的军礼表达了将军对战士们的无限感激和深深的敬意，是将军对战士们艰苦奋斗的精神、乐观向上的生活态度和热爱海岛、热爱祖国的高尚情怀的敬意。

小结：说得真好！守岛战士们在恶劣的生存环境中，艰苦奋斗，保持着乐观向上的人生态度，他们关爱长者，热爱海岛，热爱祖国的高尚情怀值得我们尊敬。2020 年，我们遭遇了疫情，但是在困难情况下，也涌现了一批抗疫英雄，钟南山、李兰娟、张定宇、李文亮……还有许许多多的无名英雄们，他们负重前行，为这次抗疫的胜利写下了浓浓的一笔。

PPT 出示：没有人生来就是英雄，总有人用平凡成就伟大。

五、布置任务，练习巩固

小练笔：学完了这篇课文，你有什么想对守岛战士们说的呢？请你给他们写一封信，表达自己的感激和敬佩之情。请同学们利用课余时间，用心思考，认真完成课后练习。

◆**点评：**《小岛》这节课不仅有学习方法的梳理总结，还能够潜移默化地培养学生的爱国情怀。学生通过对守岛战士生活环境的了解，充分感受到了守岛战士的爱国情怀，也联想到默默无闻为国奉献的各行各业的人们，敬佩、感激之情油然而生。学生们不仅受到了良好的思想品德教育，还在无形中树立了正确的人生观和价值观，产生为国家贡献出自己一分力量的豪情。当前社会，正是需要这样一种正能量，积极的、健康的、催人奋进的、给人力量的、充满希望的能量。

爱国，不能停留在口号上，而是要把自己的理想同祖国的前途、把自己的人生同民族的命运紧密联系在一起，忠于人民，奉献国家。

《抒爱国情怀》分享展示课教学设计

北京市大兴区第二小学　毕耀青

◆课堂实践

第一环节：诵读单元导语

师：这节课是同学们最喜欢上的展示分享课，已学完的第二单元课文是以“爱国”为主题的，我们先来温习一下本单元导读。

（出示单元导语。）

祖国啊，我是你唐诗里孕育出的花蕾，你是我生命的唯一；祖国啊，我是你漂泊在外的游子，你是我责任使命的寄托。我的梦想从你怀里放飞，我的生命因你而无比尊贵。年少的我要好好学习，让你变得越来越强盛。

指名读，全体背诵。

第二环节：分享阅读

（一）分享爱国词语和课文中最感动或是深受启发的语句

1. 在我们刚刚学习完的本单元中积累了许多四字词语，我们来温习一下。

出示词语，用火车带读方式读词语。（鞠躬尽瘁、精忠报国、忠心耿耿……）

2. 学习完了本单元的课文，你是不是也被那些爱国志士深深地感动了呢？哪位同学来向大家分享一下你最受感动或是最喜欢的语句？

阅读分享：学生诵读文中的佳句（分享的语言：请同学们把书翻到第几课第几页，看几段——朗读，我的理解是……）

（二）预设评价语

1. 是啊，多么可亲可敬的老班长啊！

2. 你在学习中还积累了写作方法，相信你的文章会越写越好。

3. 你的朗读很生动，仿佛让我们看到了那个一心为战友的老班长。

4. 听了你的话，我又一次被五壮士浓浓的爱国情打动了。

第三环节：分享展示

（一）名言篇

导语：今天我们以四个篇章的内容进行展示（出示四篇内容），首先让我们进入名言篇。

法国大作家雨果曾说：“人们不能没有面包而生存，人们也不能没有祖国而生活。”每个人都有一颗爱国心。你们都积累了哪些名言呢？站起来说吧！

1. 生自由背诵积累的名言。

2. 师出示名言——日积月累，一起读、记。

（1）为中华崛起而读书。——周恩来

（2）风声雨声读书声，声声入耳；家事国事天下事，事事关心。——顾宪成

（3）人民不仅有权爱国，而且爱国是个义务，是一种光荣。——徐特立

（4）各出所学，各尽所知，使国家富强不受外侮，足以自立于地球之上。——詹天佑

（5）我爱我的祖国，爱我的人民，离开了它，离开了他们，我就无法生存，更无法写作。——巴金

（6）我的事业在中国，我的成就在中国，我的归宿在中国。——钱学森

（7）国家是大家的，爱国是每个人的本分。——陶行知

3. 师小结：从大家搜集的这些古今中外的名言，不难看出，这些名人都深爱着自己的祖国。你也可以把喜欢的名言作为你的座右铭，时刻激励自己前行。

（二）古诗篇

导语：下面，让我们一起穿越时空，来到唐宋时期，去品味蕴藏在古诗文中的爱国之情。这样，我们来做个诗情画意猜古诗的游戏，好不好？出示由学生读。

游戏规则：有请坐到古诗篇的这组同学出一人来根据图画内容猜诗，要求说出诗名和作者及朝代，并且要诵读出诗句。如果答不出来，可以向你的小组同学或是其他组同学求助，但只能有一次求助机会。

1. 学生看图猜诗——诗情画意猜古诗。

（1）《示儿》南宋 · 陆游

（2）《十一月四日风雨大作》南宋 · 陆游

（3）《题临安邸》南宋 · 林升

（4）《夏日绝句》宋 · 李清照

（5）《出塞》唐 · 王昌龄

（6）《从军行》 唐 · 王昌龄

（7）《满江红》 宋 · 岳飞

2. 朗读古诗的方式：一人猜出古诗后，大声诵读。可让本组同学起立读，也可让男生读，或是让女生读，或是齐读等。

师：看来同学们课下可真是没少下功夫呀！真不错！

3. 你们还积累了哪些爱国的诗词。——声情并茂诵古诗。

如：《己亥杂诗》第5首　清·龚自珍（落红不是无情物，化作春泥更护花。）

《己亥杂诗》第125首　清·龚自珍（我劝天公重抖擞，不拘一格降人才。）

《过零丁洋》南宋·文天祥……

4. 小结：刚才大家诵读出了这么多爱国的诗句，真棒！诗人用简短的文字抒发了自己的爱国之情，语言精练，这是值得我们细细品味的。

（三）诗歌篇

导语：让我们进入诗歌篇。有几个诗歌爱好者提前进行了排练，有请这几位同学上场。

1. 配乐诗歌朗诵《我骄傲，我是中国人》。

师：听了你们6个人声情并茂的朗诵，让我心潮澎湃。

2. 师：在众多的诗歌中，我最喜欢余光中的《乡愁》了。出示：哪位同学也喜欢它，读一读。

3. 师：了解作者余光中的资料，了解创作《乡愁》的过程。学生介绍余光中的资料。

4. 找学生诵读：你就好比是作者余光中在诉说着他对祖国母亲的思念。

5. 再齐读：让我们一起来用朗读表达一个游子对祖国深深的眷恋之情吧！

6. 师小结：诵读诗歌会让我们的心灵得到洗礼，有时也会令我们心潮澎湃，还有时会让我们的思想变得更加灵动。

（四）故事篇

导语：让我们进入最后一篇——故事篇。你们谁先来讲你知道的爱国故事？

1. 学生依次讲爱国故事。提出：认真倾听是一种美德。

2. 还可推荐有关爱国的书籍，简要说明推荐理由。

3. 小结：在我们中国的土地上有许多爱国的志士仁人，还有一些海外游子，他们虽然身处异地，但却时刻眷恋着自己的祖国。

第四环节：观看视频

1. 播放介绍祖国的视频，师导出《少年中国说》，一齐诵读梁启超的《少年中国说》节选。

2. 师：让我们来看一段视频，了解一下我们伟大的祖国。

第五环节：诵读《少年中国说》

国家兴亡，匹夫有责。同学们请记住：不管我们的祖国母亲还要经历多少磨难，我们永远都要陪伴在她的身边；不管未来的路有多么艰险，我们都要立志，为祖国的繁荣昌盛作儿女最大的贡献！最后，让我们一起诵读《少年中国说》。

◆**反思：**爱国，是我们每个人必须具备的精神，这是一个很大的话题，学习了课文内容，学生内心产生了爱国情感，那么依托课文，拓展阅读课下积累的文章，多方面、多角度走进不同阶层的人物，积累语言，学习写法，更能增强学生的拳拳爱国之情。在分享展示环节中，我设计了四个篇章：名言篇—古诗篇—诗歌篇—故事篇，采用课前自主搜集积累，课上补充拓展积累的方式，体会语言精练的爱国名言和诗句，阅读感人肺腑的诗歌和故事。无论是朗诵者，还是倾听者都受到了情感的熏陶。

◆**点评：**本节课教师采用了学生喜闻乐见的形式，一扫枯燥的讲授，让学生在诗情画意中猜古诗，声情并茂地诵诗歌，饱含深情地讲故事，孩子们特别喜欢。整堂课通过以课文内容为切入点、多维度感受爱国情怀、结合生活经验、联系自身实际等多种策略，层层递进引导学生，让爱国情感自然升华，感染着学生。

教师凭借歌颂祖国的视频画面，直面冲击学生使其产生对伟大祖国的热爱，自然而然产生自豪之情，注重情感的熏陶，情境的创设，给学生们提供展示的平台，使学生在轻松愉悦的学习中积累经典名言、古诗文、诗歌、故事，自然而然地感受炎黄子孙的拳拳爱国心。课堂效果显著，确是真正的语文学习。

开国大典

北京市东城区西中街小学　邢慧娇

《开国大典》是部编版小学语文六年级上册第二单元的一篇精读课文，本单元以“重温革命岁月”为主题。《开国大典》是一篇鼓舞人心的新闻特写，记叙了 1949 年 10 月 1 日在首都北京举行开国大典的盛况，表达了中国人民对中华人民共和国成立的无比自豪、激动的心情，展现了中华人民共和国的领导者们特别是毛泽东的领袖风采。

《开国大典》这篇文章篇幅较长，要在课内将这么多容量的信息面面俱到地加以逐一讲解的话，恐怕是无法完成的。因此，可以从课文的重难点入手，突出重点，突破难点，长文短教。另外，教学时要利用影像资料创设情境、引导想象、体会心情、激发感情，去感受开国大典庄严、隆重和热烈的气氛，体会人民群众激动、兴奋的心情以及对党和国家的热爱之情。

◆课堂实践

一、复习回顾，衔接新课

1. 在中国共产党的领导下，无数的革命者英勇奋战，不屈不挠，前仆后继，谱写了一曲曲壮丽的英雄赞歌，终于迎来了中华人民共和国的成立，迎来了 1949 年 10 月 1 日的开国大典。

2. 请同学们想一想这篇课文写了开国大典进行时的哪些环节？（入场—典礼—阅兵—游行）

3. 这节课我们将继续融入天安门广场的群众队伍中去，去感受大典现场的气氛，去感受人民当家做主的自豪。

二、参加典礼，感受自豪

（一）出示学习要求

（二）试着把感受有感情地读出来

（三）分析语言，体会本文内涵

1. 我们一起交流一下，谁先来把自己感受深的部分汇报一下？

2. 品读第一个场面——典礼前，毛主席出场。

出示课件：

下午 3 点整，会场上爆发出一阵排山倒海的掌声，中华人民共和国中央人民政府主席毛泽东出现在主席台上，跟群众见面了。三十万人的目光一齐投向主席台。

（1）读这段话，你感受到了什么？从哪个词或哪句话感受到的？

预设：

生 1：我从“爆发”“排山倒海”这两个词感受到人民群众热爱毛主席。

师：请你读一读，让同学们听出你的感受好吗？（生读）

生 2：我从“一齐”一词也感受到了人民群众对毛泽东主席的热爱。

师引导深入体会：“一齐”，就是不约而同，这是三十万人的“一齐”，这三十万人是由不同身份不同职业来自不同地方的人组成的。这三十万人都想第一时间看见毛主席，所以，毛主席出现在主席台上的一刹那，立刻牵动了全场群众的心。作者用词是多么精准，一个“一齐”就表达了三十万群众对领袖热爱的不约而同。让我们用读来表达心中的那份欣喜和热爱吧！

（2）同学们从“爆发、排山倒海”等词感受到了毛主席的伟人形象。那么，这些词语运用得好不好？为什么？

（运用了夸张的修辞手法，形象生动地表达出那种人们想见到毛主席的迫切心情。）

（板书：举行典礼。）

3. 品味第二个场面——典礼中，毛主席的庄严宣布（第 6、7 自然段）。

出示课件：

接着，毛泽东主席宣布：“中华人民共和国中央人民政府在今天成立了！”

这庄严的宣告，这雄伟的声音，使全场三十万人一齐欢呼起来。这庄严的宣告，这雄伟的声音，经过无线电的广播，传到长城内外，传到大江南北，使全中国人民的心一齐欢跃起来。

（1）自由读课文，读出感受，和同学们交流一下。

（2）从“欢呼”“欢跃”可以看出人们非常激动、兴奋。谁能说说人们为什么如此激动、兴奋呢？

（3）学生说，教师引导（板书：中华人民共和国在今天成立了）。

出示课件：

火烧圆明园、1937 年日军侵华在南京大屠杀、中国的苦难人民流离失所的图片。

灾难深重的中国人民历经千难万险，在血雨腥风中，坚强不屈，在中国共产党的领导下，终于赶走了侵略者，推翻了三座大山，迎来了人民当家做主的时代！

中华人民共和国终于成立了，当家做主的人们怎能不欢呼、欢跃呢？

（4）引读：这庄严的宣告，这雄伟的声音，使全场三十万人一齐欢呼起来。全场三十万人的欢呼还不足以表达全中国人民的兴奋吗？——学生读：这庄严的宣告，这雄伟的声音，经过无线电的广播，传到长城内外，传到大江南北，使全中国人民的心一齐欢跃起来。

（5）小结：如此宏大、壮观的场面作者用这样的句式，就表现得淋漓尽致，多么精彩的场面描写！让我们把这样的文字铭记在脑海吧！

4. 品读第三个场面——升国旗，向全世界宣布，中国人民站起来了。

出示课件：

毛主席亲自按动连通电动旗杆的电钮，中华人民共和国的国旗——五星红旗徐徐上升。三十万人一齐脱帽肃立，一齐抬起头，瞻仰这鲜红的国旗。五星红旗升起来了，表明中国人民从此站起来了。

（1）引导学生谈自己的感受。

预设：①“站”，指人民当家做主。②“肃立、抬起头、瞻仰”这些词语说明了人们的郑重、恭敬，心里都非常不平静，可能是眼前浮现出了战火硝烟中那些付出宝贵生命的英烈们。

（2）师评价（板书：中国人民从此站起来了），引导：一个“站”字，淋漓尽致地写出了中国人民当家做主的姿态。以前在“三座大山”的压迫之下，饱受欺侮和凌辱，不屈的中华儿女拼死抗争，敢于血洒疆场，不惧马革裹尸，终于有了中华人民共和国的成立，所以当毛主席亲自按动连通电动旗杆的电钮那一刻，人们心潮澎湃，思绪万千（引读第 8 自然段）。

出示 PPT 图片：红军爬雪山、过草地、杨靖宇、刘胡兰。

5. 品读第四个场面——阅兵式。

（1）学生交流学习感受。

预设：“整整齐齐、完全一致”“钢铁巨人”“相等的距离”“相同的速度”，我从这些词语中感受到了解放军的威武雄壮。

我从“一字形”“人字形”这两个词中，看出了炮兵和空军的英姿。

（2）评价，引导：我们可以想象，如果你此时此刻也在天安门广场上，目睹了我国人民军队的雄姿，再结合这些词语想一想，你的脑海中出现了怎样的画面？

（3）引导学生理解重点句。

出示课件：

两个半钟头的检阅，广场上不断地欢呼，不断地鼓掌，一个高潮接着一个高潮。群众差不多把嗓子都喊哑了，把手掌都拍麻了，还觉得不能够表达自己心里的欢喜和激动。

①你认为从哪些词语可以看出阅兵式场面的壮观？

②结合课文，描述你想象中的检阅时令人鼓舞的场面。

③有感情朗读，再现万众欢腾的场面。

6. 品读第五个场面——群众游行。

出示课件：

天安门广场上的灯笼火把全都点起来，一万支礼花陆续飞向天空。天上五颜六色的火花结成彩，地上千千万万的灯火一片红。

（1）反复朗读这几句话，体会作者用词准确、句式整齐的写作特点。

（板书：群众游行。）

（2）想象画面，体会人民的幸福心情。

（3）有感情朗读，感受情感。

三、整体回顾，揣摩写法

……

师：我们在今后可以尝试运用“点面结合”的写作方法写文章。

四、总结全文

师：难忘的 1949 年 10 月 1 日，人们难忘那历历在目、激动人心的场面，更难忘那些为中华人民共和国的成立而献身的英雄们。作为 21 世纪的接班人，我们不能忘记历史，应努力进取，迎接新世纪的挑战，让国家更加富强、昌盛。

五、推荐影片，课外拓展

教师引导：大典的热烈宏大场面和毛主席的伟大形象一定让同学们意犹未尽，课下，请同学们看一看《开国大典》的电影，更直观地感受那精彩的场面。

◆**点评：** 教师给学生充分的时间让学生自读自悟，独立完成后再在小组内交流，然后进行汇报，给予适当的点拨。在学生汇报的过程中，尽力引导学生去想象场面情景，把心放到课文中去，设身处地地去读、去想。引导学生想象时，抓住一些关键词、句，通过对这些关键词、句的揣摩来体会人们的思想感情。最后回读全文，总结全文。不但让学生从人文角度去归纳概括，更主要的是激发学生的爱国情怀。

课堂上采用多种形式激发了学生学习语文的兴趣，弘扬爱国主义精神，培养学生的爱国主义情感，使他们成为合格的社会主义事业的建设者和共产主义接班人。

家国情深

道德与法治篇

◆要目：

优化道德与法治教学理念 践行社会主义核心价值观

北京市通州区漷县镇中心小学　韩海英

家国情怀是将国家、家庭和个人连接起来成为整体的一种情感，是一个人对自己国家的高度责任感、归属感、认同感和使命感，是对人民幸福、国家富强展现出来的理想追求，是对人民、国家表现出来的深情大爱。综观现在的小学生，过度关注“小我”，缺乏民族认同感和社会责任感，价值取向不明。在文化多元化、政治经济全球化的今天，对学生进行家国情怀的培育，塑造正确的价值观，显得尤为重要。

2017 年 8 月 28 日，教育部召开了“介绍义务教育三科教材有关情况”的新闻发布会，高德胜教授在介绍小学道德与法治教材编写原则时首先强调的一点是“价值观引领，贯穿始终。依据学生心理发展水平和认知特点，联系学生的生活经验，通过中华优秀传统文化、法治等主题教育，由近及远、由浅入深，引导学生认识和践行社会主义核心价值观，做到内化于心，外化于行”。所以如何在道德与法治课堂上践行社会主义核心价值观，厚植学生的家国情怀是每一位道法教师应该思考的问题。

一、道法教材中的核心价值观

（一）直观体现

除六年级法治教育专册外，教材中有些单元主题或教学主题也直观体现出了核心价值观。如二年级上册第三单元《我们在公共场所》、五年级下册第二单元《公共生活靠大家》都围绕“社会公共生活”，直观体现核心价值观社会层面的内容。再如一年级下册第二单元《我和大自然》、二年级下册第三单元《绿色小卫士》、四年级上册第四单元《让生活多一些绿色》、六年级下册第二单元《爱护地球 共同的责任》，讲述“人与自然和谐共生”，是核心价值观国家层面的“和谐”价值观的集中表现。

从教学主题上看，二年级上册《欢欢喜喜庆国庆》一课体现的是“爱国”核心价值观，三年级下册《我很诚实》、四年级下册《说话要算数》体现了“诚信”价值观，一年级上册《手拉手交朋友》、一年级下册《请帮我一下吧》、三年级下册《我们在一起》《我家的好邻居》《爱心的传递者》、四年级下册《我们的好朋友》、五年级下册《学会宽容》等，都是个人层面“友善”的价值观体现。

（二）隐性融入

核心价值观教育始终贯穿于小学道德与法治教材中，除了较明显的以单元主题和教学主题呈现的价值观外，还有一些课程内容隐含着价值观教育。

一年级上册《吃饭有讲究》，将吃饭的文明礼仪教育也融入其中；三年级下册《不一样的你我他》，融入了和谐的价值观教育；五年级下册《让我们的家更美好》，融入了民主的价值观教育。

不论是直接呈现还是隐性融入，都需要教师深入解读教材，挖掘教材内容与社会主义核心价值观的连接点，从而达到让不同年级的小学生对社会主义核心价值观有不同层次的认识。

二、在道法教学中践行核心价值观

在教学中，如何优化道德与法治课堂，厚植学生的核心价值观，是我们每个道法老师需要思考的问题。

（一）深入挖掘教材

作为《道德与法治》教师，首先要深入钻研教材，找出每个内容和社会主义核心价值观联系，其次对教学内容进行整理、分析，将有助于学生核心价值观的培养的资源被充分挖掘出来，带领学生践行社会主义核心价值观，做积极的传播者、模范的践行者。

如在讲授“为父母分担”这一单元时，教师不仅要注重对学生的感恩教育，更要注重对学生的家庭和社会责任感的培养。总之，道法教师只有站在一个更高的高度，才能引导学生产生深刻的家国情怀。

（二）创设生活情境

家国情怀教育是一种情感教育，必须让学生产生同理心或者“感同身受”，才能达到目标。所以在道法课上，教师一定要灵活运用情景，联系学生生活实际，启发和唤醒学生的情感。核心价值观对于小学生来说比较抽象，不容易理解，所以要根据低、中、高学段开展适合的教学情境，让核心价值观与学生的认知水平相适应。

（三）开展项目化学习

“纸上得来终觉浅，绝知此事要躬行”。道德与法治课程更适合开展项目化学习，让学生在实践中落实核心价值观的学习。课堂上可以与班级活动、学校活动、少先队活动、社区活动、节日庆典活动结合起来，加强与其他学科的联系，促进跨学科的联合学习，还要开放地组织活动，发掘和利用各方面的资源，通过走出去、请进来，建立校外活动基地等方式，为学生创造更多的学习机会。让学生在体验中感悟和成长，促使学生自觉践行社会主义核心价值观。

◆**点评：**全局意识。文章站在道德与法治学科的高度，从全 12 册教材内容出发，寻找和社会主义核心价值观的连接点，为在道法课堂中如何融入社会主义核心价值观的爱国教育指明方向。

正确导向。践行社会主义核心价值观是教育部重点要求。道德与法治是一门综合性的育人课程，作为新时代道法教师要以国家政策为导向，在课堂上践行好社会主义核心价值观。

行动明确。本文为道法教师如何在道法课上践行社会主义核心价值观指明方向。针对道法学科的特点，开展项目化学习（PBL）更加有利于对学生进行家国情怀的思想教育。

好山好水好风光
——地方课程与道法课程的整合实践

北京小学长阳分校　顾　磊

《自然风光》是首师大版地方课程教材《房山——我为你骄傲》的第6课。本课隶属于第三单元《丰厚的旅游资源》，是本单元的起始课，其后有两课内容，分别是《红色旅游》和《特色旅游》。本单元从自然、人文、科技三个维度介绍房山区的旅游资源，激发学生爱房山的情感，初步树立爱国、建设美丽房山、科技房山等价值观。《自然风光》作为本单元的起始课，主要从自然风光的角度介绍房山的旅游资源，让学生在充分欣赏房山区美丽风景的基础上萌发爱房山、保护自然资源的情感，初步树立建设美丽房山的理想。

"好山好水好风光"是部编《道德与法治》教材五年级上册第三单元《我们的国土 我们的家园》第6课《我们神圣的国土》第二课时的教学内容。本单元共有两课，以"知道祖国辽阔，认识祖国壮丽山河，理解地形差异，与人们生活关系"，"知道中华民族是由 56 个民族组成的大家庭，各族人民互相尊重，平等交往，和睦相处"构成逻辑主线。第6课《我们神圣的国土》介绍了我国疆域、地形、自然环境、气候差异、人们的生活习惯。第二课时"好山好水好风光"依据课程目标主题五"我们的国家"第4条"知道我国是一个地域辽阔，有着许多名山大川和名胜古迹的国家，体验热爱国土的情感"，介绍了我国的一些名山大川、优美风景，通过欣赏美景培养爱国情感。这与《房山——我为你骄傲》第6课《自然风光》的编写意图有相似之处。在欣赏全国著名美景之后可以欣赏房山的自然风光，这样更加贴近学生的实际生活。

教学班的学生全部居住在房山区，全班学生都游览过十渡、石花洞等房山著名自然风景区。他们拿出自己在这些景区拍摄的照片、视频，讲起自己亲身经历的游览过程，都有深刻的情感体验。因此借助《房山——我为你骄傲》教材，更有利于学生表达对于欣赏自然风光、爱惜自然遗产的内心感受，更有利于培养学生爱国、和谐、美丽中国的价值观。

◆课程实践

课前板书：好山好水好风光。

一、读《中国地形图》，认识主要山川

（一）导入

播放歌曲《我和我的祖国》。我们的祖国幅员辽阔，有壮美的大山大河，有悠久的文化历

史。这节课我们就走进这些著名的大山、大河，去欣赏祖国的好风光。

齐读课题：好山好水好风光。

（二）我们的祖国有哪些主要山脉和大河呢

我们来看第 48 页《中国地形图》。大家在前一节课认识了《中国政区图》，知道了那是表明我国行政区划的一类平面图。通过这张《中国地形图》你能得到哪些信息呢？

1. 西高东低。

看着这幅图，你能想象为什么我国主要的大河都是自西向东流入大海吗？比如：长江、黄河。

2. 地形多样。

从《中国地形图》上，可以看到我们的祖国既有广袤开阔的高原，又有坦荡无垠的平原；既有山地又有盆地，是一个几乎涵盖了所有地形的国家。同学们，你们能感受到地形齐全的好处吗？

为我国物产丰富奠定了基础。比如有的人喜欢吃吐鲁番盆地的葡萄、东北的大米。很多人旅游也喜欢去看看不一样的风光。我们就生活在这样的国家里。多好啊！

3. 标注了我国主要山脉。

学生填写学习单《山脉图》。

你记住了哪些山脉？

咱们附近或者你在北京市以外的亲戚、朋友家周边有没有山脉、大河？

二、欣赏祖国美景，畅想美丽中国

（一）看书了解教材第 49 页第四处风景

众多的好山好水，其中蕴藏着众多好风光。我们先来看第 49 页，认识几个。

小声自读第 49 页四处景区的介绍，欣赏它们的美丽景色。指名读最向往的一处。

长江：从你的朗读中，我感受到了长江江水清澈，风景秀丽。你们感受到了吗？

黄河：从你的朗读中，我想到了黄河传承着五千年的中华文明，是我们的母亲河。

黄山：黄山吸引了无数的游客。

天山：天山是我国著名的好牧场，那里出产的细毛羊、汗血宝马都是享誉全国的农牧产品。

这些风光美不美？你是不是希望我们的祖国越来越美？习总书记在党的十九大报告中提到了“加快生态文明体制改革，建设美丽中国”的发展理念。相信我们的祖国在党的领导下一定会建设得越来越美丽！

板书：美丽中国。

（二）读教材，欣赏家乡美景、祖国美景

其实在咱们生活的房山区就有很多美丽的风景。你知道哪些呢？据我了解，全班同学都去过咱们房山区的十渡、石花洞等自然风景区。

默读《房山——我为你骄傲》教材第22~27页，欣赏我们房山区的好风光。再说一说自己到那里游览的感受。

小组在全班分享，教师追问、补充。

1. 十渡自然风景区。

十渡是国家级地质风景区，在咱们国家有很高的地位。我们房山区就有这样国家级的自然风景区。学了这一课之后，想不想再去看一看？此时，你有什么感受？

游览时，我们要注意些什么呢？（不破坏自然遗产）

自然遗产是不可再生的资源，一旦遭到破坏就再也无法恢复原貌了。我们一定要好好珍惜每一处自然遗产！

2. 石花洞。

我们生活的区域有这样一座神秘的山洞。你想探索其中的奥秘吗？你最想知道石花洞的什么奥秘呢？

希望大家能带着这份好奇心再次去探索石花洞。

我们房山区不仅有十渡、石花洞，还有许多著名风景。我们一起来欣赏这些家乡的好风光。

3. 配乐连续播放房山美景图片。

小结：看到了我们的祖国有这么多世界罕见的美景，我们的房山区有众多的国家级自然遗产，你有什么感受呢？你最想去哪儿看看？为什么？

（三）世界自然遗产

我们的祖国还有很多世界级的自然遗产。

1. 看书第50页的《中国世界自然遗产分布图》。这些景区为什么能被列为世界自然遗产呢？

罕见、对研究自然环境及对演化有重要的意义。

2. 数一数，咱们的祖国有多少世界级的自然遗产。

不仅如此，我们的祖国还有世界文化遗产和世界文化与自然双重遗产。默读教材第51页，了解它们。

3. 我国有好山好水好风光，我们为祖国而自豪。然而，有些人却不懂得珍惜祖国的美景，而是随意破坏它们。

出示破坏自然遗产的微博新闻。看到人们的这些做法，你有什么感受？

为了规范我们和他人的旅游行为，我们制作一份《旅游文明公约》。我们怎样做才能成为文明的小游客？

总结：

习总书记说："绿水青山就是金山银山！"学了今天这节课，你能说说你怎么理解这句话吗？

我们的祖国有好山、好水、好风光。希望大家珍惜自然环境，使我们的祖国越来越美丽！

◆点评

一、地方课程资源贴近学生生活

通过课堂观察，我校道法教研组的听课教师发现全班学生带房山美景照片的人数达到了100%。学生在谈欣赏自然风景的感受和表达珍惜自然遗产的情感时言之有物。这是地方课程资源带给我们教师的便利之处。

二、结合党的十九大精神培育社会主义核心价值观

"绿水青山就是金山银山"。良好的环境是各行各业发展的条件。房山区有优美的自然风光，曾经也有众多的煤矿。不科学的开采极大地破坏了这里的自然环境。生活在房山区的居民对此感受颇深。本课力求使学生充分感受房山优美的自然环境，借此培养学生爱国、和谐、美丽中国等价值观。

铭记历史 坚定信念

北京工业大学附属中学十八里店分校 陈春红

《中国学生发展核心素养》中提出，要“具有国家意识，了解国情历史……理解、接受并自觉践行社会主义核心价值观……有为实现中华民族伟大复兴的中国梦而不懈奋斗的信念和行动”。甲午战争作为我国近代史上一次惨重的失败，其历史教训直到今天仍具有重要的研究意义，也是实现上述目标最具有代表性的教学内容之一。本课《甲午风云》是五年级下册第三单元第一个课题《不甘屈辱 奋勇抗争》中第三个框题的内容。教材内容清晰明了，以战争的起因（日本的称霸野心）、经过（黄海海战）和结果（中日签订《马关条约》）为线索进行编写，符合历史事件的认知规律。同时，教材还呈现了邓世昌的英雄事迹，作为本课的主要育德点，并通过对比《南京条约》《马关条约》《辛丑条约》等不平等条约，引导学生进行深入思考，探索历史留给我们的启迪，深刻激发学生的爱国情怀和责任感、使命感。

◆课堂实践

环节一：合作学习 整体认知

【设计意图】创设话题情境，联系学生已有经验，导入新课；引导学生利用已有经验，合作学习，梳理搜集到的资料，对本课内容有整体上的认知。

1. 导入：同学们都知道冰心这位作家吗？上学期我们还学过一篇她的文章《忆读书》。冰心一生写下了很多名篇佳作，但即便是这样著名的女作家，却也有犯难的时候。这是为什么呢？我们来看看这个故事。

（课件出示《冰心的遗憾》中的片段。）

这究竟是一场怎样的战争，让冰心觉得既可气又可恨，以至于痛哭不止而难以起笔呢？今天，我们就一起来了解甲午战争的来龙去脉，打开这位女作家的心结。

（板书：甲午风云。）

2. 过渡：在之前的学习中，我们已经学习了怎样去分析一个历史事件，谁来说说都有哪几个方面？

预设：起因、经过、结果、影响。

（板书：起因、经过、结果、影响。）

归纳：同学们记得很清楚，老师给你们点个赞。今天我们继续使用这种思路来学习甲午战争。课前老师让同学们自行搜集资料。接下来我们以小组为单位，一起梳理这些资料。我们一起来看任务要求。

（课件出示小组活动任务和要求，学生分组完成任务。）

环节二：掌握方法 全面分析

【设计意图】通过分享交流、阅读教师补充的资料，认识甲午战争的基本史实；了解爱国将士的英勇事迹，感悟他们的爱国情怀和高贵品质；梳理《马关条约》的主要内容，知道它的严重危害；理解甲午战败引发了空前严重的民族危机，为后续课程抛出引子。

（一）战争起因

【设计意图】通过学生小组分享交流以及教师的资料补充，理解战争爆发的背景和根本原因。

1. 过渡：哪个小组先来说一说，甲午战争爆发的原因是什么？

预设：日本有侵略野心，妄图称霸世界。

归纳：你的观点非常准确。侵占中国是日本实现野心的重要步骤，你有哪些证据能够说明这一点呢？

（学生回答、相互补充，教师简单点评。）

2. 过渡：那日本为什么敢于发动侵略战争呢？我们再通过一段视频来了解一下当时的情况。

（课件出示视频甲午战争背景资料，学生认真观看。）

3. 小结：通过明治维新，日本迅速强大起来。明治天皇毫不掩饰地说，要“开拓万里波涛，布国威于四方”，可谓野心勃勃，蓄谋已久。

（板书：日本的侵略野心。）

（二）战争经过

【设计意图】通过分享交流、分析地图、观看视频，厘清战争的主要进程；了解爱国将士的英勇事迹，感悟他们的爱国情怀和高贵品质。

1. 过渡：找到了原因，我们再一起了解战争的经过。哪个小组能说一说，甲午战争期间发生了哪些重要的战役。

预设：丰岛海战、平壤战役、黄海海战、辽东战役、威海战役。

归纳：同学们搜集的资料都很全面。甲午战争期间主要爆发了五场大的战役，其中黄海海战打得尤为激烈。我们通过一段视频来快速梳理一下。

（板书：丰岛海战、平壤战役、黄海海战、辽东战役、威海战役。）

（课件出示视频资料，学生认真观看。）

2. 过渡：在甲午战争中，日军的野蛮残暴本质彻底暴露。1894 年冬天，日军在攻陷旅顺后进行了血腥的大屠杀，旅顺一度成为人间地狱。我们一起通过一段资料来了解一下当时的悲惨景象。

（课件出示旅顺大屠杀资料。）

（板书：旅顺大屠杀。）

3. 过渡：其实，在甲午战争中，广大爱国将士奋勇杀敌，涌现出了很多可歌可泣的感人事迹，谁能说说你找到的故事？

（学生分享交流，教师根据课前自学单上的问题简单评价。）

归纳：感谢同学们的分享。正是因为“致远”舰的战斗尤为悲壮，才一直被我们铭记，光绪皇帝在得知邓世昌壮烈殉国以后，悲痛题词：此日漫挥天下泪，有公足壮海军威！我们再通过视频直观地感受一下。

（课件出示黄海海战影视片段。）

4. 小结：只解沙场为国死，何须马革裹尸还。爱国将士浴血奋战，纵然粉身碎骨也毫不畏惧，狠狠地打击了日本侵略者，展现了我们中国人的不屈意志。

（板书：邓世昌。）

（三）战争结果

【设计意图】通过汇报交流、观看视频，梳理《马关条约》的主要内容，知道了它的严重危害。

1. 过渡：然而，尽管前线将士们舍命拼杀，尽管国仇家恨如此之深，但清政府的统治者却害怕战争继续下去，反而一心求和。1895 年 4 月，清政府派李鸿章前往日本议和，签订了丧权辱国的《马关条约》。甲午战争以中国惨败，日本大胜而告终。

（板书：中败日胜。）

2. 过渡：哪个小组来汇报一下《马关条约》的主要内容？

（学生小组交流补充，教师简单点评。）

（板书：《马关条约》，赔二亿，割三地，开四口，允设厂。）

同学们搜集资料很全面。我们再通过一段视频来直观地认识一下《马关条约》的危害。

（课件出示《马关条约》视频，学生认真观看。）

3. 小结：《马关条约》是一个极为严重的不平等条约，日本狮子大开口，索取了巨额利益，充分暴露了侵略者的贪婪本质。而积贫积弱的中国，只能屈辱地接受它。

（四）战争影响

【设计意图】通过分享交流、阅读资料，理解甲午战败引发了空前严重的民族危机，为后续课程抛出引子。

1. 过渡：如此惨烈的战败，如此屈辱的条约，会给国家带来怎样的影响呢？哪个小组来说一说你们的发现？

（学生小组交流补充，教师简单点评并在课件中汇总。）

归纳：同学们搜集资料很全面。甲午战争的失败大大加深了中国的半殖民地化，国际地位急剧下降。列强掀起了瓜分中国的狂潮，民族危机空前严重。

（课件出示《时局图》和陈天华的《猛回头》节选。）

（板书：民族危机。）

2. 过渡：面对如此危局，我们中国应该怎样做才能摆脱亡国灭种的危机呢？

预设：新式武器，建设强大的军队，改革。

归纳：同学们说得都很有道理。甲午战争的惨败，让很多人都清醒起来。为了挽救国家，他们开始了各种努力，我们的国家也由此迎来新的转机。

（板书：国家转机。）

3.小结：梁启超曾说："吾国四千年大梦之唤醒，实自甲午战争败割台湾，偿二百兆始。"救亡图存的各种探索，我们将在后面的课上继续学习。

环节三：分析原因 深刻感悟

【设计意图】通过分析战败的原因，明白落后就要挨打、自强才有尊严的道理，激发学生发奋图强、立志为国的责任感、使命感。

1. 过渡：甲午战争的惨败，令人无比痛心和屈辱。我们来反思一下，为什么我们会失败呢？谁能说说你的观点？

预设：武器落后、轻视敌人、军队战斗力差、统治者不团结。

归纳：同学们说得都很有道理。甲午战争战败的原因是多方面的，我们再一起看看这些资料。

（课件出示补充资料。）

说到底，甲午战争战败的根本原因，在于清政府的腐败无能，以致国家实力虚弱，外强中干，最终被日本打败。

2. 过渡：前事不忘，后事之师。通过今天的学习，谁能说一说你有什么感受吗？

预设：发展科技，重视教育，国家强大才有尊严。

归纳：同学们的感悟都很深刻。落后就要挨打，自强才有尊严。

（课件出示解放军图片。）

今天的中华人民共和国早已不是任人欺凌的清政府，这些成就都是前辈们的努力换来的。而祖国的未来，就在你们的肩上。

3. 总结：天下兴亡，匹夫有责。我们的祖辈舍生忘死打下独立自主，我们的父辈辛勤劳动换来丰衣足食，希望同学们不愧于先辈们的努力，拿好接力棒，努力学习，奋发有为，为建设强大祖国贡献自己的力量。

◆**点评：**本课的教学内容包含了很多历史知识，是道德与法治课程中极具代表性的历史教学内容。因此，在教学活动中，本课突出了在学习方法上的指导，无论是问题链的设计还是思维图的填写，都力求帮助学生构建比较全面的逻辑体系，从而更好地理解所学内容。这样既能保证学生学习的主动地位，又不会使其浪费过多时间，保证了课堂学习的效率。此外，教师在课堂上适当地强化了对历史内容的学习，在五年级学生能够接受的前提下，让学生从问题的表象出发，通过较系统地运用历史内容学习方法，能够更加深入地了解这类课程的学习思路，使学生知其然更知其所以然，从而达到举一反三的效果。

借力道德与法治课堂 培养学生爱国情怀
——挖掘课堂素材，开展国土教育

北京市房山区房山长育中心小学 宿庆芹

道德与法治新课程理念明确指出，负责任、有爱心地生活是儿童自身的道德需求，也是社会的需求。它旨在使儿童形成对集体和社会生活的正确态度，学会关心，学会爱，学会负责任，养成良好的品德与行为习惯，为其成为爱祖国、爱人民、爱劳动、爱科学、爱社会主义的公民打下基础。在道德与法治教学中我注重学生情感态度的培养，注重学生爱亲敬长、爱集体、爱家乡、热爱生命、热爱自然、热爱祖国的教育。道德与法治就是要使学生了解中华优秀传统文化的教育，核心就是爱国主义精神。完善学生的道德品质，培育理想人格，提升政治素养。

《我们神圣的国土》一课是五年级道德与法治第三单元第1课内容。通过教材让学生知道我国的地理位置、领土面积、海陆疆域、行政区划。知道台湾是我国领土不可分割的一部分，祖国的领土神圣不可侵犯。了解我国是一个统一的多民族国家，共有56个民族，各民族共同创造了中华民族的历史和文化。了解不同民族的生活习惯和风土人情，理解和尊重不同民族的文化。了解我国不同地区自然环境的差异，知道并理解这些差异对人们的生产和生活方式的影响。知道我国是一个地域辽阔、有着许多名山大川和名胜古迹的国家，体验热爱国土的情感。知道我国每一寸土地都神圣不可侵犯。

◆课堂实践

一、诗歌诵读，体会我国国土辽阔

教学中，我设定通过让学生找到地图上我国在世界中的位置，使学生从直观上体会到我们国家面积大，幅员辽阔。学生交流课下寻找到的资料使学生切身体会我国领土面积大，有960多万平方千米。我们找到描写祖国面积大的诗歌《沁园春·雪》，北国风光，千里冰封，万里雪飘，望长城内外，惟余莽莽，大河上下，顿失滔滔……《沁园春·长沙》，独立寒秋，湘江北去，橘子洲头……结合六年级语文《我们爱你啊，中国》诗歌，当太阳跳出东海的碧波，帕米尔高原依然是群星闪烁，当北国已是白雪皑皑的世界，南疆早已盎然着春色。我们爱你，中国。李白诗歌《望天门山》，天门中断楚江开，碧水东流至此回。两岸青山相对出，孤帆一片日边来。在诗歌的诵读中体会出国家面积大，培养学生热爱国土的教育。从而增强学生民族自豪感，同时也增强了学生的文化底蕴。

二、畅谈旅行，感受祖国领土辽阔

有些学生通过自己的旅游体会，从一个地点到另一个地点，温差很大，穿衣相差明显，两地海拔相差很多，两地距离很远等。通过自己的切身体会感受到我国领土面积大，物产丰富，风景秀美。

同时教学中出示中国疆域图，让学生体会到我国是个海陆兼备的国家，学生通过疆域图找到我国大陆东面自北向南的四大海域，渤海、黄海、东海、南海。找出与我国相邻的陆上邻国俄罗斯、蒙古、缅甸、老挝等 14 个国家。找出与我国隔海相望的国家日本、韩国、印度尼西亚等 6 个国家。

再一次感受到我国领土辽阔，感受到了作为一个中国人的骄傲与自豪。

通过视频与资料，让学生体会到边防战士、武警官兵守卫边防的伟大与崇高。感受到祖国每一寸领土的神圣。在学习行政区划时，让学生找出自己的家乡，再找出我国有多少个省、自治区、直辖市，再一次感受到我国领土辽阔，人口众多。

祖国神圣不可侵犯。学习过程中，学生了解了祖国的强大与辽阔。在教学过程中，教师利用世界地图、中国疆域图、中国行政区划图等帮助学生从直观上感受到我国面积广大；通过了解边防战士驻守边疆，保卫祖国每一寸领土，培养学生的爱国情怀。

◆**反思：**这节课我注重学生创新能力的培养，在导入环节引入全国各地美丽的风景图片和谜语，能够做到创设情境激发学生学习的兴趣，促进学生创新思维的培养。探究环节上注重小组交流，通过诗歌的诵读和学生切身的体会，感受到我国领土面积大，每一寸土地都神圣不可侵犯。小组合作找出陆地邻国和隔海相望的国家，注意培养学生创新精神，逐步引导学生得出正确的结论。学生汇报环节注重学生的各显所长，挖掘其创新潜能。拓展提高环节注重激发学生情感，提高创新空间。课堂上教师充分利用观察、分析、交流、说明、感悟、总结等引导学生，学生在教师引导下体会到我国每一寸土地都是神圣不可侵犯的，开展学生热爱国土的教育。

◆**点评：**教学中注重渗透核心价值观，渗透了法、道德、人生、价值、正能量，激发了学生的爱国情感，注重了爱国主义精神中的家国情怀教育、社会关爱教育和人格修养教育。爱国教育并非空洞、抽象的说教，而是充分、巧妙地挖掘教学中的学习素材在形成过程中蕴含的丰富的、隐性和显性的爱国主义思想。在教学措施方面，注重教师语言的表现力，注重在教学中人文精神的培养，引导学生从诗歌、旅游、数据等方面体会我国的幅员辽阔。注重多思考、多总结、多积累经验。创设了平等、自主、温馨的课堂氛围，注重培养学生的多种能力。在今后的教学中，教师还要不断深挖教学素材，充分利用教材培养学生热爱祖国的情感，注重家国情怀教育、社会关爱教育和人格修养教育。

赞颂古代科技耀中华 唱响家国情怀主旋律
——《古代科技 耀我中华》教学案例

湖北省十堰市茅箭区火车站小学 王 娜 王晓晶

小学阶段道德与法治教育非常重要。道法课不仅体现了对学生道德修养、法律意识的培养，更体现了对学生家国情怀的教育，对于学生正确态度、优秀品质的形成具有重要作用，是“践行社会主义核心价值观”教育的重要阵地。

家国情怀是对国家、对人民的深情大爱，是一种责任感和使命感，是民族自信心和自豪感，是对美好明天的不懈追求，是实现中国梦的动力源泉。上好每一节道法课，扣好人生第一粒扣子，唱响家国情怀主旋律。

《古代科技 耀我中华》是人教版五年级上册《道德与法治》第四单元“骄人祖先 灿烂文化”中的第 2 课。

全文共四个部分。第一部分“灿若繁星的古代科技巨人”，旨在让学生了解中国历史上优秀的科技巨人不仅多如天空中的繁星，并且其优秀的精神品质更加令人钦佩；第二部分“独具特色的古代科学”，旨在让学生了解中国古代科学的独特魅力，以中国古代医学、农学、天文学、算学为例，激发学生的探究欲、自豪感以及传承的使命感；第三部分“独领风骚的古代技术创造”，旨在让学生在了解中国古代技术创新的基础上，体会到中华民族先人的智慧与优秀品质，深化民族认同感与自豪感；第四部分“改变世界的四大发明”，旨在引导学生了解中国四大发明对世界发展有着深远的影响。

在教授《古代科技 耀我中华》时，我把教学目标分为知识目标——了解我国古代科学家的故事，从中医药、农学、天文学等角度，了解我国古代灿烂辉煌的科技成就；能力目标——培养学生勤于思考、持之以恒、勇于创新的能力；情感、态度与价值观目标——感受中国古代科技的灿烂辉煌，厚植家国情怀，树立强烈的民族自信心和自豪感。

教学过程中，我联系生活实际，导入新课，通过课前收集、课中交流等方式进行，并把“嫦娥五号登月”事件这一全民自豪的科技盛事作为课外延伸。学生学习兴趣浓厚，授课效果好，教学目标达成。

◆课堂实践

一、联系生活，问题激趣，导入新课

师：同学们，你们喝过菊花做的茶吗？菊花有什么功效？你们见过蒲公英吗？蒲公英有什

么药用价值？你们知道车前草吗？这些植物都被收录在医学巨著《本草纲目》里。

（PPT 出示英国近代生物学家、化学家、科学技术史专家李约瑟对《本草纲目》的评价：毫无疑问，明代最伟大的科学成就，就是李时珍那部登峰造极的《本草纲目》。）

师：同学们，你了解李时珍编写《本草纲目》用了多长时间吗？你猜想他采药过程中有没有遇到危险或者困难？你知道《本草纲目》对人类有什么贡献？让我们一起走近李时珍，走近一个又一个古代科技巨人。

今天我们学习第四单元的第 9 课《古代科技 耀我中华》的第一部分“灿若星河的古代科技巨人”，从中了解我国古代科学家的故事，进一步感受古代科技的辉煌灿烂。

二、合作探究，交流展示

1. 分小组合作学习第 72 页阅读角。

（1）课件出示张衡、祖冲之、李时珍的头像，小组合作，了解他们的故事。

（2）学生分享课外学习成果（老师出示 PPT 补充）。

张衡观测并记录了 2500 颗恒星，创制了世界上第一架浑天仪；他认为宇宙是无限的，天体的运行是有规律的；他认为月光是日光的反射，月食起因于地遮日光，月绕地行而且有升降。

李时珍的《本草纲目》有 1900 多万字，花费了 27 年的时间，积攒了 1892 种药材，其中 374 种药材是李时珍新增加的，绘图 1100 多幅，药方 11000 多个。

祖冲之在前人已经计算出了圆周率的基础上，把圆周率精确到了小数点后 7 位。他的探索精神就像 π 值一样没有尽头，对真理的追求也永无止境。

（3）探讨感悟，从这些科技巨人的故事里，你感触最深刻的是什么？（刻苦钻研、治病救人、追求真理、献身科学……）

小结：为了纪念我国古代科学家对世界科学技术的伟大贡献，国际上用张衡、祖冲之等科学家的名字来命名月球上的环形山。这是中国的骄傲！每一项科技成就都凝聚着科学家的汗水和智慧，只有艰辛的付出才会有所收获，才会造福人类！

2. 教师指导学习第 73 页活动园。

师：我们有着许多领先世界的中国古代科技。（出示《中国古代重要科技发明创造》一书的图片）这本书就对我们的古代科技发明作出了归纳与总结，分上中下三篇，记录了 88 项有关中国的古代科技。

（1）检验课前导学成果：学习领先世界的中国古代科技成就简表，认识表格中的古代科技巨人，了解他们生活在什么朝代，他为人类作出的最大贡献是什么，从他身上，你受到了什么启发，学到了什么东西？

（2）教师补充，师生共同填写表格。你还知道哪些古代科技巨人，与同学分享前置性学习成果。

唐代的孙思邈，对医药学贡献巨大，被后世称为“药王”。

元代的郭守敬，是水利工程学家，《授时历》是当时最先进的历法。

战国的石申，天文学家，代表作《甘石星经》。

小结：展开中华文明的画卷，我国古代的科技巨人就像一颗颗闪耀的星星，数不胜数，他们在不同的领域里发出灿烂的光辉，取得了巨大的科技成就。

（3）学习古代科技巨人的精神。

小结：我们要学习这些科学家追求真理、持之以恒、刻苦钻研、勇于创新的优秀品质。

三、归纳总结、拓展提升

今天这节课我们穿越历史，了解了中国的古代科技。作为一名中国人，我们感到无比自豪，同时也备受鼓舞，要向这些科技巨人学习，用我们的智慧和汗水，使祖国的科技事业更加繁荣兴旺。

四、课外拓展，情感升华

课外作业：下课后请同学们积极查阅“嫦娥五号”的相关报道，为我们伟大的祖国点赞，为国家科技发展点赞。下一节课，大家相互分享。（体会祖国的科技发展，激发爱国情感和民族自豪感。）

◆**反思**：我国是有着几千年历史的文明古国，《古代科技 耀我中华》一课围绕中国古代的科技展开，通过学习，了解中华民族对世界文明的重大贡献，建立民族文化认同，培养民族自信心、自豪感，激发对祖国科技文化遗产的珍爱之情。

为了达到教学目标，授课时特别重视古代科技巨人的情况介绍，用列数字、举例子等方法给学生带来丰富的资源，让学生了解中国古代历史上产生的许多伟大的科技人物，他们作出了卓越的贡献，充分展示出了我国悠久灿烂的古代文明。

重视联系生活实际，引导学生思考古代科学家的故事能够给自己的学习、生活带来什么启发？带着同学们了解医学、农学、天文学、算学、丝绸织造、陶瓷制造等方面对生产生活产生重要价值的科学知识，感叹古代科技的伟大成就。通过巧妙预设，认识到中国古代的科技不仅独具特色，而且对世界文明产生了深远影响（特别是中国古代的四大发明），作出了巨大贡献。重视感悟家国情怀，激发民族自信心和自豪感。

◆**点评：**《道德与法治》是学校育人的重要学科，教学过程中有效渗透社会主义核心价值观，有效厚植家国情怀，有助于丰富学生的思想认知，规范学生的行为，使学生能够成长为合格的社会主义事业建设者与接班人。

本课的设计重视审视与迁移，通过古代科技的学习联系到现代科技，有梯度的任务设计使学生有了更多的“参与”，情感有了更多“释放”。学生将古代科学家、科学成就以及他们身上具有的优秀品质建立起联系，并完成由故事的了解、知识的梳理，到科学家的人格魅力和优秀品质的挖掘，特别是拓展作业收集“嫦娥五号”的相关资料，激发了学生的学习意识和责任意识，引导学生努力把科学家的精神内化于心、外化于行。

本课的内容从认知到导行层层递进，让学生在收集古代科学家故事和古代重要科技发明创造的基础上，感悟中华民族先人的智慧和文化的力量，增强对中国科技文化成就的自豪感，培养学生弘扬中国科技文化和传承创新精神，激发学生的家国情怀。

天下兴亡，匹夫有责的爱国情怀

北京市丰台区长安新城小学　丁　新

《传统美德 源远流长》是小学《道德与法治》五年级上册教材第四单元第10课教学内容，由“自强不息的人格修养”“立己达人的仁爱精神”“天下兴亡，匹夫有责的爱国情怀”三个板块组成。这节课围绕板块三的内容展开教学，教材内容按“总—分”的编排模式，先是总体介绍源远流长的爱国精神，然后分别从“共同利益”“共同责任”“共同命运”三个角度阐述中华传统美德中的爱国精神。教师可以遵循教材思路开展教学，也可以依据实际需要重新组织教材内容开展教学。本课时教材的最后一段是对本课的总结，教学中要注意引导学生对本课的内容进行回顾总结。

◆课堂实践

活动一：歌曲吟唱感受爱国心

1. 学生边看边跟唱《我和我的祖国》，教师小结：这一句句歌词表达了我和祖国相依相恋，我和祖国共忧愁共欢乐，我爱我的祖国。教师板书：爱国。

2. 教师提问：你觉得什么是爱国？怎样做才是爱国？这两个问题可以分开提问，学生根据自己已有经验回答。

3. 教师小结：爱国就是对祖国的热爱和忠诚。历朝历代许多仁人志士都在用自己的行动表达对祖国的忠诚与热爱，这样的爱国精神使中华民族历经劫难而不衰。今天这节课让我们走进历史中的那些人那些事，感受这份爱国情怀。

活动二：探究学习理解“天下兴亡，匹夫有责”爱国情怀的内涵

1. 引导学生看阅读角《天下兴亡，匹夫有责》，想一想中华民族爱国精神的内涵是什么？学生看完后讨论、交流，教师小结：国家的兴亡，即使是普通人也有责任。近代以来，“天下兴亡，匹夫有责”逐渐成为爱国精神的高度概括。教师板书：天下兴亡，匹夫有责。

2. 小辩论：“两耳不闻窗外事，一心只读圣贤书。”“风声、雨声、读书声声声入耳；家事、国事、天下事事事关心。”你赞同哪一个？说说你的理由。

3. 播放一组图片，新冠疫情期间全社会参与共同抗击疫情。看完后讨论在这组图片中你看到了什么？你当时做了些什么？教师小结：面对疫情，天下兴亡，匹夫有责，我们每一个人都参与到抗击疫情的战斗中，全国上下众志成城，让病毒不再蔓延，让社会稳定、百姓安心。

4. 再请学生谈谈对“天下兴亡，匹夫有责”这句话的理解。在学生交流的基础上，小结每个人的命运都与国家命运紧密相连。国家富强人民能够幸福，国家衰弱人民跟着遭殃。

活动三：爱国故事会，探究“天下兴亡，匹夫有责”爱国情怀的具体表现

1. 引导学生回忆电影《我和我的祖国》，独立思考选择你印象最深的一个故事，想一想主人公爱国情怀的具体表现是什么？用一个词或一句简短的话将其写在黑板上。学生交流、板书后，教师结合学生板书小结：中华人民共和国成立 70 周年以来，祖国经历了无数个历史性经典瞬间，在 70 年的历史中普通人的命运与国家之间息息相关、密不可分。

2. 召开爱国故事会。课前学生搜集不同朝代的爱国故事，有教材上的，比如《鲁女爱国》，也有很多教材以外的。课堂上先以小组为单位展开交流，然后在班级进行交流。交流内容：讲故事说一说爱国表现，写一个词语表现这样的爱国行为。最后学生将自己写好的故事卡片贴在教室墙上，学生课后可以继续阅读。

3. 阅读教材活动园的内容并进行交流，100 年前人们觉得战争年代与和平时代的爱国情怀都应该有哪些表现？

教师请学生比对自己在黑板写的板书，引导学生发现：自古以来热爱祖国的山河，热爱民族的历史，维护国家的尊严，捍卫国家的利益，在危难之时英勇战斗，在安定之时奉公守法，时刻关心祖国的前途和命运，这些都是爱国的表现。中华民族的爱国情怀是一脉相承的。引导学生讨论在日常生活中我们的爱国行动有哪些？

4. 听录音《天下为公的理想》，引导学生了解，古往今来无数仁人志士抛头颅洒热血、中华儿女前仆后继，追求的就是人人平等的社会。

出示中国梦的内涵，教师小结：中国梦就是把国家、民族和个人作为一个命运共同体，把国家利益、民族利益和每个人的具体利益都紧紧地联系在一起。这也就要求我们具有“天下兴亡，匹夫有责”的爱国情怀，为实现中国梦不断努力。

活动四：全课总结

引导学生回顾本课所学内容，可以板书结构图的形式呈现。引导学生再次认识到源远流长的中华传统美德，是强大的文化基因，深深影响着中国人的精神气质。在实现中华民族伟大复兴的中国梦的过程中，传统美德将是我们不断奋进的精神动力。

◆**反思：**在课堂中，我采用了灵活多样的教学方法，激发了学生们的学习兴趣，他们的学习积极性很高，能主动地参与到学习活动之中，提高了学习效率。我通过评价学生，增强了他们的自信心，学生们找到了自身的价值，尝试到了成功的喜悦。不足之处：有个别学生在学习上不够主动，学生们的知识储备不够丰富。改进措施：教师应让学生多看书，要开阔学生们的视野。在以后的教学中，我们要不断地去探索、去实践，以逐步提高自己的教学水平。

◆**点评：**要突出家国情怀教育，“着力引导青少年学生深刻认识中国梦是每个人的梦，以祖国的繁荣为最大的光荣，以国家的衰弱为最大的耻辱，增强国家认同。培养爱国情感，树立民族自信，形成为实现中华民族伟大复兴的中国梦而不懈努力的共同理想。追求培养青少年学生做有自信、懂自尊、能自强的中国人”。教学活动是师生积极参与、交往互动、共同发展的过程。本节课设计了多个教学活动，学习的发生只有始于学生的生活和原认知，才能最大化地调动学生的积极性。课堂上先通过学生耳熟能详的爱国歌曲创设学习情境，再通过师生谈话引领，激活学生已有的经验，为后续学习做好铺垫。本节课，通过视频、格言、真实生活案例引导学生在信息接收中探究“天下兴亡，匹夫有责”的内涵。通过搜集、讲述不同年代的爱国故事，学生对爱国的具体表现会有更加深入、具体、全面的认识。

立己达人的仁爱精神

河北省石家庄市正定县东门里小学　张丽娟

《完善中华优秀传统文化教育指导纲要》指出，“着力引导青少年学生正确处理个人与他人、个人与社会、个人与自然的关系，学会心存善念、理解他人、尊老爱幼、扶残济困、关心社会、尊重自然，培育集体主义精神和生态文明意识，形成乐于奉献、热心公益慈善的良好风尚，培养青少年学生做高素养、讲文明、有爱心的中国人。”

本课教案的编写依据是《品德与社会课程标准》主题五“我们的国家”第9条“知道我国是有几千年历史的文明古国，掌握应有的历史常识，了解中华民族对世界文明的重大贡献。珍爱我国的文化遗产”。本课选取了仁爱、宽容、敬老等方面的故事及相关传统美德格言，旨在引导学生通过探究活动，充分体会传统美德在处理个人与他人、个人与社会、个人与自然的关系方面的运用，并在生活中践行。

◆课堂实践

环节一：通过阅读孔子和杜甫的故事，理解什么是立己达人的仁爱精神

1. 阅读课本第86页阅读角对孔子仁爱精神的介绍，初步体会孔子所讲的立己达人。

2. 出示杜甫作品《茅屋为秋风所破歌》，学生自读，交流感受。

引导：杜甫曾经在《茅屋为秋风所破歌》里面描述了他穷困潦倒的生活状况：狂风卷走了屋顶上好几层茅草，房顶的雨水像麻线一样不停地往下漏，屋子里面没有一点干燥的地方。然而，面对这样的生活境遇，他心中想到的是“安得广厦千万间，大庇天下寒士俱欢颜！风雨不动安如山”。

提问：杜甫的诗句是什么意思呢？表达了杜甫怎样的心胸？

引导：杜甫心中所想——自己期待美好的生活，同时也希望天下人过上美好的生活。在自己谋求生存与发展的同时，也要帮助他人生存与发展，这就是我国传统美德中“立己达人”的仁爱精神。（板书：立己达人。）

环节二：通过阅读和交流，知道发扬仁爱精神要做到将心比心

1. 讲述：同学们，今天老师给大家带来了一个陆慧晓的故事。

2. 引导：我们想一想，陆慧晓为什么要对比自己地位低下的人如此尊敬呢？

3. 提问：这个故事对你有什么启发？

4. 过渡：孔子曾用“己所不欲，勿施于人”来解释“仁”。自己不喜欢的事，也不要强加

在别人身上。在生活中，我们应该怎样做到呢？

5. 活动：小组合作完成课本活动园并全班交流。

我不愿意别人欺负我，我也不____________。

我不愿意____________，我也不谈论别人的隐私。

我不愿意____________，我也不______________。

小结：孔子的这句话表达了对他人的尊重和关爱，体现了人与人之间的亲善关系。

环节三：通过表演、交流和讨论活动，感悟发扬仁爱精神要推己及人

1. 讲述：同学们，前两天老师看到了这样一件事情：一位同学抱着全班同学的日记本，急匆匆地向老师办公室跑。另外一位同学逆行猛跑，结果在教室门口，两位同学发生了碰撞。

2. 引导：以你的生活经验来看，这两位同学会发生怎样的事情呢？

3. 活动：学生交流。

4. 设计。

（1）预设学生从“争吵”的角度回答。

①引导：你为什么会这样推测呢？让我们一起推测一下“撞人”的同学和“被撞”的同学是怎么想的。

②引导：虽然这两位同学各有各的理由，但是从他们思考问题的角度来看，有什么共同之处吗？

③小结：原来，人们在与人交往的时候，如果对他人要求严格，对自己的要求宽松，就会总是埋怨别人，引起矛盾和纠纷。

（2）预设学生从“宽容”的角度回答。

①引导：让我们试着推测一下，被撞的同学是怎样想的？

②追问：面对宽容的态度，撞人的同学又会怎样想？谁愿意把你们的思考用情景剧的形式表达出来？

③活动：学生表演。

④引导：从这两位同学思考问题的角度来看，有什么相同之处吗？

⑤小结：他们在处理问题的时候，都表现出对他人的宽容以及对自己的严格要求。

5. 引导：通过对这件事情的讨论，你懂得了什么道理？

在生活中，你曾经亲历或者发现过以“宽容之心”待人的事情吗？和小组的同学一起说说吧！

6. 活动：学生交流。

7. 小结：面对同一件事情，不同的处事方法会导致不同的结果。“严于律己、宽以待人”体现了对他人的宽厚、仁慈与爱护，这就是我们通常所说的“宽容之心”，是儒家仁爱思想的重要表现。以“宽容之心”与人相处，推己及人，就会减少人与人的摩擦，使得人际交往更加和谐、融洽。

环节四：通过观看视频与交流讨论，向往“民胞物与”的精神境界

1. 观看视频：社会生活小镜头。

2. 交流：从这个视频当中，你感受到了什么？在日常生活中，你曾经帮助过老人家吗？你也曾经得到过别人的照顾吗？

3. 引出国学大智慧：老吾老，以及人之老；幼吾幼，以及人之幼。将这种推己及人的精神发展到极致，就是“民胞物与”。

北宋思想家张载曾经说过的：“民，吾同胞；物，吾与也。”这句话的含义是：他人都是自己的同胞，万物都是自己的朋友。“民胞物与”这个成语就是由这句话衍化而来的。人不仅是社会中的人，也是自然中的人，立己达人乃至民胞物与既是我们要传承的中华传统美德，也是我们在生活中应尽的责任。

4．观点大集合：说一说，我们要怎样做到“民胞物与”？

课堂小结：今天我们学习了立己达人的仁爱精神，在生活中我们要做到“将心比心”“民胞物与”“推己及人”，友善不仅是中华民族的传统美德，还是当前社会主义核心价值观的重要内容，我们都要自觉行动起来，关爱自己，友爱他人，热爱祖国，关爱自然，做仁爱之人，行仁爱之事。

◆**反思**：在教学中教师牢牢把握“在生活中，通过生活，为了生活”的德育宗旨，在课堂中，教师采用了灵活多样的教学方法，激发了学生们的学习兴趣，他们的学习积极性很高， 能主动地参与学习活动之中，有助于学生理解教材内容，树立正确的价值观。

课堂上教师运用多种评价机制，增强了他们的自信心，学生们找到了自身的价值，尝试到了成功的喜悦。

◆**点评**：本教学设计基于学生的学习基础创设问题情境，旨在帮助学生由“疑”生“趣”，进而主动进入学习状态中来。本课教学根据学生的实际情况创设问题情境，旨在为学生搭设发现自我、审视自我的实践平台，借助情景剧表演，引导学生进行道德选择与道德判断，并在体验的过程中，自主建构“严于律己、宽以待人”的道德认知。新课程标准倡导学生主动参与、合作、交流与探究等多种学习活动，改进学习方式，促进学生互相学习、互相帮助，发展合作精神，使学生真正成为学习的主人。在教学过程中，教师以《将心比心》的历史故事、《茅屋为秋风所破歌》等古典文学作品为载体，引导学生在阅读的过程中，感受传统美德的历史内涵与文化内涵，助推学生的价值探索和文化认同，难能可贵。

传承优良家风 厚植家国情怀

河北省邢台市家乐园小学 贺林静

家风是体现精神风貌、道德品质、审美格调和整体气质的家族文化风格。好家风作为中华传统文化的精髓，更是强大的精神力量，言传身教、耳濡目染，薪火相传、历久弥新，对每个人都起着积极有效的约束和激励作用，也影响着家庭的兴旺与国家的发展。青少年正处于“扣好人生第一粒扣子”的关键时期，学习传承好家风，厚植家国情怀，是课堂教学的重要内容，意义重大，十分迫切。

本课内容针对小学五、六年级，共六个板块，由浅入深地挖掘家风是什么、家风的重要性和表现形式，了解古今好家风、新时代的好家风、好少年好家风、荟萃家风——晒晒“我们家的好家风”，重在引导学生从不同时代、不同身份、不同岗位的人中了解家风，探寻和感悟好家风蕴含的中华美德、民族精神和传统文化，懂得好家风对个人成长和社会良好风气形成的重要作用，更好地树立起学习传承好家风的思想和行动自觉，激发其向善向上向美的力量，向着更为积极、更具时代性的目标奋进，以“新时代”家风共筑美丽的中国梦。

◆课堂实践

帮助学生体会优良家风蕴含的中华传统美德，理解它是国家发展、民族进步、社会和谐的基础，从思想上树立起学习和传承好家风的自觉意识。于实践中引导学生真正做到学习并践行好家风，促进自身成长。

一、导入：《岳母刺字——精忠报国》的故事

1. 你对这个故事的了解有多少？

2. 为什么这个故事千百年来被人们传诵？

（1）交流。

（2）小结：这个故事中蕴含着家庭对岳飞的爱国教育和引领，他一生的成就离不开家庭的影响，正是好家风影响了他一生。

二、家风是什么

1. 播放图像音频（配《游子吟》音频）。

2. 结合画面和音频，思考交流。

——学生交流、反馈。

3. 小结和拓展：家风，看似抽象，但并不陌生，它就是祖祖辈辈流传下来的美德和好习惯，是仁义礼智信、温良恭俭让、忠孝勇恭廉，它体现在点滴之中，与我们每个人的生活和成长息息相关。

三、家风的重要性

1. 搜资料，共分享——人物简介及其家风（示例：莫言）。

2. 听故事，明是非，感家风。

莫言在说到他的家风时，曾提到他的母亲，称母亲是他“生命中最重要的人”，虽然他的母亲大字不识一个，却很有教育智慧。

3. 小结：正是因为这许许多多的小事，莫言的母亲用最真诚、最朴实的方式，把中国人千百年流传下来的美德传承给了莫言，也形成了浓厚的家风，时刻熏陶着莫言，让他一生受益，成为人们心中敬仰的大文学家。

四、了解古今好家风

综观古今，这些能被人们传诵的名人，他们的背后都有浓厚的家风引领着：

1. 名人好家风。

司马光——俭朴。

吉鸿昌——做官不许发财。

曾国藩——勤奋、俭朴、求学、务实。

……

2. 小结：好家风是一个家庭，也是一个民族、一个国家宝贵的精神财富，它在生活的点滴中形成，需要每一个家庭成员共同去努力，并不断践行和自觉维护。

五、新时代好家风

1. 辨析，了解家风的时代性，深化主题。

虽然家风随着时代变化会出现不同的形式，但其内涵与实质不会变。比如，勤俭节约、孝敬父母、勤奋好学等，依然是需要传承与弘扬的美德。

2. 新时代如何传承好家风。

好家风的内涵在潜移默化中不断融入时代基因，新时代如何去传承好家风？

（1）通过图文展现不同行业践行好家风。

（2）通过与传统家风对比，突出新时代家风。

（3）说说你发现生活中还有哪些好家风？

六、好少年，好家风

1. 分享家风故事（讲故事或图文形式）。

2. 交流倾听，你获得了哪些启示？

七、总结

通过这堂课的学习，学生对“家风”的概念有了新的认识和更深入的了解，不同家庭的家风可能不尽相同，但它必定与社会主义核心价值观有着内在的一致性。变化的是时代，不变的是从古至今传统的优良家风，这种隐性的、不断向外延伸的、上下传承的教育，给了学生精神上的洗礼，激励学生从自身做起，从小事做起，将好家风传承下去，绘成一幅幅幸福大家庭的画卷，让“新时代家风”共同筑起美丽的中国梦。

八、拓展延伸：荟萃家风——晒晒“我们家的好家风”

1. 听爸爸妈妈一起总结自己家的好传统、好习惯，归纳自己的好家风，并用行动将它发扬光大。

2. 通过写一写、画一画、拍一拍或说一说的方式，向身边的朋友晒晒你们家的好家风（示例图）。

寄语：希望同学们能用实际行动去传承好家风，成为人人向往的道德典范，为中华民族文化的弘扬，为中国特色社会主义事业的建设，贡献自己的力量，让好家风在新时代薪火传承！

◆**反思：**本课教材将主题内容定位到优良家风上，从学生生活入手，引导学生了解好家风背后的中华传统美德和民族精神，结合时代发展，通过多种方式引导学生感受好家风对国家发展、民族进步、个人成长的重要意义，鼓励学生做好家风的践行者和传播者。

不同家庭的家风可能不尽相同，但它必定与社会主义核心价值观有着内在的一致性。本课设计符合家庭社会对学生成长的要求，从家风的渗透性、传承性、时代性、实践性多方位贯穿融入，通过有价值的引导和问题思考，激发学生兴趣，让学生在感悟、讨论、交流中深化认识。好家风重在实践，通过创设多样性的情境，使学生积极参与其中，充分体验好家风的价值所在，将其内化于心、外化于行，并不断迁移运用到生活、学习、处事等方面，争做道德典范。

◆**点评：**“天下之本在国，国之本在家。”家是最小国，国是千万家。党的十八大以来，习近平总书记多次谈到要“注重家庭、注重家教、注重家风”，他强调：家庭是社会的基本细胞，是人生的第一所学校。好家风作为传承中华文明的微观载体，潜移默化、润物无声地影响着人们的心灵，对涵养社会主义核心价值观具有重要作用，它是中华文化的缩影，是文明的延续，是社会进步的基石。不论时代和生活格局发生多大变化，我们都要重视家庭建设，注重家教、注重家风，使得“千千万万个家庭成为国家发展、民族进步、社会和谐的重要基点”。尤其是随着社会发展的加剧转型和“小家庭”时代的到来，思想道德教育深化发展面临一些突出问题，强化家风建设，是思想道德教育的重要突破口，也是当下新时代最需要的。

“家”和“冢”两字，仅一笔之差，但区别在于这一“点”摆在什么位置。好家风需要我们每一个人温暖地守卫、延续、拓新。“家风”这个字眼对学生来说是比较抽象的，但本课以“中华优秀传统文化”为主线，将上下传承的美德与时代目标融合，寻找最佳切入点，设计“牵一发而动全身”的主问题，以学生耳熟能详的故事拉近主题距离，引发思考，打开话题。借助直观、具体的事例加深他们对优秀家风的了解，感受家风的重要性，树立自觉践行优秀家风的意识，引导他们从小事做起、从我做起，养成正确的价值观和良好的行为习惯，崇礼明德，奋发向上，加深对祖辈、对父母、对家庭、对国家的真实情感，不断厚植家国情怀、传承良好家风，做新时代好少年。

厚植爱国情怀　担当青春责任

北京教育学院附属丰台实验学校　李　颖

围绕立德树人根本任务，坚持育人为先、育德为本，认真落实社会主义核心价值观教育；不断完善中华优秀传统文化教育，培养并夯实学生的家国情怀；不断形成课堂教学、社会实践和校园文化多维一体的育人平台，努力培养德智体美全面发展的社会主义合格建设者和可靠接班人。

资源背景：中国人民革命军事博物馆是中国唯一的大型综合性军事历史博物馆，占地面积8万多平方米，建筑面积6万多平方米，陈列面积4万多平方米。主楼高94.7米，中央7层，两侧4层。大楼顶端的圆塔，托举着直径6米镀金的中国人民解放军“八一”军徽，它凌空高耸，金光闪闪。高达4.9米的铜门，是用福建前线参战部队送来的炮弹壳熔铸而成的。正门上方悬挂着毛泽东主席亲笔题写的“中国人民革命军事博物馆”金字铜底巨匾。大门两侧竖立着陆海空三军战士和男女民兵两组英姿勃勃的汉白玉石雕。全馆有22个陈列厅、2个陈列广场。陈列厅高大、宽敞、明亮。沿所有展览场地绕行一周，长达12千米，就其规模而言，为国内外少有。伴随着国家改革和建设的脚步，在它的周围，建立起了中华世纪坛、中央电视台和西客站，把它衬托得更加雄伟壮丽。

军事博物馆的陈列展览分为基本陈列和临时展览。基本陈列有土地革命战争馆、抗日战争馆、全国解放战争馆、抗美援朝战争馆、古代战争馆、近代战争馆、兵器馆、礼品馆等。

一、活动目标

1. 博物馆的终极价值是传承文化，青少年则是文化传承的主力军，博物馆是历史文化的承载体，让青少年参观博物馆的目的正是让其了解其中的历史文化。

2. 走出校园，了解军事科学发展，感受祖国的伟大变化，开阔视野，普及知识。

3. 居安思危，唤起学生以爱国主义为核心的民族精神和以改革创新为核心的时代精神，增强学生的民族自尊心、自信心和自豪感。

活动对象：我校地处城乡接合部，学生70%以上是随迁子女，因父母多是打工者，日常与孩子的接触时间比较有限，日常教育形式比较单一，很难经常带领孩子走进博物馆；这个年龄段的学生活泼好动，有好奇心，好表现，愿意积极参与互动式学习。

活动准备：

1. 准备任务单。

2. 应对突发天气，准备雨衣。

二、活动过程

（按照活动环节依次说明，突出活动设计与重难点。）

1. 行前教育：提前提要求、思想、纪律，增强集体凝聚力，为有序开展活动奠定基础。

附：行前教育文字资料。

（1）活动期间有序排队，全程不解散。车上、排队、宣誓、进馆参观全程都不准大声喧哗。

（2）学生不准带手机。

（3）进入场馆之后，军博各尚未向公众开放的展厅均不可以拍照，更不允许任何形式的宣传，包括自己的微信和微博，请各位老师、同学注意。

（4）带班老师必须全程跟班。参观队伍两位教师一前一后带队，其他教师在队伍中间，所有教师保持通信畅通。

（5）为提高安检效率，所有参加活动的人员，特别提示不要随身带包、带水、钥匙以及其他金属物品。只能带垫板、学习单和笔。

（6）着装要求，学生必须穿校服并佩戴红领巾。如活动当天气温较低，参加活动的学生可在校服内添加衣服，校服外不要套其他衣服，全年级着装统一，教师着装要得体，要携带本校标识牌（周三中午下发）。

（7）垫板各班班长于活动结束返回学校后统一归还，马上还到德育处。学习单于活动结束后，归还垫板时由班级统一上交。

（8）宣誓仪式中少先队员应举起右拳，念誓词的时候声音洪亮。在准备宣誓仪式的过程中，各校要统一听从区级负责人指挥，注意学生间的前后距离，学生要保持现场安静，没有特殊情况不允许上厕所。各校在宣誓仪式进行前，班主任老师站在学生首排前，均匀站位，面向学生，关注学生身体状况，以便及时发现情况，及时处理，宣誓仪式开始时教师站到学生两侧面向升旗方向。学生如有不适，要举手示意老师。宣誓仪式时，初中一年级学生应佩戴红领巾，举起右拳，现场有人统一喊口令，宣誓仪式中，学生须遵守现场秩序。干部、教师应站在学生左右两侧和学生一起宣誓。

（9）参观开始后将不再安排照相时间。宣誓后统一听工作人员安排。由带班教师和军博讲解员完成交接。

（10）为保证展品的安全，不用手触摸展品。爱护馆内的公共财物。听讲解时认真倾听，及时记录。有问题举手示意，得到允许后再提问。

（11）馆内讲解结束后，由军博讲解员与各校老师完成交接，将学生从军博展览大楼北门出口引领至北停车场登车离馆。现场活动结束。

（12）集合时间：12：20。

2. 行中参观：认真倾听，随时记录，感知祖国强大，激发爱国情怀。

3. 行后总结：完成任务单，巩固学习成果，强化爱国意识。

展板展示优秀成果。

◆**反思**：虽然出发前突降大雨，但由于学校做好了预案，及时将雨衣发到师生手中，学生依然整齐列队，遵守秩序，依次乘车安全到达军事博物馆。雨势虽然愈演愈烈，却不能浇熄学生们的参与热情，大家在军博讲解员老师的带领下展开了深入的参观与学习。图文并茂的展览，栩栩如生的模型，珍贵的大型武器展品吸引着学生们的目光，大家边认真倾听讲解，边认真做着笔记，内心被一次次震撼，感受到了祖国强大的军事力量和精神力量。

学生们在参观中文明有序，收获满满，他们不仅了解了武器的发展历史、国家的军事科技实力，更是受到了一次深刻的爱国主义教育。学生们纷纷表示要弘扬革命优良传统，把握学习机会，努力学习科学知识，脚踏实地，开拓进取，把实现个人价值融入国家的辉煌发展中，为实现中华民族伟大复兴的中国梦而贡献力量！

◆**点评**：以学习任务单为载体，引导学生带着问题和思考进入场馆进行主题性学习；用仪式教育、主题性教育等方式提升学生的学习兴趣，加深实践感受；使学生在庄严的仪式中、丰厚的文化氛围里，培育和践行社会主义核心价值观。同时积极培养学生热爱祖国、热爱生命、感恩他人的优秀品质，增强学生的民族自豪感、荣誉感与责任感，促进学生身心健康的全面发展。

润物细无声
——疫情下的德育实施

北京市顺义区裕龙小学　陈　菲

2020年的春天，新冠肺炎汹汹来袭，席卷了中国。我们不得不延迟开学，开始了居家学习、工作。以往传统的教学模式与班级管理模式，受到了很大的冲击，急需调整。基于“停课不停学”的精神，在这个特殊的时期，我认为，对学生的社会主义核心价值观的教育以及德育教育绝不能因为疫情而耽搁，那么该怎样借此机会，把社会主义核心价值观很好地融入学生的教育中呢？在这个紧张、特殊的时期，如何引导学生去感受美，发现美，体会生命的美好？面对那么多新时代的英雄楷模，我该怎样将爱国主义情怀厚植于学生心中呢？如何坚持以立德树人为根本，以社会主义核心价值观为引领，以美育人，以美化人，以美培元呢？这个特殊时期，师生之间不能面对面地沟通，不能进行现场的活动，那我该怎么开展课程？该如何设计？思来想去，我设计了“家校携手 防控疫情”主题网络系列活动。

◆课堂实践

一、充分发挥家校共育的协同作用，亲子携手发现美，感受美

学校携手家长，带领学生共同战“疫”。在我组织开展的“家校携手 防控疫情”主题系列活动中，学生们积极响应，用自己的独特方式参加战“疫”，让这个非常假期过得别样丰富多彩，意义非凡。同时通过这一系列的活动，在潜移默化中对学生进行了爱国、爱党、珍爱生命、热爱生活等的思想教育。也是通过这一系列的活动，引导学生科学、合理地安排居家生活和学习，让学生的居家生活更加有意义。居家生活，更多的是对亲子关系的考验。所以我设计活动，让学生和家长一起，通过活动，去发现生活中的美；通过一起抗“疫”，一起参与，体味亲子之间的美与温暖，通过多元化的课程设计，也让亲子之间有了高质量的陪伴。

二、“宅在家，生活依旧丰富多彩”，我们一起创造美

特殊时期，我号召孩子们和家人一起，动起来、玩儿起来、学起来。结合自己的兴趣或优势，可谓八仙过海，各显神通。我看到了孩子们和父母一起学习厨艺、练习才艺、精心制作了关于新冠病毒知识的手抄报，录制了七步洗手法的视频等。我看到了孩子们虽“宅”在家里，但在老师和父母引导下，在响应科学防控自护的前提下，通过绘画、写作、歌舞、乐器演奏等才艺展示的形式为武汉加油；我看到了孩子们通过益智游戏、经典诵读、读书练字为自己加油，

增长知识，学好本领。我看到了丰富多彩的活动充实着孩子们的非常假期，家校携手，亲子互动也让居家亲子活动变得更加有趣。我突然发现，利用网络的特殊学习方式，也可以让我们的内容变得更加丰富多彩。虽然那时的我们，只能响应号召居家，不能见面，但是通过这些网络活动，把学校、学生和家长紧密联系起来。我们一起互相分享，互相鼓励，互相陪伴，我们的居家生活不再枯燥乏味，我们的居家生活也不再单调无趣。留给学生们和家长们的，是难忘的时光，是难忘的诗意人生，是疫情紧张氛围中轻松愉悦的心情。

三、传承红色基因，美育浸润心田

在疫情蔓延的特殊时期，我们大家一起学习新冠肺炎的相关知识，一起通过新闻了解疫情的发展，以及疫情发生后我们国家立即采取的一系列措施；一起了解学习在这个特殊时期，所涌现出来的一大批人民英雄……学生们看到的是人民万众一心，看到的是众志成城，看到的是义无反顾地奔赴前线。这一切，都让他们更加深刻地感受到祖国的强大和人民空前的团结，也让他们知晓了原来英雄离我们并不遥远，原来新时代的中国英雄是这样的。学生们说，通过这次大事件，他们看到了生命的美好，通过这次大事件，也发现了身边的美好事物。作为新时代的学生，作为新时代的少先队员，更应该是有责任、有担当的！要像英雄们学习！我想，红色的印记已经深深烙下，爱国的种子已经在他们心中埋下，定会生根发芽，开花结果，将我们中华民族的红色传统传承下去。

四、祖国加油，表达我对祖国的爱

基于之前的活动，我觉得，是时候让学生们把对祖国的爱、对祖国的热忱表达出来。于是，我又组织了第三次活动“我为武汉加油！我为中国加油”，学生和家长一起，拿起画笔，录制视频，为白衣天使们写信，自己创编诗歌，撰写文章，为武汉鼓劲，为中国加油！从学生们的画中，从他们的文字中，我感受到了他们感恩白衣天使，因为是他们逆行的背影，照亮了武汉，照亮了中国。我感受到了学生们作为中国人的骄傲与自豪。我也感受到了学生们对于战胜疫情无比坚定的信心。孩子们正在细心浇灌着心中的小爱，我相信，随着他们的成长，定会变成大爱！

◆**反思**：通过我设计的这一系列网络主题活动，我突然发现，在学生的教育中渗透社会主义核心价值观教育，对学生的爱国红色教育，绝不是高喊口号，也不是大而空的活动，当然也不是仅仅局限在课堂中。它是作为立德树人重要载体而存在的，应该把它融入生活的点滴中，融入孩子们生活的每一处缝隙中，扎扎实实地，落实在孩子们的整个生命里，用润物细无声的方式，将社会主义核心价值观根植于他们的心里。

我也突然意识到，合理借用网络，进行活动的设计，虽是疫情催生的产物，其实也是顺应这个时代发展所产生的。这种活动模式，不受地域、时间等客观因素的影响，既能够使参与者更加轻松自在，也能够让参与者有更多的选择与尝试。这样，也大大调动了参与者的积极性。通过这一系列网络活动，能够切实地走进学生的心里，在家长参与的过程中，更加理性、更加深刻地感受学校的育人理念，也为今后更好的家校合作奠定了重要的基础。这次全新教学模式的探索，在颠覆传统教学模式的同时，也让我对如何把社会主义核心价值观融入学生的教育中，如何把我国优秀的传统文化根植于学生的内心，有了新的思考，有了新的感悟。我也将会把这些思考和感悟，继续融入今后的工作中。

◆**点评：**本次的创新点在于针对疫情的特殊性，通过网络，把学校、学生和家长紧密联系起来。虽然居家不到校，但是也可以通过一种全新的方式，去开展德育活动，并在一系列的活动中，融入社会主义核心价值观和我国优秀的传统文化。对于我来说，这是一种全新的尝试，也是一种全新的探索。通过实践，也确实看到了成效，这种效果甚至超过平日里线下的活动，让我们看到了更加亲密的亲子关系，让我们看到了学生家长对祖国的热爱以及那种深深的民族自豪感。

吃饭有讲究

北京市东城区西中街小学　徐斯家

道德寓于学生生活的方方面面。学生品德的形成源于他们对生活的体验、认识、感悟与行动。一年级学生年龄小，刚刚入学，并没有形成自觉的生活反思意识，只有源于学生实际生活和真实道德冲突的教育活动才能引发他们内心的而非表面的道德情感、真实的而非虚假的道德认知和道德行为。家国情怀教育更是不能生搬硬套地说教，应在帮助学生适应新环境新生活的过程中，关注学生生活，逐步渗透爱国主义教育，渗透传统文化教育，激发学生内心的爱国主义情怀，学会关心，学会爱，学会负责任，养成良好的品德和行为习惯，为其成为爱祖国、爱人民、爱劳动、爱科学、爱社会主义的公民打下基础。

《吃饭有讲究》一课是部编版《道德与法治》一年级上册第三单元《家中的安全与健康》第 10 课，选取“干干净净吃饭好”“我在餐桌上”“食物的诉说”三个主题的部分内容作为本课的教学内容。《课程标准》中指出：“结合社会生活中儿童能够理解的重大事件或有意义的公益活动、科学技术的新成果、儿童感兴趣的当地的自然现象、与儿童关系密切的热点问题等开展教学活动，保持课程内容的丰富与鲜活。”故结合本校实际情况选取袁隆平爷爷种植杂交水稻、学校科技社团种植沙米的内容进行教学内容补充，发掘爱国主义教育素材。

中国自古以来便是礼仪之邦，礼仪体现在生活的方方面面，有讲究的餐桌礼仪更是体现了敬老孝亲等中国传统文化。现代生活中随着社会生活的变化产生了越来越多的三口之家，在这种小家庭氛围下，不少家庭教育忽视了这方面的教育，导致孩子没有很好地养成餐桌上的礼仪习惯。本课结合课本内容，关注学生生活，强调现代生活中的餐桌礼仪，并补充老北京礼仪等相关内容，初步培养孩子们的餐桌礼仪。不仅要吃得安全，吃得健康，更要吃得有礼貌、有教养，真正做到吃饭有讲究。

◆课堂实践

本节课共设置三个教学环节。

活动一：“吃饭讲卫生”

观察导入，学习正确的七步洗手法，保证吃饭安全健康。首先教师利用蓝色墨水和一次性防护手套，以墨水代替清水，清晰地分步骤演示七步洗手法。学生生动直观地观察到，在演示过程中，墨水均匀地分布在防护手套上，认识到只有使用七步洗手法才能将手部每一处都洗得干干净净，认识到饭前洗手的重要性。之后学生在儿歌中共同学习七步洗手法，牢记“内外夹攻大立腕”口诀。现下正值新冠疫情防控重要阶段，学生学会科学正确地洗手更是重中之重。

活动二：“吃饭讲营养”

讨论交流，认识多种食物，认识均衡营养的重要性。根据生活经验学生交流晚餐时所摄入的食物都有哪些种类。教师引导学生分门别类进行整理，并发掘各类食物带给了我们哪些营养。在讲解“主食类”米面时，通过“一粒米的旅程”的绘本故事，学生发现米是水稻经过多道工序生产而来，认识到每一粒粮食的来之不易，意识到节约粮食的重要性。再进一步引出袁隆平爷爷在为了国家粮食安全、为了每个中国人，正在研究杂交水稻，甚至还有科研新成果——海水稻，激发学生的爱国热情。之后出示“高部沙米种植试验田丰收”图片作为对比，为学生介绍学校科技社团参与的沙米种植实验项目；同时结合学校“美好食光”的光盘活动，让学生感受到身边的同学也在为国家的粮食安全而做出自己的努力，从而感到骄傲和自豪。

活动三：“吃饭讲礼貌”

讨论辨析，观察多种不同情境，懂礼仪讲文明。此环节首先请全班学生根据课前调查讨论交流自己家饭桌上有哪些规矩。教师对“吃饭时不能看电视”“吃饭时不能狼吞虎咽”等情况引导总结，并提问：“你还知道哪些吃饭的讲究？”引入教学情境，引导孩子们辨析。如播放三种就餐时的声音，让学生选择喜欢哪一种，从而引导学生认识到吃饭时不要发出声响。再如播放吃饭时的视频，学生判断视频中餐桌礼仪的做法是否正确。在真实的生活场景中，学生认识到“等全家人上桌再一起吃饭”“不乱搅动盘中菜”“不敲盘子”等各方面的餐桌礼仪，渗透文明就餐、尊老孝亲等中华优秀传统文化。最后播放“老北京的规矩”的童谣总结全课。

◆**反思：**增加关于杂交水稻的内容，是缘于在介绍“主食类”食物时，一个班的大部分学生竟不知道大米来源于水稻，面粉来源于小麦。在物质资源极大丰富的今天，孩子们竟然“不识五谷”，令人有些感慨。故在之后备课中添加了介绍大米来源的内容，并结合本校实际，加入了学校沙米种植内容以及光盘行动的情况。

在讲解到学校高年级的大哥哥大姐姐在种植沙米，也在为粮食安全作一份贡献时，我听到了声声的赞叹，一双双小小的眼睛里充满着大大的羡慕。我不知道将来有多少孩子会走上农业科研之路，甚至不知道他们在两三年后会不会参与学校的沙米种植计划。但那一刻，我知道一颗小小的种子已经在他们心中种下。期盼这点滴的渗透，终有一天会长成参天的大树。

◆**点评**：在《道德与法治》课程中，儿童获取知识的主要途径是通过活动主动地进行建构，而不是依赖教师的直接传授。在本课的教学环节设计上，考虑学生年龄特点，教师组织学生通过参与从“墨水版七步洗手法”到吃饭讲究情境辨析等环节，通过观察、实践、调查、讨论、交流等多种方式进行学习，来获得亲身体验与感受，从而帮助学生生动直观地理解复杂概念，获得丰富的直接知识或经验，获得创造性和实践能力的发展。通过多种多样的教学活动，渗透传统文化教育，使学生初步养成良好的生活习惯。

同时《道德与法治》课程教学必须以深入地了解学生为基础。教学的每一个环节都需要在了解学生的实际生活和发展状况，掌握学生特点和需要的基础上进行。因此，在本课的教学内容上，我从学生生活实际问题出发，从课前调查“不识五谷”，到“一粒米的旅程”，再引申到粮食安全；从袁隆平爷爷的杂交水稻到本校“沙米种植计划”，结合社会生活中儿童能够理解的祖国科学技术新成果，保持课程内容的丰富与鲜活，层层递进，由远及近，贴近学生校园生活，激发学生的爱国爱校情感，从小树立学生学有所成、为祖国作贡献的正确价值观。

节日文化与爱国主义教育的新结合

北京市石景山区古城小学　张天侠

《快乐过新年》是《道德与法治》学科一年级上册第四单元《天气虽冷有温暖》第 3 课的学习内容。按照教学进度，该课的学习时间在元旦新年前后，与学生们的生活实际重叠，使入学仅 4 个月的学生更容易进入到教学情境中。本课以欢度元旦为切入点，内容以中国的传统新年为主，主要介绍中国春节的舞龙、挂红灯、穿新衣、过团圆年、包饺子、贴春联等民俗，以及中国不同民族的传统新年习俗，以图文并茂的形式展现出中国多民族丰富多彩的节日景象。中国的传统文化博大精深，因此在本节课的设计中，我对课本中提及的民俗给予知识扩充，用低学段学生喜闻乐见的故事（春节的历史由来、古诗里的春节）、彩色图片（剪纸、皮影、京剧脸谱）和趣味游戏（九九歌、消寒图）引导学生们了解中国悠久的传统文化，并通过学习以上内容，在学生心中埋下自觉自愿的做传统文化的继承者和传承者的种子。

◆课堂实践

一、情境导入

师：冬天的时候，你最喜欢什么？下面哪项让你最快乐？（准备冬天景、物、事的图片：雪花、滑冰、打雪仗、冬奥会、圣诞节、元旦、春节、寒假……）

生：在选项中做选择。

二、讲授新课

师：你最喜欢过冬天的哪个节日？为什么呢？（准备冬天节日的图片、照片等）

生：圣诞节。（有礼物、圣诞老人、圣诞树……）

元旦联欢会。（不用上课、装扮教室、表演节目……）

过春节。（放寒假休息、放鞭炮、穿漂亮的新衣服、吃饺子、拿红包……）

师：大家都喜欢新年啊。那老师有一个问题要请教同学们，新年是哪一天呢？

生：元旦/春节。

师：大家的意见不一样，同意元旦的同学举起小手，同意春节的同学举手，不举手的同学也来说说。

生：各抒己见。

师：大家说的都很有道理（课件资料 PPT）。

参考答案：现在的元旦是世界多数国家通称的“新年”，是公历新一年的第一天，是一个新的开始。但是“元旦”一词，据说始于三皇五帝之一的颛顼，距今已有 5000 多年的历史。最早出现于唐代的《晋书》：“颛帝以孟夏正月为元，其实正朔元旦之春。”中国古代曾以腊月、十月等的月首为元旦，汉武帝起为农历一月一日，1912 年 1 月 1 日“中华民国”成立，设定元旦为公历 1 月 1 日。中华人民共和国成立前夕的 1949 年 9 月，设定公历 1 月 1 日为元旦，因此今天元旦在我们中国也被称为“阳历年”。

春节的传统名称为新年、大年、新岁，但口头上又称度岁、庆新岁、过年，是中华民族最隆重的传统佳节。春节起源于殷商时期年头岁尾的祭神祭祖活动，是中国最盛大、最热闹、最重要的古老传统节日之一。在中国民间，传统意义上的春节从腊月初八的腊祭或腊月二十三或二十四的祭灶，一直到正月十五，其中以除夕和正月初一为高潮。

师：同学们现在有什么感受，自豪吗？骄傲吗？对，我们是拥有几千年历史的文明古国。请骄傲的中国同学想一想，现在的春节是哪个国家都有的吗？

生：是/不是。

参考答案：韩国、日本、朝鲜、泰国、新加坡、越南、马来西亚、印度尼西亚（从 2005 年开始定为法定节日）等，但主要是亚洲国家，还有生活在其他国家的华人以及华人身边的外国人也跟着过春节。

师：同学们的知识真是渊博，你们是怎么了解到这些信息的呢？

生：课前准备做得好（预习是一种很好的学习方法）。

旅游中学到的知识（读万卷书行万里路，善于观察、善于学习）。

听爸爸妈妈讲的（向有知识的人请教，虚心求教、乐于学习）……

师：你知道怎样过春节吗？我们先一起看看书里的同学们是怎样过新年的（教材学习）。

师：书里的过节方式和你记忆中的相同吗？请以小组为单位讨论，并在讨论后推举一名同学和大家一起说一说“我的春节这样过”。（引导学生自主探究，合作学习。）

生：结合实际一起交流，找寻春节习俗中的相同之处。少数民族的学生，在交流中讲解本民族的“新年”习俗。

师：教师引导学生推荐发言人发言（邀请班级中的少数民族学生介绍本民族习俗；无少数民族学生，引导学生了解教材中各民族庆祝新年的知识）。点评以积极鼓励、赞扬为主（交流展示活动预计时长 10~15 分钟）。

延伸：你还知道哪些和春节有关的知识？

1. 故事：年兽（动画片放映）、十二生肖（剪纸画展示）。

2. 古诗中的春节（PPT 带学生朗读春节题材古诗：王安石《元日》、陆游《除夜雪》）。

3. 习俗：贴对联和门神（图片：皮影、京剧脸谱）、倒贴福字（现场邀请课上积极参与的学生）。

4. 和冬天有关的传统文化介绍：九九歌（带学生朗读）、消寒图（文字版和图画版展示并简单解释玩法）……

三、小结

中国的文化博大精深，是我们的先辈传承下来的丰厚遗产，是我们中国特有的。传统文化是历史，但它并不只是在博物馆陈列的展示品；传统文化是有生命的，它就在我们的生活中、就在我们的身边。中国春节与任何国家的新年都不同，它最悠久、过节的人数最多、过节方式最丰富多样。

四、课后实践

请同学们把今天我们一起学习的春节知识分享给爸爸妈妈、爷爷奶奶。如果家长告诉我们过春节时的其他民间习俗、故事、古诗，我们要认真记下来，老师期待善于学习积累的你和我一起分享中华传统知识。

◆**点评**：今天的知识信息结构日益多元化，随着“地球村”的变小、人员流动的便捷，不同区域、不同地域、不同国度的文化相互交流、碰撞、融合。这些充斥着我们的听觉神经、视觉神经的“新知识”，在刺激感官的同时也改变着我们原有的认知。现在低年级的学生，耳熟能详的是“双 11”“双 12”“教师节”“圣诞节”“万圣节”……但当问起端午节，学生会回答“吃粽子”“纪念的是谁”“为什么要纪念”“哪天是端午节”……这无声的背后，是孩子们对传统文化的知识储备不足。

如何让传统文化渗进课堂浸润学生？如何让未来的“接班人”做“传承人”？如何让先贤的情怀、智慧能在当下扎根、发芽、开花、结果，赋予今人积极的思考和正能量？众人添柴，为传统文化“烧火”。小学教育，是一个人形成一定的思想品德、掌握科学文化知识的基础阶段，对学生的思想品德和科学文化素质起着决定性的作用。这更突显出小学道法课的重要地位。因此，一节充满生活气息、充满传统文化精华的道德与法治课，对刚入学的一年级学生来说至关重要。

家人的爱

北京市通州区宋庄镇中心小学　崔　爽

《家人的爱》是人教版《道德与法治》一年级下册第三单元的第 2 课，本课的内容是第 1 节课内容的延续，目的在于让学生体会家人为自己的健康成长付出的辛劳，感激、体谅父母长辈对自己的爱，学会用自己的方式表达对家人的爱。本课四个主题紧密围绕“家人的爱”这一话题展开。教材以“家人的爱藏在哪里”这一话题作为切入点，引导学生在生活中、细节里发现家人的爱，同时试着去理解家人的“严爱”。“相亲相爱一家人”这个话题的目的在于引导学生发现生活中家人之间的爱，感受爱是家人间最基本的情感，是家庭和谐的稳定剂。“让家人感受到我的爱”这个话题意在引导学生学会表达对家人的爱。

◆课堂实践

一、情景表演引入，揭示主题

1. 同学们，今天在上课之前，老师想请一位同学陪这个小娃娃散一会儿步，请问谁愿意啊？（学生弯腰陪小娃娃散步，体会家人陪伴成长的辛苦。）

2. 请一位同学来说一说陪小娃娃散步的感受好吗？（辛苦、很累。）

3. 在我们小的时候，我们的家人就是这样辛苦地教我们走路、陪伴我们成长的。你的第一声啼哭，第一次牙牙学语，你所有手舞足蹈的语言只有父母能懂。父亲是你的阳光，母亲是你的月亮，你是父母的希望。天上的云彩是父亲无微不至的呵护，夜里的星星是母亲无微不至的关爱，你安静的睡眠是父母最大的安慰。父爱如山，母爱如水，家人的爱让我们幸福快乐地成长。（出示课题：家人的爱。）

4. 请同学们翻开书第 38 页，观察图片说一说家人的爱藏在哪里呢？

5. 刚才说的是书中的小朋友们家人的爱，老师也找来了咱们班同学和家人在一起的照片，我们每天都和我们最爱的家人在一起，同学们想一想，你从哪些行为或细节中体会到家人对你的爱呢？一个同学说一个例子或一件事情。

预设：家人每天上学都接送我、家人为我梳头发、生病时照顾我、名字里饱含的爱（提前让孩子了解自己名字的由来）。

教师适时评语、适时引导：不在身边的家人对自己的爱。

老师总结：同学们说得真棒！看来你们每一天都在用心和家人生活！你们都有一双发现爱

的眼睛和一颗感受爱的心。

6. 课件展示书上第39页图片，想一想家人对我们爱的背后，又会有一些什么困难呢？

预设：生1：冬天寒风中、夏天艳阳高照，家长在外面等我们。（环境因素）

生2：妈妈生着病还帮一家人做饭、做家务。（身体因素）

生3：为了照顾我、接送我，不能上班。（时间因素）

妈妈忙着做家务是对我们的爱，爸爸辛勤工作是对我们的爱。母爱细腻，时刻围绕在我们身边；父爱深沉，需要我们用心感受！

7. 老师也请同学们的家长录了视频对你们讲述了他们想对你说的话，让我们一起来看一看、听一听吧！（学生观看视频，体会家人的爱。）

二、相亲相爱的一家人

1. 除了家人对你的爱，老师相信在日常生活中，你也一定非常爱你的家人，作为一家人你们是怎么样互相关爱的呢？

学生发言，说一说家人之间是怎么互相关爱的。

2. 总结：都说父爱如山、母爱如河。父母的爱贯穿我们的生活，我们也应该付出我们的爱，让我们的家人更加幸福。

三、亲情大通关

课件出示书中第41页图片，考一考同学们能够顺利通关吗？

面对以上问题，你会怎么办？

除了父母对子女无私的爱，还有其他家人、长辈对我们深厚的感情。

师：其实我们背诵的《弟子规》中就已经告诉我们了：出必告，反必面。（出门要告诉父母一声，回来也要通报一声，以免父母挂念。）想一想《弟子规》中还有没有体现孝敬父母家人的？例如：父母呼，应勿缓；父母命，行勿懒。（父母叫我们，不可以慢吞吞的；父母交代的事情，要勤快认真，不可以懒惰懈怠。）父母教，须敬听；父母责，须顺承。（父母有所教导，要恭敬听取；父母有所责备，也要承担接纳。）身有伤，贻亲忧。（如果身体有所不适或受到损伤，就会让父母为我们担忧。）

师总结：《弟子规》我们不仅要会背，还要明白它的意思，更重要的是落实到行动上，真正地为父母做一些事。

四、感恩在行动——我对家人的爱

1. 家人那么爱我们、爱家庭，那我们能为他们做些什么呢？

相信大家一定会有很多话想对自己的家人们诉说，让我们一起在爱心便笺上写出一句你最想跟家人说的话吧！（提前发放爱心便笺，学生准备画笔。）

2. 黑板上提前贴好心形教具，播放《我有一个家》，学生以小组为单位粘贴自己的爱心便笺。

总结：老师也希望，回到家你可以把今天写的话告诉自己的家人，向他们说出自己对他们的爱。

3. 师导语引入：同学们知道父母的生日是几月几日吗？

预设：大多数的孩子都不知道家人的生日。

师提问：那自己的生日呢？（估计孩子们都会应声回答。）

家人是怎么给你过生日的呢？

引导出：记住家人的生日也是一种爱。

师：那在家人生日那天你打算怎么做呢？

预设：给家人画一个蛋糕、对家人说生日快乐、亲家人一下、帮助家人做家务。（出示：记生日，做小事。）

五、全班集体带动作演唱《让爱住我家》

从出生到现在，有了家人的爱我们才能如此幸福快乐地成长，无论是过去、现在还是将来，爱都是永恒不变的。爱就大声说出来，请我们一起唱出心中对家人的爱吧！

我们的家人会老去，老师希望你们可以像家人爱你一样去爱他们，家人之间需要的是“陪伴”（粘贴心形字卡）。

最后让我们对家人飞吻，并大声说：谢谢你们让我如此幸福快乐地成长。

六、课后实践，学会感恩

回家后调查一下家人的生日。

爸爸的生日__月__日。

妈妈的生日__月__日。

◆**反思**：通过本课的教学，让学生能够更加深刻地理解家人对自己的爱是无微不至的，同时也帮助孩子们认识到了我们应该同样爱我们的家人，做一些力所能及的事情来回报家人。另外，也让学生们从生活的各个方面体会到家人的爱无处不在，无时不在，感激父母长辈付出的辛劳和爱。知道家人的爱有多种形式，家人对自己的疼爱和严爱都是爱。

◆**点评：**本教学设计深入浅出，从生活中的小细节入手，让学生陪小娃娃散步，从而体会到家人在陪伴我们成长的过程中是很不容易的，这样孩子就可以更加直观地感受到家人的辛苦。通过搜集学生和家长在日常生活中的照片，让学生们更加有参与感，感受到自己是课堂的主人。家人对孩子想说的话，教师也通过视频的方式呈现在课堂中，孩子们也有了更加深刻的印象。

爱心便笺环节是本节课的一个亮点，用小小的爱心便笺让孩子们把想说的话写出来，一节课学完后，孩子们感受良多，这正是一个练习表达的好时机，孩子也愿意通过这种形式写出对家人说的话。课堂的最后，一首《让爱住我家》让课程在歌声中结束，孩子们不仅仅是用语言、文字表达出了对家人的爱，更是用动听的歌声、优美的动作表现了对家人的爱。

上学路上

成都市龙泉驿区向阳桥小学　孙世佳

《上学路上》是《道德与法治》部编版一年级上册第一单元第4课的内容。《课程标准》对于新入学学生的安全意识培养有明确的要求。因此，本课编写意图侧重安全教育。教材根据《课程标准》“健康、安全地生活”第9条“认识常见的交通标志和安全标志，遵守交通规则。不到危险的地方去玩，避免意外伤害”而编写。

《上学路上》除了安全教育外，还蕴含着丰富的教育资源。一年级的学生普遍由家长接送，日复一日的经历，相同的道路，演绎着不同的故事。结合课本教材上的绘图故事，“路上的温暖”：雨天姥姥送外孙女上学。交警叔叔在斑马线前守护孩子们的安全出行；姐姐带小弟弟上学；“不同的上学路”：有的步行上学，有的乘车上学，上学路上有河流、桥梁、工地……

笔者充分挖掘上学路上的教育资源，进行拓展思考。第一课时完成课标教学任务，进行安全教育；第二课时结合“社会主义核心价值观”要求，进行积极挖掘与发现，创新拓展教学内容，渗透感恩教育，引导学生观察上学路上的感人瞬间，懂得珍惜来自家人和社会的关爱，珍惜自己上学的机会。

◆课堂实践

结合“社会主义核心价值观”，创新拓展感恩教育，教学片段设计。

一、说说上学路上的温暖

1. 提前一周布置观察任务：对未来一周上学路上发生的事情有意识地做记录。引导学生重点持续观察以下几类人身上发生的故事：送自己上学的爸爸妈妈或爷爷奶奶、上学路上的环卫工人、上学路上早餐铺里的食客和老板、上学路上学校马路对面早市上卖菜的菜农、路口的交警、每天值守在校门口的校医保安等，特别引导学生注意观察一些极小甚至琐碎的事件细节。

2. 由于一年级学生书写能力有限，因此鼓励学生用图画、录音、视频等方式进行记录。

3. 邀请部分热心家长拍摄小视频《宝贝，我想对你说》。

4. 正式上课，学生分享前教师举例引导，教师配图、配乐讲述雨天爷爷送“我”上学的绘本故事。

5. 学生展示自己这一周对于上学路上细节故事的记录（图画、录音、视频），教师在学生已有体验的基础上，再帮助学生加深对已有经验的理解，感知上学路上的温暖，学会感恩。

6. 惊喜环节：在学生不知情的情况下，播放由爸爸妈妈亲情演绎的小短片《宝贝，我想对你说》，铭记家人的关心爱护。

二、不同的上学路

播放央视纪录片《翻山涉水上学路》片段截取合集视频：从肯尼亚到尼泊尔、从俄罗斯西伯利亚到秘鲁，见证了世界各地的偏僻乡村的孩子克服艰险万分的上学路。这些小同学每天必须面对危机密布的草原或山区、毒蛇猛兽的威胁或身体上的障碍，花上三四个小时的路程赶赴学校，然而再大的困难和挑战，都无法阻止他们上学的渴望。如此坎坷的求学过程，就是一场象征决心的成年礼，对教育的极度渴望帮助他们克服所有障碍，让人从中见识到强大动人、震撼人心的人性精神！

通过视频，教育学生：只有知识才能改变自己的人生，请珍惜今天美好的学习生活，珍惜家人的爱。

◆反思：

一、深度挖掘与发现丰富教学资源

笔者对于本课教学内容进行深度挖掘与发现，对教材进行创造性的取舍、补充与整合，灵活地运用教材，充分开发上学路上的教育资源，在课标要求的“安全教育”基础上，结合“社会主义核心价值观”要求，创新拓展感恩教育。

二、真实的道德生活就是德育课程的资源

回归生活的道德教育所回归的应是学生真实而非虚妄的道德生活。本课教学中，笔者引导学生回归、观察自己真实的生活，并且特别关注一些生活细节，引导学生从中自主地发现真善美，自然地流露出对身边人、身边事的亲近与理解，唤起真情实感。

三、“身临其境”，记录生活

上学路上的事，日复一日，最普遍，也最容易被忽略。感知上学路上的温暖，笔者放弃“隔岸观火”的教学方法，即纯看视频、图片进行教学，虽然说的都是真实的事，但都是别人的事，学生讨论时说得头头是道，但却容易成为“语言的巨人、行动的矮子”。真正的道德之教、生活之教，只有亲身经历和体验才刻骨铭心、终生难忘，因此让学生真正参与到“观察上学路”的活动中去，并要求真实记录：视频、绘画、录音……是记录生活最便捷但也是最真实的方法。

四、家校共育，坚持一致

将德育感恩教育付诸实践，不仅仅是道法课堂的内容，家庭、学校、社会也有责任。因此在设计本课活动时，邀请家长一起参与。教师建构活动框架，对上学路上特定观察人群进行范围引导后，家长有意识地在上学路上陪伴学生一同观察，并用电子设备记录等。并且，邀请热心家长参与《宝贝，我想对你说》的小视频拍摄，加深学生体验。

五、兼顾趣味性、实践性、思想性

活动式的课堂，如果一味地让学生展示分享记录成果，用一种方式教学，一年级的学生注意力会被快速分散。因此在教学中，除了学生展示分享环节外，还加入教师绘本故事配乐讲述环节、励志纪录片播放环节等多种多样的教学方式。

◆**点评：**（学生课堂分享片段实录）

女生A：一幅图画记录。画上是她的奶奶，奶奶灿烂的笑脸。

小A说，每天都是奶奶送她上学，以前她总觉得奶奶走得很慢，会拖累她，使她上学迟到，因此她总是快快地跑在前面。一周的“上学路上”观察任务，沉下心来仔细观察后，她发现奶奶走路时有一条腿总是像拖着走一样，膝盖不怎么会弯曲。问了奶奶才知道，原来奶奶有一条腿一直不好，每天都很疼，送她上学的时候疼、在家里做饭的时候也疼……

小A在讲述画上的奶奶时，讲到后面已经落泪了，她说以前都没好好关心过奶奶，总觉得她动作慢，磨磨蹭蹭，耽误时间，这次经过认真观察，才知道奶奶的腿很不好，觉得自己以前的行为很不对。她说现在放学回家都要给奶奶揉揉腿，希望奶奶能像她画上的一样每天开心地笑。

女生B：连环画，路口的交警叔叔。

小B画的是一幅分格连环画，画上的交警叔叔分别在大太阳下指挥交通、在下雨天里穿雨衣指挥交通，小B上学的时候交警叔叔在指挥交通、放学的时候交警叔叔还在路口指挥交通。

小B说，她家住在一个商业区附近，每天上下班时路口的车都很多、很堵。路口交警叔叔的身影不是在这一周观察任务中她才发现的，是每天路过路口的时候妈妈就提醒她观察过的。恰巧这周的上学路上有记录任务，她想到了那个叔叔，就画了下来。

我爱家乡山和水（一）

宁夏吴忠市利通街第一小学　赵　阳

思想政治理论课是落实立德树人根本任务的关键课程，是培养一代又一代社会主义建设者和接班人的重要保障。青少年阶段是人生的“拔节孕穗期”，最需要精心引导和栽培，所以思政课的作用不可替代，思政课教师队伍责任重大。故此我结合习近平中国特色社会主义思想进教材，进课堂，进师生头脑，设计了一堂道德与法治课。

《我爱家乡山和水》是义务教育教科书部编版小学《道德与法治》二年级上册第四单元的第 1 课。本单元的学习内容以家乡的地理景观和人文景观为背景，让学生通过观察、调查、搜集资料等方式来了解、赞美家乡的风景名胜、自然资源和文化生活，从而激发学生热爱家乡的感情和乐于为家乡作贡献的社会责任感。

在本课的设计上，我遵循《道德与法治》课程的生活性、开放性、活动性的原则，通过创设生活中有趣的活动情况，捕捉鲜活的内容，引导学生在互动、交流的体验中爱上家乡的山和水。

◆教学实践

为了能很好地达到教学目标，我将本节课的教学分为四个板块来进行：听歌引题，烘托活动氛围；寻找家乡的位置；发现家乡的美景；讲述家乡的故事。

一、课前导入

通过歌曲《我的吴忠我的梦》提问：歌曲唱的是哪里？介绍了哪些地方？引出我们把从小生活的地方称为家乡，导入主题。

二、活动一：寻找家乡的位置

（一）找一找

首先提问学生知道吴忠在哪个省或者自治区吗？并让学生在中国地图中找到宁夏回族自治区。其次让学生在宁夏回族自治区地图中找到吴忠，问问同学们觉得吴忠的地图像一只什么动物？引发学生的想象，使学生对于吴忠地形有更深刻的印象。指名说说在这幅地图上你发现了什么？引导学生了解吴忠管辖的市、县、乡，以及境内的山川河流，让学生进一步了解吴忠的地理环境。

在这里潜移默化地融入了习近平总书记提出的，要热爱自己的家乡，首先要了解家乡。深厚的感情必须以深刻的认识做基础。唯有对家乡知之甚深，才能爱之愈切的教导。在“走进”家乡之前“走近”家乡。

（二）说一说

找到了家乡之后，让学生说说书中小朋友他们的家乡在哪里，引导学生了解我们的祖国国土非常辽阔，不同的地方就有不一样的美景。然后让学生按照插图中的话来说说自己的家乡在哪里，进一步明确家乡的定义，就是我们从小生活的地方。

三、活动二：发现家乡的美景

（一）标志性建筑及名胜古迹

首先让同学们看看书中小朋友们的家乡都美在哪，了解标志性建筑物和名胜古迹的意思，其次说说我们的家乡吴忠有哪些标志性建筑和名胜古迹。通过课前资料的收集，学生以视频、照片、图画的形式为我们详细地进行了介绍。

在这一过程中也了解了家乡悠久的历史与文化，习总书记指出，更好地构筑中国精神，必须深入开展发展中国特色社会主义文化的广阔实践。而中国特色社会主义文化源自中华优秀传统文化，让学生对于家乡充满自豪感，这便是文化自信的体现。

（二）身边的美景

通过书中小朋友的话，引导学生说一说自己的周围有哪些家乡的美景，以两组图片的对比让学生感受到家乡日新月异的变化，借此说说看到家乡变化后的心情，长大后又想为家乡做什么。

引导学生知道我们要爱家乡，也就是热爱自己生活的地方，只有热爱家乡才能热爱祖国，所以爱家乡就是爱家的延伸，爱国的前提。这些都是把自己的理想同祖国的前途、把自己的人生同民族的命运紧密联系在一起，立志扎根人民，奉献国家。

四、活动三：家乡的故事

（一）故事分享会

让同学们四人一小组，根据课前下发的故事收集表把收集到的故事进行交流。然后根据书中傣家竹楼的传说，引出什么是传说，然后说一说我们的家乡有哪些传说，请同学上台交流。接下来让学生说说吴忠还有哪些故事。学生通过家乡的传说、历史的由来了解中华民族历史。润物细无声地增强了学生的民族自豪感和文化自信心，在传播“悠久文明”与“多彩文化”中加强文化认同感。

（二）以诗传情

师生同诵诗歌《我的家乡》，共同表达对于家乡的爱。最后通过“我的家乡，我爱你”这句齐诵，使学生热爱家乡的情感达到高潮。

◆**反思：**通过这堂道德与法治课，孩子们从了解家乡位置，知道家乡的标志性建筑和名胜古迹，到喜爱家乡的山和水，最后升华至热爱我们的祖国，一系列活动使孩子们爱家乡、爱祖国的感情油然而生。在上课的过程中，我深切感受到习近平新时代中国特色社会主义思想进师生头脑是最为重要的一步，由于二年级学生年龄小，观察能力较弱，对家乡感情、体验不够，所以如何培养其热爱家乡的情感，就要从学生的身边事物展开，为他们营造熟悉的情境，如：在讲述有关家乡的故事时，我引导孩子想想身边的事情，无论是邻居阿姨还是小区的健身器材，或是街边的一草一木。使学生从每天都看见、十分熟悉的人事物之中感受到我们身处家乡所感受到的一份眷恋、一份喜爱、一份欢乐。

综观整堂道德与法治课，从孩子们看到家乡美景的惊呼，到他们对于家乡故事的讲述，乃至最后饱含深情的朗诵，无不体现出孩子们对于家乡的爱，而这份爱也一定会植根于每个孩子的心灵，并生根发芽，开花结果，结出一颗满怀热爱的赤子之心。

◆**点评：**本篇文章以教学设计为主，从寻找家乡位置、发现家乡美景、讲述家乡故事等活动，引导学生感受对于家乡的热爱之情，并对于如何潜移默化、润物无声地使习近平新时代中国特色社会主义思想融入道德与法治课堂进行了详细的论述。

其中还阐述了如何通过多媒体课件、图画、照片、歌曲、故事等对学生进行情感熏陶，引导学生感受家乡的美景，了解家乡的故事，体验家乡愉快的生活，展现了课堂教学形式的多样化。对“习近平中国特色社会主义思想进教材，进课堂，进师生头脑”背景下的道德与法治课堂有一定的借鉴意义。

我爱家乡山和水（二）

北京市东城区西中街小学　滕　腾

《道德与法治》这门学科对培养学生爱国主义情感具有义不容辞的责任，对学生价值观、各种情感等多方面的培养以及日后的发展都起着重要的作用。教师在设计教学内容、形式上必须树立以学生为本的教学观念，有效地调动学生日常学习的积极性和主动性，培养学生的家国情怀和爱国主义情感。要想充分挖掘思想品德教育资源，必须从学生学习及生活实践入手，从学生关心、了解的问题入手，用事实说话，采用通俗易懂的语言加深学生对家国情怀的理解。

◆教材分析

《我爱家乡山和水》是部编版《道德与法治》二年级上册第四单元“我们生活的地方”的第1课。本单元的学习内容以家乡的地理景观和人文景观为背景，让学生通过观察、调查、搜集资料等方式来了解、赞美家乡的风景名胜、自然资源、文化生活，进一步扩大学生的生活空间。借助多样活动发现家乡自然、人文的美，了解家乡的故事，并通过这些生活化的设计，激发学生热爱家乡的感情和乐于为家乡作贡献的社会责任感。

二年级的孩子对自己生长、生活的地方是熟悉的、是亲切的，与一年级相比，他们参加的集体活动、接触的人更多，对周围的事物有更多的兴趣。但是对“家乡”没有形成具体的概念，对家乡自然环境的美的感受不深，更缺乏对家乡人文景观的了解。在课前和课上学生通过观察、调查、搜集资料等方式来了解、赞美家乡的风景名胜、自然资源和文化生活，在感受家乡的山美、水美、物美的同时，激发学生热爱家乡的感情和乐于为家乡作贡献的社会责任感。

◆课堂实践

一、整体设计

二年级学生经过了近一年半的小学生活，在各方面都有了进步。与一年级相比，他们参加的集体活动、接触的人更多，对周围的事物有更多的兴趣，越来越多地接触到了家庭、学校之外的地方，因而培养他们对自己所在家乡的情感是进行爱国主义、集体主义教育的重要基础。但是，二年级的学生毕竟年龄还小，好动、自制力较差，教学应尽可能地趣味化，宜以活动和游戏为主。因此，在本课的设计中，教师紧扣低年级道德与法治课程的生活性、开放性、活动性的原则，在充分考虑学生生活实际的基础上，广泛挖掘课内外的可用资源，通过创设生活中有趣的活动情境，捕捉鲜活的内容，引导学生在互动、交流的体验中爱上家乡的山和水。

二、特色环节

本节课在新授环节中的“逛一逛，我的家乡”活动里，创设了现场导游的环节。课前学生们分成小组，进行调查研究或者实地探访，并将课前调查整理为一段导游解说词。在小组搜集资料的过程中，为了避免各个小组之间内容雷同，教师先对学生进行了调查和访谈，确定每个小组查找资料和实地探访的大方向与内容。例如，有的小组非常想介绍天安门，教师协助他们搜寻天安门过去和现在的作用与意义，并简单引申到北京历史；有的小组想介绍北京周边好玩的地方，教师则帮助他们将所找到的地点标记在地图上；还有的小组想介绍具有特点的名胜古迹和名人故居，教师则鼓励他们一定要自己去看一看。

学生在扮演小导游的过程中虽然时间不长，每组的介绍内容都比较浅显。但从孩子的角度去理解家乡的山和水，所使用的语言直白、简单，更能让听的同学感到认同和产生共鸣。在“小导游”们介绍完后，还设立了“游客”提问环节，学生的问题五花八门，“小导游”们大多都能对答如流，偶尔有超出学生调查范围的问题，则作为课后延伸思考，让学生自主查找资料寻求答案。

◆反思：

一、课前实践，充分探究

改变学生的学习方式，使其由被动地接受学习转变为主动地探究学习，是新课程改革的重点之一。虽然现在信息发达，关于家乡有特色的地方，很多图片、文字等介绍都可以在网络上进行寻找。但在网络上找到的资料不如实地去看一看、走一走有“温度”。所以教师课前鼓励学生先在网络上进行初步了解，然后到实地去参观、了解当地的特点，到超市商店去了解家乡特产，还可以向专家或家长询问相关资料。

通过课前让学生自主探究，将课内的活动延伸到课外丰富有趣的实际生活中，初步培养了学生的探究能力，并在教师的指导下，对自己所找的资料进行整理并使用。

二、现场导游，趣味课堂

在“逛一逛，我的家乡”环节中，课上通过随机选定旅游路线，听各组小导游进行讲解，还能够对小导游进行提问、互动。在课堂上创设了一个生动有趣的旅游场景进行教学，这样的教学情境，密切联系学生的生活实际，将静态的教学内容转化为动态的，还配上音响效果，充分利用了声画结合的优势，找准了学生的兴奋点，符合儿童的欣赏心理，突破了时空的界限，扩大了教学空间，活跃了课堂气氛。

在“逛一逛”的过程中，每个小组既是引导者，又是参与者。各种角色参与学习、尽情体验，使学生无论从角色上还是形式上都感到非常新鲜，从而充分调动了学生学习的积极性和主动性，课堂教学收到了良好效果。

◆**点评**：活动是教与学的中介，在课程实施中，教师重视指导学生活动，让更多学生通过实际参与活动，动手动脑，构建知识框架，形成内化的道德品质。让学生充分谈论家乡，对爱家乡是爱家的延伸、爱国的前提有所理解。但爱家乡教育绝不是空洞的，需要与学生的生活相结合，需要帮助学生获得对家乡积极愉悦的情感体验。“走近”家乡才能逐渐“走进”家乡，这就需要引导学生发现家乡自然环境的美，引导学生走进自己生活的地方，在日常的景物中发现美、欣赏美，感受一草一木与自己的关系；学会关注、关心自己生活的地方，并逐渐喜爱、热爱家乡，从心底自然升腾起对家乡的爱。

欢欢喜喜庆国庆（一）

北京印刷学院附属小学　李　丽

《欢欢喜喜庆国庆》是二年级第一单元中的第3课，主要任务是引导学生能全方位地了解自己的祖国，懂得国庆节的含义和由来，对革命先烈满怀感激与敬意，尊敬努力建设国家的各行各业的劳动者，进而增进自己学习的内在动力。并引导学生从细节做起，珍爱国旗、国徽，会唱国歌，懂得基本的礼仪，做到行为文明。

让学生在教师的引导下，从活动中感受、体验国庆的欢乐气氛和作为中国人的自豪感，激发对祖国的热爱之情。

◆教学过程

一、歌曲导入

1. 多媒体播放歌曲《今天是你的生日》。

2. 谈话引题：我们祖国的生日是哪一天啊？（生回答。）

师：没错，就是10月1日！每个人都有自己的生日，当生日来临的时候，家人都会给他庆祝。祖国也有自己的生日，在那一天，全国各族人民和全世界的华人同胞都会为祖国母亲庆祝生日。所以这一天被称为“国庆节”。他们是怎么做的？我们又该怎样庆祝这个节日呢？

二、活动学习新知

（一）中华人民共和国的生日

活动一：国庆节的由来

1. 观看视频：10月1日是我国的国庆节。国庆节是怎么来的呢？我们一起来看一看，并请同学们边看边想，是谁，在什么地方升起了第一面五星红旗？

（播放视频：《开国大典》片段。）

2. 提问：看了刚才的录像，谁说说是谁，在什么地方升起了第一面五星红旗？

3. 提问：这面五星红旗的升起代表了什么，你听到毛泽东主席在天安门城楼上宣布了什么？

4. 小结：1949年10月1日这一天，整个中华大地沸腾了，整个世界都震动了！毛泽东主席在北京天安门城楼亲手升起了第一面五星红旗，并向全世界庄严宣布：中华人民共和国成立了！从此，每年的10月1日，就成为全国各族人民隆重欢庆的节日了。10月1日就是我国的国庆节。

5. 拓展：算一算今年是国庆多少周年？

活动二：中华人民共和国的故事

师："故事擂台"。

（学生接）"绝对精彩"。

师：欢迎各小队来到"故事擂台"。（大屏幕播放一段革命题材的故事片）隆隆的炮声，把我们带入烽火连天的年代，今天，我们将在同学们的故事中，穿越时空，走进英雄，感受英雄。下面有请各队闪亮登场……

1.《抗日英雄张六子》。

2.《生的伟大，死的光荣——刘胡兰》。

3.《小英雄雨来》。

师：这里讲述着一个个可歌可泣的故事，这里回响着一首首英雄的赞歌。为了中华人民共和国的成立，为了人民的幸福，他们前仆后继，浴血奋战！观看了这些英雄故事，大家一定是体会多多，感受多多，下面请同学来说说自己的心里话。（指定2~3名学生回答。）

师小结：中华人民共和国来之不易啊！9月30日是中国烈士纪念日，在那一天里，我们要特别向为中华人民共和国献身的英雄们表达崇敬与怀念之情。

活动三：祖国的象征

1. 出示国旗图片。

（1）师问：这是什么？国旗是什么颜色的？上面有什么呢？你知道红色代表什么吗？一颗大星代表什么？四颗小星代表什么？（孩子回答不出的，师讲述。）

五星红旗是红色的，红色象征革命，是用无数英雄战士的鲜血和生命换来的，五颗黄色的五角星象征着全国各族人民紧紧团结在中国共产党的周围（课件演示）。

（2）我这里有一面红旗，你们能把五颗星贴上去吗？使这面红旗变成国旗（生贴星）。

（3）小朋友们，你们看我们的国旗美丽吗？那我们就用歌声来赞美国旗吧！（齐唱：《国旗，国旗真美丽》。）

（4）请小朋友们想一想：国旗在什么地方升起？你还在哪里见过它？

（5）小结：五星红旗是我国的国旗，是祖国的标志，每当升旗的时候我们应怎么做呢？

2. 放录音《国歌》。

在升旗时还会放一首歌曲，你们知道是什么歌吗？国歌也是我们国家的标志，你还在什么地方什么时候听到播放国歌吗？

3. 演练"升国旗"。

告诉孩子们：我们要面向国旗，肃立致敬。

4. 老师这还有一个祖国的标志，出示国徽图片。

（1）师问：你们知道这是什么吗？观察国徽是什么样的。

（2）师讲述：国徽中间是五星照耀下的天安门，象征着我们伟大的祖国，周围是稻穗和齿轮，稻穗象征着农民，齿轮象征着工人。国徽也代表着中国共产党领导下的全国人民大团结。

（3）你在哪见过国徽？师出示一元硬币，两人一枚。

（4）课下请学生观察、搜集，看看什么地方还有国徽？

5. 小结：国旗、国徽、国歌，都是祖国的标志象征。我们人人都要尊重国旗、国徽、国歌。

活动四：这时应该怎么办

1. 情景一：星期一的早上小亮上学迟到了，同学们都立正站好注视着国旗的升起。这时小亮急急忙忙跑来了，他应该怎么办？

出示做法：小亮马上原地立正，向国旗行注目礼。

2. 情景二：小红在外面参加活动时收到了一面小国旗，可活动结束了，小国旗该怎么办呢？

出示做法：小红把小国旗带回了家，小心地放在了自己的书桌前。

3. 情景三：小兰要把人民币做成工艺品，这时小丽看见了，她该怎么办？

出示做法：小丽立马阻止了小兰，并且告诉她人民币也是国家的标志之一，不能随意破坏。

4. 小结：国旗、人民币等，它们都是祖国的象征和标志，我们要自觉尊重和爱护，我们要为生在这个伟大的祖国而感到骄傲和自豪。

（二）庆祝我们共同的节日

活动五：世界各地的人怎么庆祝国庆节

10 月 1 日这一天，人们用各种不同的形式庆贺祖国母亲的生日。

1. 大家欢聚在天安门前，天安门前还布置了图案精美的花坛。

2. 人们在大门口挂上了国旗，举行庆国庆文艺演出。

3. 海外同胞心系祖国，他们也在各地庆祝国庆节，向我们的祖国表示祝贺！

4. 从田野到山林，从蓝天到大海，从首都北京到天涯海角，到处都沉浸在欢乐之中！

5. 小结：国庆节是我们共同的节日，大家都为自己是中国人感到骄傲和自豪！

活动六：身边的人怎样庆祝国庆节

1. 指导学生看课本第 13 页，看所展示的图片中是怎样庆祝国庆节的？然后说一说。

2. 师小结：

（1）医生：留守病房，关爱病人，呵护祖国人民的身体健康。

（2）解放军战士：驻守边关，保卫祖国疆土。

（3）建筑工人：认真施工，为祖国建设添砖加瓦。

（4）农民：辛勤劳作，生产人民必需的粮食。

（5）其他工作人员：坚守岗位，为人民服务。

3. 小调查：调查身边的人准备怎样庆祝国庆节，填写下表。

被调查的人	工作	工作内容	国庆准备

小结：不同工作岗位上的人都在共同建设我们的国家，这是他们庆祝国庆节的方式。

活动七：我们庆国庆

1. 提问：今年的国庆节就快到了，我们在日历上查一查，看看离国庆节还有多少天？

2. 提问：作为祖国妈妈的孩子，我们可以用什么形式庆祝国庆节？

3. 小组活动：分组商量庆国庆的打算。鼓励学生用唱、跳、画、做手工等多种形式庆祝国庆节。

4. 学生准备，教师指导。将有同样打算的学生组合在一起，互相合作。

5. 师生交流对话。

（1）说一句祝福祖国妈妈的话。

（2）表演节目。

（3）绘画、制作。

（4）其他。

三、总结升华

今天，同学们了解到了很多关于国庆节的知识，大家还准备用自己最喜欢的方式庆祝祖国妈妈的生日。同学们，让我们唱起来，跳起来，尽情表达对祖国妈妈的热爱吧！

（多媒体播放歌曲《国家》，学生齐唱。）

◆**点评：**这节课设计得非常有效果。红歌贯穿始终，体验贯穿始终，活动贯穿始终，主题贯穿始终。层层强化“国庆节是我们共同的节日”这一中心，让每一个参与者都为自己是中国人感到骄傲和自豪！

欢欢喜喜庆国庆（二）

宁夏吴忠市利通街第一小学　王韶慧

本课旨在引导学生认识我国的重要节日——国家意义上的“国庆节”，引导学生理解国庆节的历史与文化意义，以文化之光点亮学生的生活世界，培养学生的国家意识、家国情怀、爱国情感，为学生树立正确的世界观、人生观、价值观打下基础。本课由四部分组成：“新中国的生日”“认识国旗国歌国徽”“庆祝我们共同的节日”“调查身边的劳动者”。

爱国主义教育比较抽象，它与学生的日常生活和认知水平有一定的距离，因而，对二年级的学生来说，爱祖国、爱人民很容易成为空洞的口号。要让爱祖国、爱人民转化为实实在在的日常生活中的行为，我们通过感受“开国大典”的隆重、热烈，引导学生明白中华人民共和国的成立来之不易，感恩崇敬先烈；还通过一些具体的学习活动的展开，如认认国旗、找找国徽、学学升旗礼仪、观看《阅兵式》等，引导学生认识和理解国家象征的神圣，进一步激发学生的家国情怀以及对祖国的热爱，同时引导学生创新地用自己的方式表达对祖国的热爱。

通过教学，使学生清楚地了解国庆节的来历，感受“开国大典”的隆重与庄严，了解中华人民共和国的成立来之不易，激发学生的国家意识、家国情怀、爱国情怀。

引导学生初步认识国家的象征——国旗、国歌、国徽，理解这些标志的神圣性和崇高性，懂得尊重国旗、国徽、国歌，并在日常行为上有所体现。

◆教学过程

一、导入新课（2 分钟）

1. 歌曲导入《今天是你的生日》，孩子们这首歌是唱给谁的呀？那你们知道祖国的生日是哪一天吗？

2. 师：对，10 月 1 日是我们伟大祖国的生日，所以也被定为了一个特殊的节日，全中国的人民都会放 7 天长假为她庆祝，你知道是什么节日吗？（国庆节）

3. 回答正确，今天就让我们一起走进祖国，了解祖国，走进国庆节，欢欢喜喜庆国庆吧。（板书）

4. 齐读课题《欢欢喜喜庆国庆》。

【设计意图】运用歌曲导入，激发学生的学习兴趣，创设良好的氛围，使学生受到情感熏陶，自然切入主题：祖国的生日（10 月 1 日）。

二、学习探究

活动一：国庆由来，我知道

1. 我们中国的全称是什么？（中华人民共和国，简称：中国。）

2. 大屏幕出示地图：这是什么？请大家仔细观察，地图上的中国像什么？（没错，它像一只昂首挺立的雄鸡，屹立在世界的东方。）

3. 这样伟大的祖国，它的生日是什么时候？（10 月 1 日。）

4. 让咱们在日历上找到这伟大的一天吧，请同学们在平板上圈出来。

5. 亲爱的同学们，每到这一天，全国各地一片沸腾，人们都会以各种不同的方式来庆祝祖国母亲的生日。要知道，这一切真的来之不易！中华人民共和国的成立经历了血雨腥风，其中数以万计的中华儿女为此付出了宝贵的生命，于是在革命过程中充满了许许多多可歌可泣的故事。课前老师布置大家进行了搜集，下面请同学们在小组内分享你搜集到的革命英雄故事，一会儿我们请代表分享给全班同学。

6. 你们搜集的故事都非常感人，像这样的英雄人物还有很多，老师也搜集了一些（出示图片）：有英勇跳崖的狼牙山五壮士，有抗联名将杨靖宇，有甘将热血沃中华的赵一曼，有坚贞不屈的江姐。了解了这些英雄人物的故事后，你想对他们说点什么呢？

7. 中华人民共和国来之不易！为了纪念这些英雄们，国家把 9 月 30 日定为了中国烈士纪念日，在这一天全国各地都会举行隆重的纪念活动，向为中华人民共和国献身的英雄们表达崇敬和怀念之情。

8. 作为小学生的我们可以用哪些方式向烈士们表达崇敬与怀念之情呢？（去烈士园林献花、扫墓、办一份致敬烈士的手抄报、去烈士纪念馆参观、学校会开展烈士纪念日的主题班会。）

9. 正是因为这些烈士不怕牺牲地付出，才有了中华人民共和国的成立，谁知道咱们中华人民共和国成立的具体时间？出示图片：在 1949 年 10 月 1 日 30 万人民群众齐聚天安门广场，举行了隆重的开国大典，毛泽东主席在天安门城楼上向全世界庄严宣告：中华人民共和国中央人民政府今天成立了。要知道，这一天是我们中国历史上最伟大的一天，中国人民推翻了反动派，赶走了侵略者，告别了 100 多年来被压迫、被奴役的屈辱历史，真正成了当家做主的主人，中国人民从此站起来了。亲爱的同学们，你们想不想跟随老师一起看看 1949 年 10 月 1 日开国大典的盛况呢？请看大屏幕（播放开国大典）。

10. 中华人民共和国来之不易，看完这样感人、这样震撼的开国大典，谁来说说你的感受？

11. 所以说 10 月 1 日是全国人民庆祝共和国成立的日子，被称为（板书：国庆节）。

12. 亲爱的同学们，让我们铭记英雄，不忘历史，明白中华人民共和国的来之不易，从而珍惜我们现在的生活。

【设计意图】课前让学生搜集革命英雄的故事，课堂上进行交流分享，明白革命先烈为中华人民共和国建立作出的贡献以及中华人民共和国的来之不易，唤起学生对英雄先烈们的怀念与崇敬之情，引导学生对革命先烈说些心里话，用自己的方式缅怀先烈，激发学生的爱国情怀，落实创新素养。《开国大典》的视频将全中国人民激动人心的历史时刻呈现在学生的眼前，通过前面革命先烈故事学习的铺垫，进一步使学生深切地感受到这来之不易的胜利，从而珍惜现在的生活。

活动二：祖国象征我会认

1. 认识国旗。

（1）说到中华民族，脑海里第一个出现的就是国旗。你们认识我们的国旗吗？（出示图片，让学生在平板上选国旗。）

（2）是的，这是我们的国旗，名叫：（齐说：五星红旗）。

（3）国旗是国家的象征，大家想一想，在哪些地方能看到升起的国旗？

2. 认识国歌。

（1）升国旗时，我们还要奏唱国歌，谁知道中华人民共和国国歌叫什么名字？

（2）国歌——《义勇军进行曲》。

（3）同学们，咱们学校每天都会升国旗，还要求我们每一个小学生会唱国歌，升国旗是庄严而神圣的，在升国旗时我们应该怎么做？

（4）接下来，让我们一同模拟升国旗，看看大家是否能真正做到。

3. 认识国徽。

（1）国旗国歌都是国家的象征，我国的国家象征还有它，这是什么？（国徽）

（2）请你仔细观察国徽，国徽上都有什么？是的，国徽中间是五星照耀下的天安门，象征着我们伟大的祖国，稻穗象征着农民，齿轮象征着工人。国徽也代表着中国共产党领导下的全国人民大团结。

（3）你在哪里见过国徽？

（4）教师小结：国旗、国歌、国徽是祖国的象征，我们一定要尊重它们，维护它们。

【设计意图】在这一教学环节，我从学生已有经验出发，以学生已有的认知为起点展开教学，提高实效。联系生活实际，让学生一起说说国旗、国歌、国徽的相关知识，进一步激发了学生的创新素养以及自主探究的兴趣，让国家象征植根于学生心中。

活动三：知识闯关我能行

1. 这节课咱们了解了祖国的不少知识呢，接下来，请跟随老师进入闯关游戏，看看大家是否能闯关成功一起欢欢喜喜庆国庆。你们有信心吗?

2. 进行闯关游戏。

3. 恭喜孩子们闯关成功。让我们一起欢欢喜喜庆国庆吧。

活动四:欢欢喜喜庆国庆

1. 同学们,每到10月1日,我们会怎样庆祝国庆节呢?

2. 是啊,在2019年10月1日中华人民共和国成立70周年的这一天,我们的国家举行了隆重的阅兵式。

3. 看阅兵视频,你有什么感受?中华人民共和国的诞生来之不易,面对今天的幸福生活,我们应该怎么做?

4. 是的,还记得习近平总书记在党的十九大报告中指出少年儿童是祖国的未来,是民族的希望,习近平总书记希望我们热爱党、热爱祖国、热爱人民,好好学习,天天向上,今天做祖国的好儿童,明天做祖国的建设者,把祖国建设得更加美好。孩子们你们愿意为建设美好的祖国而努力吗?

5. 看了阅兵式,老师跟同学们一样,心里充满了骄傲,此时此刻,老师想用一段朗诵抒发我对祖国的热爱,你们愿不愿意和老师一起呢?

6. 老师用老师的方式表达了对祖国的热爱,那你会用怎样的方式表达对祖国的热爱之情呢?

7. 亲爱的同学们,还有三天就到咱们的国庆节了,接下来让我们一起唱响《我和我的祖国》,一起欢欢喜喜庆国庆吧!

【设计意图】引导学生从生活入手,想一想生活中和学校里是怎样庆祝国庆节的,培养孩子们留心观察的能力,感受国庆节的喜庆。

◆**点评:**《欢欢喜喜庆国庆》一课旨在引导学生建立初步的国家意识,理解国庆节的由来及含义,崇敬革命英雄,并对其深怀敬意,培养学生的家国情怀。老师能够很好地驾驭教材,调动学生的积极性,整节课体现出几个比较鲜明的特点。

一、设计开放活动,培养学生创新思维

1. 创设情景再现题,充分调动学生参与活动的积极性,结合生活实际,说说我该怎么做、我会怎么做,在答题中培养学生的创新素养,激发学生的创新思维,以情导行,增强学生的爱国情感。

2. 教师创新评价方式,提高学生参与课堂的积极性。本节课中不光有教师口头评价,还有行为评价(拥抱)、活动评价(男生女生大比拼),通过不同的评价方式,增加他们参与课堂活动的兴趣与能力，促进创新思维的发展。

3. 设计开放性的题目：作为小学生的我们可以用哪些方式向烈士们表达崇敬与怀念之情呢？在国庆节这一天，你会用哪些方式表达你对祖国的热爱之情呢？引导学生对革命先烈说些心里话，用自己的方式缅怀先烈、庆祝国庆，从而激发学生的爱国情怀，落实创新素养。

二、注重课堂生成，促进创新思维发展

1. 课堂中教师注重对学生已有学习经验的提取和应用，顺着学生原有的认知轨道展开探究旅程；课前，老师充分了解学情，课堂中采用小老师普及、讲解等方式，发现学生认识、情感中的生长点，再根据教学目标进行引导，同时让学生说说国旗、国歌、国徽的相关知识，通过同学之间的感悟分享，进一步激发学生自主探究的兴趣，促进学生创新思维的发展，将国家象征植根于学生心中。

2. 教学环节合理紧凑，教学方法新颖独特。课堂中，教师在讲授完知识点后，改变以往的教学方式，将随堂检测融入游戏——趣味大闯关中，通过闯关游戏的形式检测学生对知识点的掌握，提高学生学习的兴趣。

综观全课，教师在理解学生、尊重学生的基础上，建立了和谐的师生关系。课堂上始终以饱满的热情、亲切的微笑面对学生，语言自然流畅；提问面向全体学生，认真倾听学生的回答，对学生回答欠佳处，不责备、不急躁，而是鼓励、引导他们说好，充分发挥孩子的主体性，注重学生创新思维以及家国情怀的培养。

欢欢喜喜庆国庆（三）

北京市石景山区古城小学　杨程依

《欢欢喜喜庆国庆》是统编版《道德与法治》二年级上册第一单元“我们的节假日”中的第3课。

本课旨在注重学生认识我国的重要节日——国庆节，引导学生理解自己生活中节日的历史与文化意义，为学生树立正确的世界观、人生观、价值观打下良好的基础。

《欢欢喜喜庆国庆》一课由四个框题组成：“新中国的生日”，主要引导学生理解国庆节的由来，感知中华人民共和国的成立来之不易，珍惜和热爱当下的生活；“认识国旗国歌国徽”，旨在引导学生懂得国旗、国徽、国歌是国家的象征，并从国家层面理解这些标志的神圣性和崇高性；“庆祝我们共同的节日”，重点是在和平建设时期，理解为什么庆祝国庆节，为什么说它是我们共同的节日；“调查身边的劳动者”，引导学生了解自己身边各行各业的劳动者，进而理解国家是大家的这个深刻的含义。前两个框题为一课时，后两个框题为一课时，本课为第一课时。

◆课堂实践

本课设计主要由浅入深，从国旗、国徽、国歌的认识深入到其背后的含义，感知中华人民共和国的来之不易，激发学生崇敬先烈、热爱祖国的爱国主义思想，倡导爱护国旗、国徽，开展爱唱国歌的实际行动。

导入环节：创设情境，在探究中了解中华人民共和国的生日。

教师引发思考：同学们，咱们每个人都有自己的生日，当生日来临的时候，家人都会给你们庆祝。

提问：同样，我们的祖国也有自己的生日，你们知道是哪一天吗？

评价：没错，是每年的10月1日。

追问：那我们该怎样庆祝祖国的生日呢？

评价：是的同学们，祖国的生日又称国庆节，在那一天里，全国各族人民和全世界的华人同胞都会为祖国母亲庆祝生日。

梳理：马上又要到国庆节了，那就让我们一起来欢欢喜喜庆国庆吧！

板书：欢欢喜喜庆国庆。

活动一：国庆节的由来

师：同学们，你们知道为什么祖国妈妈把生日定在10月1日吗?

播放视频:《开国大典》片段。

学生交流。

评价:是呀,在1949年10月1日这一天,整个中华大地沸腾了,整个世界都为之震动了!毛主席在北京天安门城楼上亲手升起了第一面五星红旗，并向全世界庄严宣布中华人民共和国成立了！从此，每年的10月1日，就成为全国各族人民隆重欢庆的节日了。

【设计意图】通过视频，让学生感受到逝去的岁月，了解中华人民共和国成立的历史。

活动二：新中国的故事

师:中国人民经过百年的英勇奋战,在中国共产党的正确领导下,取得了革命的伟大胜利,换来了如今的幸福生活。

过渡：今天，老师为大家请来了几位小小故事家，为大家讲讲英雄的故事。我们将在他们的故事中，穿越时空，走进英雄，感受英雄。

下面有请各位闪亮登场……

学生讲故事视频。

1. 《抗日英雄张六子》。

2. 《生的伟大，死的光荣——刘胡兰》。

师：小小故事家们为大家讲述了一个个可歌可泣的故事，这些英雄人物谱写着一曲曲英雄的赞歌。

提问：看完故事，你们有什么感受吗?

评价：在开创中华人民共和国的历史长河中，涌现出了一批又一批的民族英雄，我们要永远铭记他们的功勋和贡献，不忘历史，发奋图强!

梳理：每年的9月30日是中国烈士纪念日，在那一天里，我们要特别向为中华人民共和国献身的英雄们表达崇敬与怀念之情。

板书：中华人民共和国来之不易。

活动三：祖国的象征

师：同学们，除了在纪念日、国庆日表达对祖国、对党、对前辈们的崇敬之情外，平时我们还应该怎么做呢?

1. 我会认国旗。

教师出示一面国旗。

提问：这是什么？

追问：哪位同学能用自己的话介绍一下国旗的样子呢？

学生交流。

师：我们的五星红旗是红色的，也是无数英雄用鲜血和生命换来的，上面五颗黄色的五角星，象征着我们全国各族人民紧紧团结在中国共产党的周围。

提问：你在哪些地方看到过国旗呢？

评价：我们在天安门广场、在法院、在奥运赛场上等很多重要场合都看到过国旗的身影。

2. 我会唱国歌。

师：每周一我们学校都会举行升旗仪式，我们在升旗的时候应该怎么做呢？

预设：学生从升国旗时的角度回答。

评价：一定要严肃庄重、保持立正姿势，少先队员还要行队礼。

引导：在升旗时还会放一首歌曲，你们知道是什么歌吗？

评价：是的同学们，这首振奋人心的歌曲是我们的国歌——《义勇军进行曲》。

提问：你还在什么地方什么时候听到过国歌呢？

预设：学生从听到国歌的角度回答。

评价：在我们的生活中，有很多地方都能听到国歌响起。

梳理：国歌也是国家的象征，代表着国家的尊严。所以，无论什么时候，只要见到升国旗或者听到奏国歌，都必须向国旗行礼，严肃地听国歌，直至国旗升起，国歌演奏完毕。

3. 我会认国徽。

师：老师这儿还有一个祖国的标志，大家一起来看看吧。

出示国徽图片。

提问：这是什么标志呢？

追问：国徽是什么样子的呢？

评价：我们的国徽中间是五星照耀下的天安门，象征着我们伟大的祖国，周围是稻穗和齿轮，稻穗象征着农民，齿轮象征着工人。

师：同学们，我们刚刚一起学习了祖国的几种标志，你还记得都有什么吗？

评价：你们说得真棒呀！国旗、国徽、国歌，都是我们伟大祖国的标志及象征。

过渡：《中华人民共和国宪法》规定：我们的国旗是五星红旗；国歌是《义勇军进行曲》；国徽中间是五星照耀下的天安门，周围是谷穗和齿轮。

梳理：我们要自觉尊重和爱护这些祖国的标志，要为生在这个伟大的祖国而感到骄傲和自豪。

播放奥运领奖台上国旗升起时的视频。

提问：老师注意到他们在升国旗时表情都很严肃，这是为什么呢？他们当时的心情是怎样的呢？

追问：那你们看到五星红旗冉冉升起时心情是怎样的呢？

评价：我们每一个中国人看到鲜艳的五星红旗升起时，内心都会无比激动。

【设计意图】通过活动，加深学生对国旗、国歌、国徽的理解，增强其爱国主义精神。

活动四：我爱祖国妈妈

1. 出示“祖国新貌”组图。

2. 师：同学们，我们的祖国从成立到现在，经历了很多变化，下周就要到我们祖国妈妈的生日了，请你把想对祖国妈妈说的话写下来，表达你的祝福吧！

3. 总结：今天，同学们了解到了很多关于国庆节的知识，希望在今后的生活和学习中都能像课堂上一样，感恩如今的幸福生活，自觉尊重与爱护国家的象征，做好国家的小主人！

【设计意图】通过课后拓展，表达对祖国妈妈的爱。

◆反思：对于二年级的学生来说，国家是非常抽象的概念，所以我将其与学生已有的生活经验相结合，使学生产生对国家的认同。在本课中，学生们学会了很多的知识，理解了国庆节的由来及含义，能识别自己国家的象征，建立初步的国家意识，自觉遵守升旗仪式时的礼仪，通过自身的努力来表达对祖国的热爱。

感觉自己在让学生多说、多理解方面做得还不够到位，比如“祖国的象征”这一环节中，假如能多一点时间让学生说说自己升国旗时是怎么做的，可能会引发学生更强烈的共鸣。

◆点评：

本课教学立足学生视角，以学生的已有认知为起点，让学生大胆说一说国旗的相关知识，激发学生自主探究的兴趣。教师再通过创设情境，加强情感体验，加深对知识的理解，努力向学生的现实生活靠拢，建立初步的国家意识。

一是巧搭学习支架，引领建构新知

在本课中，教师针对学生的年龄特点、学习兴趣以及认知情况，帮助学生搭设巧妙的问题情景学习支架，帮助学生实现道德认知的自主建构。

二是注重课后延伸，助推价值认同

一堂课的结束并不意味着教学的结束，学生在课堂上受到的思想教育还需在课后通过反复实践才能得到巩固和发展。课后，教师通过组织“我爱祖国妈妈”的活动，呼吁每一位同学爱护国旗和国徽等，并体现在日常行为中。

欢欢喜喜庆国庆（四）

北京市通州区漷县镇中心小学　殷学皞

《欢欢喜喜庆国庆》一课，通过让学生了解国庆节的来历和祖国各地庆祝国庆的信息，感受“开国大典”的隆重、热闹，以激发学生作为一名中国人的自豪感，表达对祖国生日的最美好的祝福。并不断丰富和发展自己的经验、情感、能力和知识，加深对自我、对他人、对社会的认识和理解。

◆**教学过程**

一、导入新课

师：小朋友记得自己的生日吗？（学生回答）我们每个人都有生日，我们的祖国也有自己的生日。

板书：祖国的生日。

1. 视频歌曲《我们的祖国是花园》，大家知道这首歌唱的主体是谁吗？

课件出示图片（中国地图）：这就是我们的祖国——中华人民共和国。

2. 我们每个人都有生日，那么大家知道我们祖国的生日是哪一天吗？

播放视频：1949 年《开国大典》。

出示图片：在 1949 年 10 月 1 日举行的开国大典上，毛主席宣告中华人民共和国中央人民政府成立。

（小知识：国庆节是由一个国家制定的用来纪念国家本身的法定节日。我国国庆节是中华人民共和国正式成立的纪念日 10 月 1 日。）

（板书：国庆节。）

问：每年的 10 月 1 日就是我们中国的国庆节，那么今年的 10 月 1 日是祖国的多少个生日呢？学生回答。

3. 中华人民共和国的成立经历了血雨腥风，经历了万重艰辛，其中数以万计的中华儿女为此付出了鲜活的生命。

中华人民共和国的成立来之不易，说一说你所知道的一些故事。

出示图片：为了纪念逝者，鼓舞生者，各地建立烈士陵园，国家把 9 月 30 日定为中国烈士纪念日，我们向为中华人民共和国献身的英雄们表达崇敬和怀念之情。

4. 祖国新貌。

播放视频《70周年国庆大阅兵》。

看了这个视频，你是否感觉到了祖国的日益强大？

小结：现在我们的祖国欣欣向荣，日益强大，我们要珍惜和热爱这来之不易的家！

二、国旗、国徽、国歌

1. 观看课件，说说我们认识的中华人民共和国国旗——五星红旗是什么样子的。

（小知识：国旗旗面为红色，长宽比例为3∶2。左上方缀黄色五角星五颗。四颗小星环拱在一颗大星的右面，并各有一个角尖正对大星的中心点。）

引导学生到生活中寻找，还在哪些地方能看到升起的国旗（同学讨论并回答）。

说一说每次升旗时，你的心情是怎样的？

2. 出示国徽图片：说说在国徽上发现了哪些图案。

（小知识：中华人民共和国国徽，中间是五星照耀下的天安门，周围是谷穗和齿轮。）

想一想我们在哪里看见过国徽？人民币上、身份证上等。

3. 引导学生结合生活实际回忆，在哪些地方，什么情况下听到过国歌？什么时候我们要唱国歌？

（小知识：《中华人民共和国宪法》规定，中华人民共和国国旗是五星红旗。中华人民共和国国歌是《义勇军进行曲》。中华人民共和国国徽，中间是五星照耀下的天安门，周围是谷穗和齿轮。）

4. 我该怎么办？

情境一：外面下雨了，早上已经升起的国旗怎么办？

想一想：他们是否可以因为下雨就降旗？

（小知识：国旗代表一个国家的象征，在我国的宪法中有明确对国旗国徽国歌的法律界定，无论在何种情况下，国旗都是屹立不倒的，这象征着我们的国家和民族的强盛，所以不可能因为下雨就降旗的，除非有重大事件，经领导批示才可以实行短暂的降旗（如某重要人物死亡，发生重大灾难），以表示哀痛，除此之外，国旗不会在非降旗时间降下。）

情境二：出示图片，说一说如果是你，你准备怎么办？

情境三：出示图片，这种行为好吗？为什么？

小结：国旗、国徽是我们国家的象征，我们应该好好爱护它及其相关的物件。

我们知道了五星红旗、国徽、《义勇军进行曲》代表着中国，是我们国家的象征，并且了解了国庆节的来历，知道国庆节是祖国的诞辰日。知晓中华人民共和国成立的艰辛，明白现在的安定生活是我们应该珍惜的，因此我们要更加热爱我们的祖国，珍惜现在的幸福生活。

三、课堂小结

通过这节课的学习，我们了解了国庆节的来历，知道 10 月 1 日是祖国的生日。熟悉了我国的国旗、国歌及国徽，知道它们是国家的象征。

◆**点评：**国家是非常抽象的大概念，如何将这个概念与学生已有的生活经验相衔接，从而使其真正初步产生对国家的认同，是本课的重难点。部分学生已经知道国庆节是哪一天，知道国旗、国徽，会唱国歌，能以画画、唱歌等形式表达自己对祖国的祝福和热爱。因而，课堂可能需要以此为基础，提升国家意识，强化爱国情感，激发爱国情怀。课前，教师可充分了解学情，课堂中采用小老师讲解等方式，发现学生认识、情感中的生长点，再根据教学目标进行引导。也可以通过同伴之间的感悟分享，提高学生对国庆节及相关知识的认识，增强对祖国的认同感。爱国主义教育比较抽象，它与学生的日常生活和认知水平有一定的距离。对二年级的学生来说，爱祖国、爱人民很容易成为空洞的口号。如何让爱祖国、爱人民转化为实实在在的日常生活中的行为，需要我们思考。教学设计可以通过具体的学习活动展开，如认认国旗、找找国徽、学学升旗礼仪等。我们要引导学生理解国家的尊严，理解国家象征的神圣，以此体现我们对祖国的热爱，并让学生懂得爱国要从实际行动做起。

总之，通过课堂引导使学生理解节日的历史与文化意义，以文化之光点亮他们的生活世界，培养学生的国家意识、爱国情感，为学生树立正确的世界观、人生观、价值观打下基础。

“新中国的生日”教学片段——认识国旗

北京市大兴区第二小学　张金枝

《欢欢喜喜庆国庆》是人教版《道德与法治》二年级上册第3课，主要任务是引导学生能以积极的态度了解自己的祖国，懂得国庆节的含义和由来，明白中华人民共和国的来之不易，感恩与崇敬先烈，珍惜和热爱当下的生活。力图让学生从细节做起，珍爱国旗、国徽、国歌，懂得基本礼仪，做到行为文明。本课由“新中国的生日”和“庆祝我们共同的节日”两部分内容组成，计划两课时完成。“认识国旗”为第一课时“新中国的生日”中的教学片段，旨在引导学生懂得国旗是国家的标志和象征，懂得尊重国旗的基本礼仪，并在日常行为中有所体现，这是本课教学的重点。

◆课堂实践

一、认识国旗，了解国旗含义

1. 认识国旗，了解国旗的象征意义。

提问：学校每周一全体师生在操场上都要举行一个庄严的仪式，你记得吗？

学生：升旗仪式。

课件：出示一面国旗。

师：你能说一说我国国旗的样子吗？

学生交流：我国的国旗是五星红旗，形状是长方形，颜色是红色的……

小结：我们中华人民共和国的国旗为长方形，颜色为红色，国旗的左上角有五颗金黄色的五角星，其中一颗是大五角星，四颗小五角星紧紧围绕在大五角星的周围。

2. 寻找国旗，感知五星红旗是中华人民共和国的标志和象征。

师：想一想，我们从哪里见过五星红旗？

活动：同桌互相交流。

学生汇报：学校、教室、政府机关、天安门广场……

（1）课件：升挂国旗的图片（军舰上、教室里、民航飞机上……）。

教师追问：这些地方升挂五星红旗是在向人们传递什么信息？

学生：根据自己的认知进行交流。

小结：五星红旗是中华人民共和国的标志和象征。

（2）课件：奥运会赛场上。

提问：当你在电视上看到颁奖台上三面五星红旗同时升起的时候，你的感受是什么？

学生：根据自己的理解来回答。

小结：运动场上的国旗是在向全世界人民展示中国人的实力，让每个中国人为运动员骄傲、为祖国骄傲自豪。

（3）课件："神舟七号"载人飞船。

师：在中华人民共和国的历史上有一面飘扬得最远的五星红旗，我们一起来看一看当时的情景。

学生：观看视频和解读。

师：在这个时候为什么要展示国旗呢？

学生交流：

学生 1：展示中国实力……

学生 2：叔叔把对祖国的热爱全部注入这面国旗之中。

小结：当我们国家取得重大成绩时，就要有我们中国的标志——五星红旗。

【设计意图】让学生在生活中寻找升挂国旗的地方，能够明确不同地点、场所升挂国旗的意义，知道国旗是中华人民共和国的标志和象征。

二、规范行为，尊敬国旗

1. 观看天安门升国旗，感知尊敬国旗就是热爱祖国。

课件播放：天安门广场升旗仪式视频。

师：我们都知道，每天黎明，当太阳刚刚露出地平线，天安门广场就要举行一场庄严的升国旗仪式，今天让我们共同来感受一下这庄严的时刻。

学生：观看升旗视频。

师：他们都是怎么做的？

学生交流：立正、站好、面向国旗、行注目礼、行少先队队礼……

师：为什么要这样做？

学生交流：他们这样做是在表达对国旗的尊敬，是对祖国的热爱。

师：人们为什么从四面八方来天安门广场观看升国旗仪式？

学生交流：天安门广场是第一面国旗升起的地方……

小结：天安门广场是第一面五星红旗升起的地方，是人们向往的地方。人们用看升国旗的方式来表达对五星红旗的热爱，对祖国的热爱。

2. 联系学生生活，懂得如何尊敬、热爱五星红旗。

提问：我们作为小学生用什么样的方式表达对国旗的热爱和尊重呢？

课件：出示书中第10页的绘本故事。

师：他们这样做对吗？

学生分析：

学生1：参加活动时的小国旗不能随便丢弃，不使其污损，不在上面乱写乱画……

学生2：红领巾是国旗的一角，不乱写乱画，保持整洁，按要求佩戴红领巾……

师：升国旗时我们应怎么做？

学生交流：

学生1：升国旗时要胸膛挺直，神态庄重。

学生2：要注视国旗，少先队员向国旗行队礼。

……

3. 课上重温升国旗，规范动作。

活动：课堂上，放国歌，全体起立，再一次感受升国旗。

师：今天升国旗和往日相比有什么不同的感受？

学生交流：知道尊重国旗就是热爱祖国，升国旗时要规范站姿，行队礼要正确……

小结：升国旗时规范我们的行为，就是以自己的实际行动表达对国旗的热爱和对祖国的热爱。

【设计意图】通过对天安门广场上这样世界闻名的升旗仪式的观摩和感受，学生会规范自己的行为动作。知道这样做就是尊敬国旗、热爱祖国的表现之一，本环节设计是一种潜移默化的爱国主义教育。

◆反思：

“认识国旗”这一教学片段中，紧紧围绕教学目标，深入挖掘、合理利用课程资源，对学生进行爱国主义教育。

一、围绕教学目标，巧用多媒体资源为教学服务

教学片段中，借助多媒体直观地呈现照片、播放音乐、视频等，为学生创造一个图文并茂、有声有色、鲜活生动的教学环境，使课堂生动活泼，让学生在愉悦的教学气氛中得到感受、体验、领悟，从而全面理解国旗的含义。如：通过奥运会图片、“神舟七号”航天员翟志刚叔叔在太空展示五星红旗等视频的呈现，让学生明白五星红旗是祖国的标志和象征，是与祖国的荣誉分不开的。

二、适时引导，加深学生爱国主义情感教育

学生的品德形成，源于他们对生活的认识、体验和感悟。关注学生的情感体验，丰富学生的情感体验，能在很大程度上提升道德与法治课程的实效性。教学中，我适时提问，启发学生交流思考，加深情感体验。如：当你看到三面五星红旗在颁奖台上同时升起时，作为中国人你是怎么想的？目的是让学生对我们的运动员产生一种钦佩之情，为祖国有这样的运动员而感到骄傲。再如：当你听了翟叔叔的话，你想说什么？学生们立刻说：叔叔你真棒，为祖国争光了，我真佩服您……立刻联想到了自己，说出了要从小好好学习，学到本领将来像叔叔一样为祖国争光，让五星红旗升得更高，飘得更远，这就提升了学生的爱国主义情感。

◆**点评：**“认识国旗”这一教学片段是第一课时“新中国的生日”的核心内容，也是本课的重点。这部分内容是我们德育课程中践行社会主义核心价值观、对学生进行爱国主义教育的重要内容之一。教学片段共分两个小环节，“认识国旗，感受国旗的含义”“规范行为 尊敬国旗”。

片段中，教师通过创设生活场景，拓宽学生的视野，激发学生的爱国情感和民族自豪感。如：从学生生活中熟悉的周一升国旗—找一找身边的国旗—奥运会赛场上的国旗—宇航员翟志刚在太空展示五星红旗等，由浅入深，层层深入，紧紧围绕教学目标和教学的重点来设计，让学生理解国旗是与我们国家的荣誉紧紧相连的，国旗是我们国家的标志和象征，在活动中让学生获得真实的体验与感悟，激发学生的爱国情感。

教学片段以活动为载体，让学生在活动中重新获得体验，如：课堂上重温升国旗，学生全员参与，自然联想到以前升国旗时的一些做法。通过这次活动，真正认识到升国旗时要立正、站好、面向国旗肃立、少先队员要行队礼。规范自己的行为就是以自己的行动表达对国旗的尊敬和热爱，从而使学生获得一种真正的心灵成长。

团团圆圆过中秋

北京市东城区西中街小学　赵　辉

“文化兴国运兴，文化强民族强”。在上下五千年的华夏历史中，中华民族的民族精神蕴含在文化中被一代代传承至今。这些历经了五千年的优秀传统文化是“中华民族最基本的文化基因”。文化传承的根本手段是教育，在众多的教育资源中，具有独特魅力的中国传统文化饱含深厚的爱国主义情怀、顽强不屈的民族气质及自强不息的民族精神，理应成为教育的重要内容。

中秋节作为我国的传统节日，虽然学生们都知道它的名称，知道中秋节要吃月饼，但对它的来历、习俗以及它所蕴含的文化等内容并不十分清楚。《团团圆圆过中秋》一课是小学人教版《道德与法治》二年级上册第一单元的第4课，教材设置了三个栏目，主要引导学生在活动中了解中秋节的相关知识，了解中国及各地区人们过中秋佳节的习俗，理解中秋团圆的含义，进而加深对中国传统文化的了解，在学习过程中懂得要继承和弘扬中华民族的传统文化和美德，产生对祖国传统文化的认同感，萌发对祖国的热爱之情。

◆课堂实践

活动一：谜语导入畅中秋，引出本课课题

出示谜语：“月团圆，人团圆，家家户户笑开颜。吃月饼，看花灯，全家赏月聊聊天。”你们知道这个谜语描写的是我国的什么节日吗？你们今年的中秋节是怎么度过的？学生畅谈和家人如何过中秋节之后，教师提出问题：“中秋节是哪一天？它为什么叫中秋节？”引发学生思考，带领学生共同学习本课，了解中秋节的相关知识。

【设计意图】本环节通过学生喜欢的猜谜语方式作为导入，直接引出中秋节的课题，在学生交流自己家的中秋节是怎么过的基础上，激发学生对中秋节的探究欲望。

活动二：七嘴八舌话中秋，了解相关知识

1. 中秋节的来历。

中秋节历史悠久，是我国的传统佳节，关于它的来历有很多美丽的传说呢！谁愿意给大家讲一讲你知道的中秋节的传说故事？教师根据情况补充，并告诉同学们这些虽是美丽的传说故事，但却蕴含着古老的中国文化，代表着人们追求完美、追求幸福的美好愿望，饱含了人们对月亮的深情向往，也充分说明了人们对月球的好奇。

“月亮上真的有嫦娥吗？”这一问题难不倒现在的孩子们，他们的答案是否定的。随着科技的发展，人们开始了对月球的探索。(图片展示：阿波罗登月图片，播放视频：“嫦娥五号”发射到返回的全过程）从阿波罗首次登月成功，到2020年12月17日，我国“嫦娥五号”返回器携带月球样品在内蒙古安全着陆，可以说人类对月球的探索是无止境的，探索月球、开发利用好月球上的资源，是我们地球人共同的期待。希望有一天同学们也能够用自己的聪明才智探索月球，为人类造福。

【设计意图】本环节通过图片和视频展示，使学生对月亮由最原始的中秋节神话传说上升到对月亮基本概况和人类对月亮的科学探索，不仅使学生了解到中秋节的来历，而且感受到祖国科技的迅猛发展，激发学生对祖国的热爱和对月球的探索和遐想。

2. 中秋节的习俗。

刚才很多同学介绍了中秋节那天和家人在一起吃月饼，你们都吃过什么馅儿的月饼？月饼在我国有着悠久的历史，它最开始并不叫月饼，形状、口味也和现在不一样。殷周时期的“太师饼”，是我国月饼的“始祖”；月饼流行于唐代，制作也越来越考究；真正有月饼实际记录是在宋朝，其制作方法也更加精致；到了明代，人们把嫦娥奔月神话故事的图案印在月饼上，使月饼更受人们喜爱；清代月饼的制作工艺有了较大的提高，品种也不断增加。月饼经过长期的演变和发展，花样不断翻新，地区的差异使品种、外观、口感、味道各具独特风格。

在学生们七嘴八舌地介绍自己吃过的月饼之后，教师提出问题：你们知道中秋节这天为什么要吃月饼吗？庆中秋吃月饼是很久以前就有的习俗，你又从中体会到了什么？这些问题引发学生再次思考。

【设计意图】本环节教师结合学生实际生活，从学生吃过的月饼口味联系到月饼发展演变的过程与其代表的含义，使学生知道中秋吃月饼和端午吃粽子、元宵节吃汤圆一样，是我国民间的传统习俗，人们也把月饼当作吉祥、团圆的象征。所以，中秋节也叫团圆节，圆圆的月饼也有团圆之意。使学生进一步感受中秋节的传统习俗，懂得中秋节是全家团圆的节日。

3. 祖国各地、各民族怎样过中秋？

中秋节是我国千百年来的传统节日，它的主要庆祝方式是吃月饼、赏月，不过不同地区、不同民族庆祝中秋节的方式也不一样，你们想知道祖国各地、各民族是怎样欢度中秋的吗？老师带领学生一起观看《祖国各地庆祝中秋节》的视频。

【设计意图】本环节通过视频资料，使学生愿意亲近、认同和传承中秋节的传统文化。同时使学生们懂得中国是一个多民族的国家，不同民族之间的文化具有多样性。

活动三：团团圆圆品中秋，感悟思念团圆

月到中秋分外明，中秋节赏月、以诗会友是必不可少的。从古至今，很多大诗人都写过赞美月亮、描写中秋的古诗，《静夜思》就是其中一首，有谁知道这首诗表达的意思是什么，你还知道其他与中秋节有关的诗句吗？中国诗文浩如烟海，博大精深，在这诗文背后我们似乎看到一轮明月下的乡情与无尽的情思。

中秋是人们渴望团圆、思念亲人的节日，因此，从 2008 年起中秋节被国务院列为我们国家的法定节日。但各行各业的人为了让我们过一个团圆祥和的中秋之夜，他们忙碌在各自的工作岗位上，不能回家过节和亲人团聚。出示劳动者在中秋节坚守工作岗位的图片和视频，请学生说一说此时的感受以及想对这些人说的话。

【设计意图】本环节通过古人思念家乡、思念亲人的中秋诗句，帮助学生理解中秋节是家人团圆的节日，思乡是中秋节中国人特有的一种文化情结。通过中秋节坚守在工作岗位的劳动者的视频和图片，带领学生品味团圆的深远意义，使学生心存感恩之心，珍惜现在拥有的幸福生活。

◆**点评：**中华传统优秀文化是中华民族的“根”和“魂”，积淀着中华民族最深层的精神追求，是中华民族的精神命脉。中秋节作为仅次于春节的第二大传统节日，它的形成是古代人民的伟大创造，经过了几千年的文化积淀，在人们心中占有极其重要的地位。因此，教师在本课教学过程中注重渗透中国传统文化的教育，将爱国之情融入课堂教学之中。

一、贴近生活，注重传统文化的传承

本课程遵循学生生活的逻辑，以学生的现实生活为课程内容的主要源泉，以密切联系学生生活的主题和游戏为载体，以正确的价值观引导学生在生活中发展，在发展中生活。所以，《团团圆圆过中秋》一课在内容的设计上利用学生已有的生活经验，结合低年级学生的年龄特点展开教学，从自己家中如何过中秋节、学生爱吃的月饼等内容出发，引导学生发现月饼的发展演变过程，感受中秋节的传统习俗，懂得中秋节是全家团圆的节日。

二、结合时事，注重爱国主义的教育

小学道德与法治课程是加强爱国主义教育的主阵地，在道德与法治课堂教学中我们要系统全面地开展爱国主义教育，让学生体会家国情怀，感受中国传统文化，厚植他们的爱国之情。本节课，教师通过我国“嫦娥五号”安全返回的时事新闻视频，激发学生对月球的好奇心和探究欲望，同时也让学生们感受到祖国科技的迅猛发展，激发了学生热爱祖国的情感。

心系祖国新发展 从小立志建家乡

北京市顺义区港馨小学 高艳玲 张青松

小学《道德与法治》第16课《家乡新变化》是爱国主题的重要内容，在党的政策指引下，几十年来国家发生了翻天覆地的变化，我们的家乡也在不断发展变化。不仅基础设施走向现代化，家乡的精神文明、人们的生活观念、文明素养也在发生着变化，处处一派欣欣向荣的景象。课堂中引导学生感受这些变化，增加对国家的信心，激发热爱家乡的情感。

《青少年法制大纲》指出，培养学生的国家概念、公民意识与法治意识是义务教育阶段的重要目标。儿童的品德和社会发展源于他们对生活的认识、体验和感悟，教师引导学生通过调查、采访，对比感受家乡的发展变化，一方面有助于激发学生对家乡的责任感，进一步培育热爱祖国的情感；另一方面提升了学生认识社会、主动参与的能力，有利于学生的社会发展与公民法治意识的初步养成。

《家乡新变化》是本单元的最后一课，前三课重在培养学生热爱家乡的情感，这一课重在培养学生建设家乡的责任意识。

◆课堂实践

一、摄影作品展示，感受家乡美

师：同学们，我们在上节课每人上交了“我可爱的家乡”的摄影作品，经过评选，我们来看一看一等奖获得者的作品：这些作品主题鲜明、立意新颖、色彩鲜艳，把家乡的美很好地诠释了出来，今天老师也给大家带来一些照片，我们一起来欣赏一下吧！

师：同学们，今天我给大家带来的是“一带一路”国际合作高峰论坛期间的一些照片，请大家欣赏后谈谈自己的感受。(辅导员演示“一带一路”期间怀柔雁栖湖畔的一组风景照片。)

(学生看后谈感受。)

二、汇报采访结果，感受家乡变化

师：同学们，我们的祖国在改革开放以来发生了翻天覆地的变化，然而由于我们年龄小，没有亲身经历这些变化，所以我们访问了我们的爸爸妈妈、爷爷奶奶，下面我们就请各小组汇报一下我们采访的结果。

活动一：第一小组汇报改革开放以来人们饮食方面的变化

（第一组小组长总结汇报）我们小队是采用采访的方式来完成任务单的，我们小队通过采访爷爷、奶奶、姥姥、姥爷了解到在改革开放前他们经常吃不饱，过年时才能吃上一些白面馒头，平时经常是吃窝头、棒子面粥等，冬天只有萝卜白菜，不像现在每天都能吃上各种蔬菜水果，现在我们才知道为什么爸爸妈妈爷爷奶奶总教育我们不要浪费粮食，因为他们很珍惜现在的生活，不像我们生活在蜜罐中。通过调查，我们小组的同学决定再不浪费粮食了。

师：第一小组总结得非常好，任务也完成得非常出色。下面有请第二小组汇报改革开放以来人们在服饰方面的变化。

活动二：第二组汇报改革开放以来人们服饰方面的变化

（第二小组小组长汇报）我们小组通过采访和搜集照片来完成任务单。请大家看一组照片：这些是同学们从家里搜集来的老照片，他们当时穿的衣服颜色款式很单调，而且一件衣服要穿几年，而且穿小的衣服还要给弟弟妹妹穿，我们现在一年要买好多件衣服，而且还要穿名牌，不给买还闹脾气，我们小组通过采访感受到了现在的生活来之不易，我们要珍惜美好的生活，努力学习来孝敬我们的父母，把我们的国家建设得更加富强。

师：第二小组用老照片做证据说明改革开放前人们的服饰，与现在的服饰形成鲜明对比，你们的任务完成得非常棒。下面有请第三小组汇报改革开放以来居住环境的变化。

活动三：第三小组汇报改革开放以来人们居住环境的变化

（第三小组小组长汇报）我们小组也是通过采访和照片来说明居住环境的变化。我们把这些照片做成了小视频，请大家欣赏。通过对比，大家可以明显感受到我们的居住环境焕然一新，通过采访爷爷、奶奶我们还知道，原来一家好几口人挤在一个炕上，人们也不讲卫生，身上还会生虱子等寄生虫，与现在的生活无法比，我们现在的居住环境太舒适了，是我们的长辈让我们的生活变得越来越好，但是我们却没有珍惜，学习不知道刻苦，每天玩游戏、看电视，我们小组决心少看电视少玩游戏，每天多读书多锻炼身体。

师：第三小组与我们分享了自己制作的小视频，形式新颖，感谢第三小组。下面有请第四小组与我们分享交通工具的变化。

活动四：第四小组汇报交通工具的变化

（第四小组小组长汇报）我们小组与爷爷奶奶一起在网上搜集改革开放前的一些老照片，大家请看，我们还绘制了手抄报，原来人们出行一般是步行或者马车，自行车已经是非常奢侈的交通工具了，而现在我们上学都要车接车送，不是名牌车我们还觉得没面子，埋怨父母，这些变化是我们父母带给我们的，更是我们的党为我们创造的，所以我们要感恩我们的祖国，努力学习，将来使我们的生活变得更加美好。

师：同学们，大家用各种方式汇报了改革开放以来衣食住行等的变化，队员们对原来的生活有了一些了解，我们要感谢我们的党带领全国人民走向富强。

三、书写心愿卡，唤起建设家乡的责任感

师：同学们，我们的家乡还在建设发展中，家乡还存在很多不完美之处，大家能说说自己的家乡还有哪些地方需要完善吗？

生：同学代表发言。

师：我们对我们的家乡都有哪些憧憬呢？请大家在心愿卡上写下来。

生：书写心愿卡。

师：我们每个同学对家乡都充满了期待与憧憬，但是我们应该从现在做起，开展一些力所能及的行动来建设家乡，请大家说一说我们能够参加哪些活动？（引导学生开展爱护家乡环境、做文明宣传员等活动。）

生：学生代表谈想法。

师：同学们，今天课堂活动使我们对改革开放前后的衣食住行的变化有了一些了解，同学们通过各种形式形象生动地展现了生活的各种改变，明白了幸福生活来之不易，是中国共产党带领人民过上了幸福的生活，我们坚信今后的生活会更加美好与幸福，那就需要我们这一代心怀梦想、努力学习，建设我们的家乡，创造更加美好的明天。

◆反思：

通过各种活动让学生了解改革开放前后的变化，学生感悟较深，由于学生没有亲身经历困难的生活，今后还需要多开展类似活动来激发学生的爱国主义情怀。

在教师引导下，学生对建设家乡充满了憧憬，但是学生年龄较小，还需要教师启发学生结合实际开展力所能及的活动，用实际行动为建设家乡作出自己的贡献。

◆点评：小学《道德与法治》课是以学生的生活为基础，以培养学生良好品德，激发其乐于探究、热爱生活的精神为目标的综合课程。在课堂教学中，教师注重让学科素养入心入脑，让学生充分享受课堂学习的快乐，彰显学科教学的特色与魅力。本节课的主题是“家乡新变化”，重点是引导学生发现家乡的新变化。课堂教学中，教师给予学生充分的交流分享机会，及时帮助学生归类；引导学生思维发散，多角度发现家乡的变化。同时教师在课堂教学中改变传统的单一的书本知识的传递和讲授，引导学生通过调查、采访，对比感受家乡的发展变化，引导学生自然地表达为家乡发展而欣喜、自豪的情感。一方面培育学生对家乡的责任感和热爱祖国的情感；另一方面提升学生认识社会、主动参与社会活动的能力。

团团圆圆过中秋

北京市顺义区双兴小学　李　阳

《团团圆圆过中秋》是本单元的最后一课，侧重开掘传统节日的文化内涵，是本课达成单元目标的重要内容。

《课程标准》的“负责任、有爱心地生活”中的第 2 条明确规定：“爱父母长辈，体贴家人，主动分担力所能及的家务劳动。”“动手动脑、有创意地生活”中的第 9 条规定：“学习利用图书、电视、网络等多种方式收集需要的资料。”通过本课教学，我们希望学生能感受到传统文化的内涵，了解中秋团圆之意义，激发学生重阳敬老之心，并能用自己的方式关爱父母长辈；在资料收集、分析、整理的过程中，着重培养与提升学生探究、交流、分享的能力。

◆课堂实践

片段一：谜语导入，畅谈过中秋

1. 出示三个与秋天有关的谜语，让学生猜一猜。

2. 师生谈话：秋天有哪些节日？你印象最深的节日是什么？

3. 教师引导学生交流自己家的中秋节是怎么过的，感受中秋阖家团圆的幸福快乐，体会浓浓的亲情。顺势导入本课的主题——团团圆圆过中秋，并板书课题。

点评：本课采用了谜语导入的方式，通过学生感兴趣的谜语，引导学生走进秋天，并从秋天众多的节日中直接引出印象比较深刻的传统佳节——中秋节。在学生兴致勃勃地交流自己家的中秋节是怎么过的时候，教师自然而然地引出中秋节是团圆节的话题。

片段二：开开心心话中秋

1. 关于中秋，你都知道什么？

2. 小组讨论：交流中秋节的来历、习俗、传说等，每组派代表发言。

3. 教师提问：同学们，想知道祖国各地、各民族都怎样欢庆中秋吗？（播放视频。）

4. 拓展：看了视频，你有什么感受？你还知道哪些过中秋的习俗呢？

点评：通过让学生课前收集资料、课堂上小组交流，我们能够帮助学生深入地了解有关中秋节的知识，使其加深认识，感受人们祈盼团圆、追求幸福的美好愿望。在了解当地习俗的基础上，教师引领学生欣赏祖国各地、各民族欢庆中秋的场景，使学生不仅可以感受中秋节的热闹、团圆和快乐的氛围，还愿意亲近、认同和传承我国中秋节的传统文化。

片段三：团团圆圆品中秋

1. 古时候，漂泊在外的游子常以描写月亮的诗词来寄托他们的思乡之情，我们一起来读一读。（出示与月亮有关的诗词，并播放古筝名曲。）

2. 赛一赛：你还知道哪些描写月亮的诗词呢?

3. 写一写：中秋节赏月、以诗会友是必不可少的。让我们也来当一回小诗人，写两句有关月亮、中秋节的诗或者儿歌。

4. 体会了中秋节的快乐和诗情画意之后，我给每一个学生准备了一份礼物——一块月饼，让学生一起品尝月饼，感受幸福。

点评：通过赛诗会和品月饼，教师创设了一个班级庆中秋的情境，引导学生在情境中品味中秋。品味的层次也是由浅入深，最初是品味中秋节的快乐和诗情，学生在欢快的节目表演中不仅感受到了快乐热闹的气氛，更领悟到了中秋节这一传统文化节日所蕴含的情感和人文情怀。

片段四：敬老爱老过重阳

1. 说一说：秋天里还有什么节日？从交流中引出“重阳节”。

2. 读一读：阅读教材，了解重阳节的来历。

3. 提问：重阳节这一天，我们有什么风俗习惯呢？人们会做些什么呢?

4. 拓展：这一天，你会为家里的老人做些什么呢？怎样表达你的敬老爱老之心呢?

点评：重阳节又叫“敬老节”，这一节日不像中秋节那样受到广泛关注。因而，老师需要在导入上花点心思，这样教学才会顺利。鉴于多数学生对重阳节不了解，通过教学，要让学生能够了解重阳节的时间、来历、风俗习惯，用自己的实际行动来表达重阳节敬老爱老的感情。

◆**反思：**课程强调体验学习，要求学生不仅要用脑子去想，还要用眼睛去看、用耳朵去听、用心灵去感悟。因此，我在设计本课的教学目标时，将目标之一定为：能在活动中感受中秋节团圆的气氛，体会中秋思亲的情怀。我设计了“中秋联欢会”这一情境，有吃月饼、民俗大放送、赛诗会等环节，使学生在生动有趣的活动中开展体验和学习，感受中秋节团圆的美好和快乐。

中秋节是我国的传统节日。说到这个节日，学生一般对《嫦娥奔月》等中秋传说故事多有了解；对中秋节的习俗，如赏月、吃月饼，也都有过生活体验。但是对中秋节有别于其他传统节日的文化内涵，却缺乏更深入的了解。中秋节是对学生进行传统文化教育的有效载体。通过本课的教学，让学生了解传统文化节日，可以对学生进行传统文化的熏陶，增强他们的民族自豪感。

◆**点评：**本课以中秋节为例，谈传统节日。教师从“秋天的节日”这个角度切入，从中秋节拓展到重阳节。

在秋天的节日中，我们强调中秋节的内容，是因为它是我国法定的重大节日之一。我国是个多民族的国家，不少民族也庆祝自己秋天的节日。因此，本课一方面侧重引导学生感受中秋的团圆内涵，亲身体验中秋节独特的气氛，了解传统节日的文化内涵。另一方面，引导学生了解不同民族有不同的秋天节日及其庆祝方式，感受和理解文化的多元性。

教师能够结合课标的要求，通过学生的亲身体会，更加深入地理解中秋佳节团圆的含义。“海上生明月，天涯共此时”，是世界华人共同的文化情结。

携手诚信

北京市大兴区滨河小学　周婵娟

《携手诚信》主要在北京市义务教育课程改革实验教材《品德与社会》首师大版三年级上册第三单元“爱在校园”主题一“我和同学”中的栏目三“言而有信 同学更亲”这个教学内容的基础上进行的教材重组。这部分教学内容以典型的故事和若干生活中的常见情境为主要内容，目的是通过学习范例和分析问题，使学生体会同学之间讲诚信的重要，理解诚信的内涵，感悟诚信是一个人的良好品德，将诚信观念落实到日常点点滴滴的行为上。

针对学生的情况，在用好教材的基础上，合理地开发和利用课外资源，我收集了很多资料，有各种与诚信有关的故事、名言，向各位同学作了调查、记录，并对所有资料进行了筛选、整合，选取了最有代表性的故事、名言，其中包括《凡卡》守信的故事、《曾子杀猪》《一诺千金》等，将学生身边真实的诚信人和诚信事作为课堂教学各个环节的中心和切入点，层层深入，引导学生感受诚信的重要。

◆课堂实践

一、谈话导入，理解诚信的内涵

过渡：同学们，我们在学习和生活中，常常会遇到许多人，你认为什么样的人最值得你信任呢？

预设学生回答：

不能说谎、不欺骗别人、说到做到、有责任心、答应别人的事一定要做到……

诚实守信（教师随着学生的回答进行板书）。

小结：正如同学们所说，诚实守信是一个非常重要的交往原则。一个人只有做到了诚实守信，才能够赢得大家的信任和尊重，我们都愿意和这样的人成为好朋友。

二、分析故事，体会诚信的作用

活动一：分析案例《凡卡》的故事

过渡：由此可见，诚信对一个人来说是多么的重要！恰恰就有一位这样的小朋友，让我们听听他的故事。

出示课件：《凡卡》的故事。

（讲故事）

你们一定很想知道凡卡究竟是怎么做的吧，让我们一起来看看。

出示课件：最后一幅图。

可是凡卡却说：“没有军官的命令，我宁愿饿肚子也不离开岗位。”

无论老爷爷怎么劝说，凡卡就是不肯离开。老爷爷没有办法了，只好找来了一名军官。在军官的命令下，凡卡这才奉命下岗，愉快地回家了。

追问：从凡卡的故事中，你认为凡卡是如何做到信守诺言的呢？

预设学生回答：

学生 1：说到做到、说话算话。

师：是呀！凡卡小小年纪，就对自己的话这么负责，能够说到做到、说话算话。

追问：那么凡卡在说到做到的时候，他又克服了哪些困难呢？

预设学生回答：他宁愿饿肚子也不回家。（那你们想想饿肚子是什么感受？）

师：天已经快黑了，那你们说公园里就他一个人，他害怕不害怕呀？

小结：凡卡就为了自己的一句誓言、一句承诺，他需要克服很多的困难。所以有人说：“凡卡长大后，一定会成为一个信守诺言的人。”

活动二：分析案例《留学生的故事》

过渡：而在我们的生活中，往往有一些人则认为，偶尔说一次谎，偶尔一次不按时完成作业，偶尔一次上车不刷公交卡……这些都是小事。那这些究竟是不是小事呢？让我们看看这位大哥哥的经历。

课件出示案例：《留学生的故事》。

（讲故事）

1. 思考：看完这个故事，请同学们想一想，究竟是什么原因导致这位大哥哥找不到工作呢？

预设学生回答：因为他没有守信用。

师：对呀！我们可以看出，诚信是一个人的做人之本（板书：做人之本）。即使你再聪明、即使你再有能力、即使你再有更优越的条件，但是，你只要失去了诚信，别人也就不会相信你了，你也就得不到别人的认可。久而久之，就会出现诚信危机。

2. 追问：同学们，那你们说逃票究竟是不是小事呢？

预设学生回答：

学生 1：不是。

小结：是呀！逃票看似是一件不起眼的小事，可是，却影响到这位大哥哥找工作，影响了他未来的前途。

3. 追问：同学们想一想，如果一个人失去了诚信，那他在社会上会怎样呢？

预设学生回答：没人相信他。

小结：可见，诚信是一个人应该具有的品质，是一个人立足于社会的根本。所以有人说“人无信不立”“诚信无价”。

三、交流资料，感悟诚信的美德

过渡：自古以来，诚信就是中华民族的传统美德，它已经传承了数千年。回顾历史上有关诚信的故事、成语、名言数不胜数。

课前老师让你们收集了相关资料。

1. 小组内进行交流。（交流时间：2~3 分钟）

2. 个人交流。

谁把你们搜集到的成果与大家进行分享呢？

教师适当补充：《曾子杀猪》的故事。

师：这个故事发生在两千多年前，在当时，一头猪对一家人来说是非常昂贵的，而曾子为了履行一句本来不经意的承诺竟杀了一头猪，你们认为曾子这样做值得吗？（值得）

正如曾子所说：杀一头猪是小事，教育孩子从小知道做人的根本，可是关系他一辈子的大事。

小结：你们搜集到这么多的资料，就像是一顿丰盛的大餐，我们分享得津津有味。我国从古代的孔子、曾子、季布一直到现代社会都非常重视诚信教育，可见诚信是一种美德，从古到今永不褪色。

四、小组讨论，内化诚信的行为

过渡：“一诺千金，一言九鼎，一言既出、驷马难追”都是人们遵守诚信的真实写照。作为一名小学生，在我们的生活和学习中，怎样做就是诚实守信呢？

让我们看看下面这些情景，你能帮他们想想办法吗？

出示小组讨论要求：

1. 自己先进行阅读资料，并独立思考问题。小组内讨论、交流。

2. 小组交流，组长负责记录本组同学的观点。

3. 各组选一名学生汇报。

4. 音乐响起时，请同学们安静坐好。

师：活动开始，教师进行巡视。

出示小组汇报要求：

1. 简单叙述本组的案例内容。

2. 按要求回答问题。

3. 说出你们组的看法，别人可以适当补充。

谁愿意把你们组的看法与大家进行分享呢？（各组汇报）

案例内容：（略）

小结：是呀！在答应别人之前，我们一定要慎重考虑这件事该不该做，如果不该做的事情，就不要轻易许诺。如果已经答应别人了，你又觉得不该做，就像丁丁一样，那么你就要想一个稳妥的办法来解决，就像你们给丁丁出的主意，不应该为守信而意气用事，造成不必要的后果。

五、总结延伸，诚信伴我成长

过渡：刚才我们谈的都是别人的故事，老师相信在我们班也有一些诚信故事，谁能给大家讲讲我们班的诚信故事呢？（学生介绍）

师：这一个个故事，令我感动。你们从小就讲诚信，真棒！让我们把最热烈的掌声送给我们班这些诚实守信的孩子们。

小结：学到这里，我想有一个词肯定会在你们心中生根、发芽，那就是“诚信”。让我们与诚信“携手”，（板书：携手）永远和它做朋友。

选择作业：

1. 设计一份以诚信为主题的手抄报。

2. 设计“诚信”书签。

3. 通过今天这节课的学习，你对诚信又有了哪些深刻的体会？请写出来。

◆**点评**：教学设计以典型的故事和若干生活中的常见情境为主要内容，目的是通过学习范例和分析问题，使学生体会同学之间讲诚信的重要，理解诚信的内涵，感悟诚信是一个人的良好品德，将诚信观念落实到日常点点滴滴的行为上。

端正理念、找准定位是根本。“把课堂交给学生”是新课程的理念。在新课程理念下，课堂教学讲求启发式、探究式、合作式和研究式学习，通过老师的积极引导，恰当的活动设计，使学生自己去体验，去创新，达到学以致用。

精研教材、大胆创新是前提。作者围绕“理解做人要诚实守信，学习做有诚信的人”这个目标，参照人教版、北师大版教材的相关内容，再结合课前调查、与学生交流谈心的结果，编排教案。没有拘泥于教案的预设，而是利用适合的时机促成不同的精彩“生成”。

巧用电教、生活教学的方法。为了达到帮助学生认识诚实守信的重要性和基本要求，并懂得自觉践行，作者在教学中采用多媒体手段辅助教学。根据教学规律和四年级学生的年龄特点，适当设计教学图片及适合的教学 Flash 等教学媒体，既避免了过多的抽象、简单讲述，还给学生的“口、眼、耳”主动权，又激发了学生的学习兴趣，活跃了课堂气氛，提高了教学质量。

我很诚实

北京市大兴区礼贤镇第一中心小学　孙海荣

文化是一个国家的灵魂，中华优秀传统文化是我们的文化根源。没有文化自信，理想信念就成了无源之水、无本之木。作为教师，我们是中华文明的传承者、传播者，更要坚定文化自信，传承中国文化，传播中国文化。这就要求我们自觉学习中华优秀传统文化，用博大精深的中国文化丰满自己，积淀内涵。从传统的经典的长河中，汲取丰富的营养以提升自身的文化修养。积累传统文化知识，以增强教师的职业道德意识，不断提升专业能力，这样才能更好地履行立德树人的使命。

人与人之间交往，最频繁的、最容易沟通的就是语言，语言沟通要建立在互信的基础上，否则就谈不上诚实，守信更无从谈起。小学三年级是儿童诚实品格形成的关键时期，在这一阶段给学生播下诚实的种子，让他们知道什么是诚实，诚实的品质，将对一生的诚实做人产生深远影响。

《我很诚实》——这个话题目的是辨明“诚实与说谎”，重在引导学生懂得诚实的内涵，懂得诚实就是实话实说、不说谎、不骗人。

◆课堂实践

环节一：故事情境说诚实——“狼来了”

1. 导语：同学们，你们听到这个叫声，农夫们还会去救放羊娃吗？（课件播放画外音：“狼来了！狼来了！快救命呀！狼真的来了！”　）

2. 出示任务：课件出示三幅插图内容。思考图中这些同学的做法，你赞成哪一个，不赞成哪一个呢？

3. 反馈指导：学生说一说，诚实与说谎——真话与假话。

4. 小结：诚实行为首先就是实话实说。

环节二：故事情境说到做到——立木为信

春秋战国时，秦国的商鞅在秦孝公的支持下主持变法。当时处于战争频繁、人心惶惶之际，为了树立威信，推进改革，商鞅下令在都城南门外立一根三丈长的木头，并当众许下诺言：谁能把这根木头搬到北门，赏金十两。围观的人不相信如此轻而易举的事能得到如此高的赏赐，结果没人肯出手一试。于是，商鞅将赏金提高到50金。重赏之下必有勇夫，终于有人站出来将木头扛到了北门。商鞅立即赏了他50金。商鞅这一举动，在百姓心中树立起了威信，而商鞅接下来的变法就很快在秦国推广开了，新法使秦国渐渐强盛，最终统一了中国。

1. 反馈指导：学生思考，如何取得别人信任？

2. 小结：诚实守信就是说到做到。由此可见古人对于诚信是很看重的，孔子也曾说“人无信则不立”，所以我们要讲诚信，诚信是金。

环节三：传统故事分享——《明山宾卖牛》《孟信不卖病牛》

1. 导语：明山宾说了真话，别人说他太傻，你同意吗？

2. 反馈指导：学生小组讨论，每组选择一个代表发言。学生辩一辩，诚实与说谎——善和恶。

3. 小结：做人千万条，诚实数第一。（出示：做人千万条，诚实数第一。）

环节四：走进生活，明理导行

1. 引入《弟子规》中“凡出言，信为先，惟其是”讲解。

2.《小学生守则》中提到诚信没有？

因为它从古到今都是我们行动的准则。只有诚实、讲信用我们才能和别人友好相处。在外敬师长、懂礼貌、讲信用。和别人平等相处，守信用的人一定能得到别人的尊敬。

环节五：课堂小结

1. 想一想：还有哪些诚实的行为？

2. 写一写：自己身边诚实的行为。

3. 小结：“生命中谎言开不出灿烂的花朵”，诚实就像温暖的阳光、清新的空气、灿烂的花朵，每一天都伴随着你们成长。

◆**反思：**《道德与法治》教学是小学教育阶段的重点内容，小学阶段是学生正确三观形成的黄金阶段，这个阶段强调传统文化的融入对小学生自身的发展意义显著。我国是文化大国，有很多优秀的传统文化，这些传统文化作为我国的瑰宝而存在。强调传统文化在道德与法治课堂中的有效融入是提升教学质量的关键，当然也能够激发起学生的爱国热情，加深其对优秀传统文化的理解。

本课教学设计“我很诚实”主题，从《狼来了》《立木为信》《明山宾卖牛》等故事中体会“言必信，行必果”“言行相顾，慎终如始”的行为准则，不仅要学习，更要践行。要从小事做起、从自身做起、从现在做起。见微、见实、见行，让我们明心见性、躬身践行，追求知行合一的效果，让中国传统文化植根于学生心中，在课堂上培养学生的家国情怀。

◆**点评**：让学生继承优秀文化基因，坚实民族文化根基，在小学《道德与法治》课程中渗透中国传统文化，是落实“立德树人”根本任务的必然要求。

本节《道德与法治》融入中国传统文化，有亮点：鉴古寓今，述成人之道。教材中也涉及很多中国传统文化方面的内容，教师在把握教材的前提下，适当融入故事、典故等。例如本课中以“诚实”为主题，以《狼来了》切入，《立木为信》佐证，《明山宾卖牛》强化，从故事中体会“言必信，行必果”“言行相顾，慎终如始”的行为准则，不仅要学习，更要践行，要从小事做起、从自身做起、从现在做起。

本节《道德与法治》融入中国传统文化，有效果：体现在尊重学生内心的真实感受，寻求两者的契合点，促进道德与法治课堂教学质量的提升，同时也增强学生对我国优秀传统文化的热爱，在小学《道德与法治》课程中渗透“社会主义核心价值观”和“中华优秀传统文化”的内涵。结合小学生的学习特点，通过故事、典故或者民间传说等的有机融入，将文化熏陶于无声中。将《道德与法治》课堂变成有情境、有实践体验的课堂，让学生自己去体悟去感受，让学生了解我国优秀的传统文化，感受中华传统文化的魅力，逐步培养学生的家国情怀。

课上，孩子们哭了

北京市房山区房山长育中心小学　王金花

这是三年级上册《道德与法治》第四单元第1课《父母多爱我》第一课时“父母默默的爱”。这节课的主要目标是：在日常生活的小事细节中，发现和体会父母默默的爱，在父母关爱孩子的感人故事中体会父母深深的爱。

对于三年级的学生来说，能够真正地打动他们，其实还是挺难的。以前教学这部分内容的时候，我也是和大多数老师一样，请同学们回忆一下父母是怎么爱他们的，讲一讲父母爱他们的故事，但课堂效果却总是差强人意。想来也好理解，在物质生活极度富有的今天，父母生活拮据、省吃俭用为了孩子的事，似乎不太多了。而父母默默地为孩子年复一年、日复一日地付出，似乎却被孩子们忽视了，他们习以为常地享受着父母对他们点点滴滴的付出，潜意识里却认为这是理所当然的，没有从内心认识到那其实就是父母对孩子无微不至的无私关爱。

◆课堂实践

课前，我一直在思考：怎么才能更好地打动学生呢？两首经典的老歌突然回荡在了耳畔，那就是军旅歌唱家阎维文演唱的《母亲》和刘和刚演唱的《父亲》。这两首歌，曾经打动了多少人的心啊！

教学片段一：品读母爱

上课伊始，我把两首经典老歌推荐给了学生们听，在两首老歌的欣赏中，我引导他们细细品读歌词，抛砖引玉式地引导他们细细感受、回味来自父母的默默的、无私的爱。

师：播放歌曲《母亲》：孩子们，请你们静静地聆听，细细地品味歌词的意思。

“你入学的新书包有人给你拿，你雨中的花折伞有人给你打，你爱吃的那三鲜馅儿有人她给你包，你委屈的泪花有人给你擦……你身在那他乡中有人在牵挂……你躺在那病床上有人她掉眼泪……这个人给了我生命，给我一个家……”

师：这个人给了我生命，给我一个家。这个人是谁？

生：是妈妈（齐声回答）。

师：歌曲中，妈妈是怎么爱我们的？

生1：妈妈给我背书包。

生 2：妈妈帮我打伞。

生 3：我生病她流泪。

……

师：你们的妈妈也这样爱你们吗？妈妈还为你做过哪些？

学生们的发言像开了闸的洪水，话匣子一下子打开了，开始回忆、讲述妈妈的爱。

师：你痛苦她难过，你高兴她开心，你爱吃的就是她爱做的，你一出门，她是最不放心的！这样的人是谁？

生：是妈妈（齐声回答）！

师：所以，歌唱妈妈的歌曲和诗歌都很多，你还知道哪些？

学生们马上想到了《游子吟》。于是，我要求他们集体背诵了一遍，又引导他们深入理解了这首诗的意思。

师：还想再听一遍《母亲》吗？

孩子们声音洪亮、异口同声地表示愿意！再听一遍的时候，我发现孩子们基本都在认真跟唱。

教学片段二：感受父爱

在歌曲中感受了母亲的爱后，我又继续引导孩子们体会父亲的爱。

师：如果说，母亲的爱是无微不至的，在一针一线、一粥一饭里，那父亲的爱又是怎样的呢？老师请你们听一首《父亲》，再认真感受一下父亲的爱。

想想你的背影，我感受了坚韧。抚摸你的双手，我摸到了艰辛。不知不觉你鬓角露了白发，不声不响你眼角上添了皱纹……人间的甘甜有十分，你只尝了三分。这辈子做你的儿女，我没有做够，央求你呀下辈子还做我的父亲……

师：这辈子做你的儿女，我没有……

生：做够（齐答）！

师：央求你呀下辈子……

生：还做我的父亲（齐答）。

师：为什么央求你下辈子还做我的父亲？

学生纷纷表示：父亲太爱我了；父亲是最疼爱我的人；我还没有享受够爸爸对我的爱；我还没有报答父亲的爱……

师：在父亲越来越沧桑的背影里，在父亲越来越粗糙的双手里，在父亲越来越多的白发里，在父亲越来越深的皱纹里，你们在父亲身上看到了什么？感受到了什么？接过了什么？

学生谈感受。

师：父亲母亲表达爱的方式或许不一样，但同样都是伟大的！

这时，班里已经有人眼圈红了，一会儿便传出了抽泣声。我也很感动，流着泪去一个一个地抚摸他们的头，去拥抱他们……

几秒钟后……

师：好了，孩子们，我们不哭了。今天放学回家，我们就抱一抱自己的爸爸妈妈，对他们说一声“我爱您”，好不好？

在学生的要求下，我们又听了一遍《父亲》，孩子们同样在认真地跟唱。

教学片段三：完成爱心树

最后，我布置了一项实践任务：完成爱心树。每片爱心叶子上都是父母对我们的爱，要求他们把叶子填满。然后读一读后面的小诗，看看自己能不能续写妈妈的爱……爸爸的爱……

完成爱心树是他们完成任务速度最快的一次！

我印象最深的，是孩子们续写的“妈妈的爱”“爸爸的爱”。他们说，“妈妈的爱是无价的，像无尽的宝藏！”“爸爸的爱像流不尽的溪水……”真的出乎我的意料！

◆**反思：**我还是第一次在课堂上，把三年级的孩子打动得有好几个在课堂上由默默流泪到不停抽泣。虽然这一课我以前也讲过，但不是用的这种教学方法，也就从来没有过这次的教学效果。这一节常态课，算不上一节优秀的课，但我认为这是我比较成功的一节课。让孩子们真心感受到父母默默的爱，对父母怀感恩之心，家庭更幸福，社会才会更和谐。这也是《道德与法治》学科教师的最终追求。

◆**点评：**对于三年级的孩子来说，能够真正地打动到他们，其实还是挺难的。作者选用了两首经典的老歌，就是军旅歌唱家阎维文演唱的《母亲》和刘和刚演唱的《父亲》。经典之所以能成为经典，其优美的旋律和打动人心的歌词值得我们去细细品味。整堂课上，以歌曲贯穿，始终让孩子沉浸在歌曲之中，尝试着去感动学生，效果是“好几个在课堂上由默默流泪到不停抽泣的”，震撼了他们小小的心灵，使他们懂得了感恩。

我们当地的风俗

北京市大兴区孙村学校　王玉芬

《我们当地的风俗》是第四单元“感受家乡文化，关心家乡发展”的第1课。本课包含三个板块，分别是风俗就在我身边，奇妙的节日风俗，风俗的演变。风俗就在我身边板块主要是通过回忆与自己成长相关的风俗，感受长辈对晚辈的美好祝愿。从爱幼引出尊老的风俗，明白尊老爱幼是中华民族的传统美德。读资料了解十二生肖也是我们身边必不可少的风俗。奇妙的节日风俗板块了解我国春节、端午、中秋等几个主要的传统节日的风俗、传说故事等，不同地区还有自己独有的节日风俗，从而理解各地风俗的差异。不同的风俗都寄托了人们的美好祝愿，体会其对人们生活的影响。风俗的演变这一板块主要是通过查阅资料、采访等途径了解哪些风俗需要淘汰，哪些风俗需要变革，哪些风俗需要保留。通过说一说、辩一辩的方式，理性地对待风俗的演变。

◆教学实践

片段一：了解十二生肖风俗

1. 出示：十二生肖邮票。

2. 这些邮票上为什么只有这些动物?

这是十二生肖邮票。“十二生肖”是我们熟悉的风俗，让我们一起深入了解一下吧。

3. 看视频：《十二生肖的来历》。

看了这个有趣的视频，平日生活中的十二生肖，在故事里被描述得活灵活现、生动活泼，同学们对十二生肖是不是更有兴趣啦?

4. 读一读阅读角《十二生肖的风格》。

我们每个人都有自己的生肖，你的生肖是什么？和同学们说一说。

5. 小判断。

有些同学不喜欢自己的属相，想换一个喜欢的，你觉得可以吗?

小结：我们每个人的属相是固定的，不可以改变，我们可以根据属相推算年龄，比大小。

片段二：尊老爱幼

1. 爱幼。

（1）除了生肖，还有许多风俗和我们的生活密切相关。在我们的成长过程中，有哪些风俗呢?

（2）看图片，读资料。

出生、满月、长命锁、抓周。

（3）看到这些伴随着我们成长的风俗，你有什么发现？这些风俗寄托了长辈们哪些美好的祝愿？

出生——红色鸡蛋报喜。

满月——剃胎发（从头开始，一生圆满）。

长命锁——健康平安。

周岁——抓周（前途寄予厚望）。

（4）从这些美好的祝愿里你感受到了什么？说一说。

小结：伴随我们成长的很多风俗体现了爱幼的传统，相应地，也有很多风俗体现了尊老的美德。

2. 尊老。

（1）把你收集到的尊老敬老风俗介绍给大家。

（2）这些风俗寄托了我们对长辈什么样的美好祝愿？

给老人祝寿：

寿桃——幸福健康，延年益寿。

长寿面——长寿。

（3）说一说，你家是怎样敬老的。

（4）读一读。

重阳节的日期是农历九月初九。重阳节又称为“双九节”“老人节”。古人认为这是个值得庆贺的吉利日子，并且从很早就开始过此节日。1989 年，我国把每年的农历九月初九定为“老人节”。因为九九重阳与“久久”谐音，包含生命长久、健康长寿的寓意。

小结：中华民族有着悠久的历史，尊老爱幼也是中华民族的传统美德。这些风俗虽然因地区差别而各有不同，但无一不包含着长辈对晚辈的爱护、晚辈对长辈的尊敬，这种美德我们要继承并发扬下去。

片段三：认识春节

1. 在中华民族许多传统节日中，春节是最重要的一个节日。在千百年的历史发展中，形成了一些较为固定的风俗习惯，有许多相传至今。你知道春节有哪些习俗吗？

2. 介绍春节习俗。

（1）说习俗。

（2）读儿歌。

3. 说一说，你们家是怎样过春节的？这些习俗表达了人们的什么美好愿望？

小结：春节作为一年的开端，打扫房屋、贴春联、准备年货等活动都在表示春节蕴含的意义：辞旧迎新。离乡在外的人无论离家多远都要回家过年，春节又代表着团圆美好。

4. 辩一辩。

（1）过春节，小孩子最喜欢的就是放鞭炮了，这个风俗有的人觉得应该延续，而有的人却认为应该淘汰。

观点 1：每年都会让很多人因此受伤、致残甚至丧命。放鞭炮还会污染环境，鞭炮中的火药在燃放过程中，会放出许多有害物质，而且放鞭炮噪声很大，因此要禁止燃放。

观点 2：放鞭炮是中国人庆祝节日和喜事时的重要习俗。在过年时，不放鞭炮就没有过年的氛围，而且放鞭炮还寄托了人们很多美好的愿望，比如过年放鞭炮，是期盼新的一年能平安。

（2）对于放鞭炮，你的看法是什么呢？说说你的理由。

小结：当今社会，环境污染比较严重，放鞭炮会加重对我们生活环境的污染。因此，我们应该尽量少燃放烟花爆竹。

5. 网络祝福。

大年初一给长辈拜年，初二回娘家也是一种风俗，可是 2020 年春节，新冠疫情把人们的正常生活打乱了，为了更好地防控疫情，人们不再串亲戚，而是通过微信视频等方式拜年送祝福。

小结：正因为春节蕴含着这么深厚的文化道德情感，所以千百年来一直受到人们的重视和喜爱，代代继承发扬。

◆**反思**：《我们当地的风俗》通过了解家乡民风民俗的来历以及民俗活动，体会民风民俗对人们生活的影响，以及这些风俗所蕴含的美好祝愿和丰富情感，增强学生爱家乡爱祖国的感情。

在教学中通过探讨学生成长中的风俗感受长辈对晚辈的爱护，通过学习尊老风俗体会到晚辈对长辈的尊敬，知道了尊老爱幼的传统美德要继承下去。春节这个传统节日家喻户晓，引导学生搜集资料，讲自己家怎样过春节来了解春节风俗，在了解中发现其蕴含的美好祝愿。结合生活实际知道有些风俗随着时代的发展需要淘汰或加以变革。

◆**点评**：本课教学结合生活实际，从了解回忆与自己成长有关的风俗入手，感受风俗与我们生活的关系及其包含的美好祝愿。教学关注了学生生活与风俗文化的紧密联系，感受家乡文化中的道德价值。尊老爱幼是中华民族的传统美德。学生在爱幼风俗的学习中，深切感受到长辈对晚辈的爱护；在收集尊老敬老民俗时，了解到这些民俗对老人的美好祝愿，通过引导，对这些在家里唯我独尊的“小皇帝”们起到了很好的教育作用。中华民族是一个优秀的民族，有着几千年的悠久历史，流传下来许许多多优秀的传统文化。学生不仅在课堂上学到，更多的是在生活中也能接触到。为了让学生领略到传统文化的魅力，需要我们在日常学习和生活中潜移默化地加以引导，让学生对其产生浓厚的兴趣，使这些优秀的文化才能得以继承和发扬。

从白色污染说起

北京市东城区西中街小学　刘　彤

爱国主义在不同的历史时期，表现不尽相同。战争年代，爱国主义是中华儿女在献身祖国统一和领土完整的战斗中，勇挑“国家兴亡，匹夫有责”的重担；和平时期，爱国主义是为国家经济发展和人民幸福安康无私奉献，是为各民族“多元一体”格局的打造凝聚力量，是为保护我们赖以生存的美好家园作出努力……

诸多爱国主义表现的背后，折射出了爱国主义的本质力量，那就是千百年来人们对祖国大好河山的无比热爱和依恋，以及在此过程中培养起来的对祖国的深厚情感。在一花、一草、一木中，在山川、海洋、动物中，人们与周围的自然和环境展开互动，逐渐培养起对其居住的自然环境和社会环境朴素却又深厚的眷恋之情，这种感情，就是一种家国情怀。

部编版四年级上册第四单元《让生活多一点绿色》，正契合对学生进行环境保护教育，彰显学生爱国主义情感的设计初衷。这一单元的目标，是通过学习培养学生绿色生活的意识，养成绿色的生活方式。而首先要做的，是让学生认识到环境污染的严重危害，使学生产生环境保护的紧迫感，进而实现从知到行的过程。出于以上考虑，本课从“白色污染”问题入手，立足于学生已有的知识储备和日常生活，通过体验、观察、探究、解决问题等多种学习方式，使学生认识到“白色污染”对环境和人类造成的危害，理解处理塑料垃圾的 3R 原则，并在生活中认真践行此原则，从而为减少“白色污染”作出贡献。

◆课堂实践

本节课共设置五个教学活动。

活动一，观察导入，形成对塑料制品的整体认识

学生通过观察不同的塑料制品实物，思考塑料制品的特点。教师引导学生观察教室，并思考生活中的塑料制品，学生明白塑料制品应用广泛，我们的生产生活离不开塑料制品。本环节的教学目的，是引领学生从日常生活经验出发，认识到塑料制品的特性和广泛应用，为引出后续环节塑料制品对环境造成的危害埋下伏笔。

活动二，观察图片，形成对塑料垃圾破坏环境的感性和直观的认识

由于塑料制品超低的价格优势和极端便捷性，人们对它的使用频率高，但对其对环境造成的危害认识不足。塑料制品大量消耗后被随意丢弃，没有进行科学的回收，还分解出有毒有害物质，导致大自然生态环境的严重破坏，使塑料制品成为“白色污染”。本环节意图使学生反思自己日常任意购买、大量消耗塑料制品的行为。爱国主义思想需要点滴养成，需要在日常生活中通过习惯养成。一些学生养成消费不必要塑料制品的习惯，环保意识的忽略不利于国家提倡的生态文明公民意识的养成和培育。因此必须把环保教育提升到爱国主义的高度，从而反过来推动环保教育获得更深层次的精神动力。

活动三，积极思考，形成保护生态环境的紧迫感

学生在已有知识积累和日常观察体验的基础上，已经了解到塑料垃圾带来的危害，但这种认识是表面、零散的。塑料垃圾到底带来了哪些严重危害？通过观察图片、观看视频、收听音频等方式，从各个方面思考分析“白色污染”对土壤、水体、空气、动物和人类带来的具体危害。通过典型案例分析，使学生的思维由感性认识上升到理性认识，激发他们身处“污染环境”之中的危机感和责任感，增强他们保护环境的自觉意识，这实际上是国情教育在教学中的渗透。学生感受到的爱国不再是“空洞”的口号，而是同生活紧密结合在一起的周遭空间，是必须为保护绿色家园做出努力。

活动四，小组活动，学会环境保护的正确方法

学生知道一些环境保护的方法，但这些方法是零碎、混乱、不成体系的。为了让学生明确日常生活中处理塑料垃圾的正确方法和优先顺序，小组通过分析资料，总结出“减塑”方法，即国际上通行的固体废物处理的3R原则：减量化、重复用和循环用。学生意识到塑料垃圾是放错了地方的资源，我们必须进行科学的垃圾分类，把塑料垃圾变成可利用的资源，逐步实现个人和家庭“零废弃”的目标，这对于我们一个人均资源非常紧缺的国家来说就是贡献了一分力量。爱国主义鲜明的时代特征就是在环境危机面前，把爱国转化为自觉的行动，变为保护环境的热情，通过点滴行动承担起保护环境的责任，自觉地把爱国落到实处。

活动五，分析问卷，践行爱国主义行动

对学生的课前调查问卷进行分析，目的是让学生明确他们的“减塑”方法是否科学。学生深知大自然是我们赖以生存的家园，在实际生活中有意识地按照3R原则开展环境保护，以良好的环境保护习惯和行动践行爱国主义，以期实现爱国主义和环保教育的有机融合。

◆**反思**：本节课以学生的生活经验为基础，对塑料制品带来的危害进行梳理与深化，使学生的认识从感性上升到理性思考。这个过程是对学生进行国情教育，是对学生爱国主义情感的唤醒和提炼。学生了解到“白色污染”对居住的环境带来的破坏，而这正是人们在长期居住中最依恋之处。让学生知晓爱护生存环境是爱国主义的一种体现，我们所处的生存条件与每个人的行动息息相关，每个人的命运也与此息息相关，不注意保护生态环境将会自毁家园。通过以上的环节，激发学生寻找解决环境污染问题的方法，并且愿意为减少日常生活中的“白色污染”作出改变，承担起环境保护的公民责任，勇于做新时代的合格公民。

◆**点评**：《道德与法治》课程突出“儿童生活主线”的设计方式，引导学生学会从多个视角思考和认识问题，理解社会现象，帮助学生从中发现和思考问题，并最终实现教书育人、润物无声的教育效果。本节课的设计以学生生活为基础，通过观察思考、小组讨论、阅读活动等，调动学生自主探究的积极性，使课堂最终回归到真实的生活当中。本节课的亮点是使学生认识到自然环境与人类发展的关系，也了解环境保护与爱国主义的密切联系。环境保护是爱国主义的迫切要求，爱护生态环境是爱国主义的具体行动，促使学生采取正确方法防止“白色污染”进一步恶化，保护自然环境。

《道德与法治》课程帮助学生认识和解决现实生活中的问题，注重对学生基本行为习惯的养成，使教学成为学生体验生活、道德成长的有效过程。本节课的创新点就是通过一系列的教学活动，使学生懂得减少使用塑料制品的重要性，这不仅能保护赖以生存的环境，而且能守护美好的家园，更能在点滴中践行爱国主义。在此过程中，培养学生养成保护环境的良好习惯，承担起保护环境的社会责任。让学生认识到虽然每个人的环保行动是涓涓细流，但人人都为环境保护贡献一分力量就会汇成环保的汪洋大海，从而激发学生的爱国情感，为学生树立正确的价值观、人生观和世界观夯实基础。

道德与法治教学中的“家国情怀”——以《我们神圣的国土》教学为例

北京市通州区宋庄镇中心小学 张雪莹

核心素养是学生适应终身发展和社会发展所需的关键能力，家国情怀是重要的能力之一，表现出对国家的高度认同感、责任感和使命感。教师在道德与法治教学中应该渗透爱国主义教育，在教学中培养学生的爱国情怀，对培养学生的家国情怀具有重要的现实意义。

一、“家国情怀”的重要性

小学生对社会的认识以及对人生观、价值观的认识还未形成，对他们进行哪一种情感培养，就会在其今后的人生中形成哪一种观念。而现在的小学生存在的问题是对国家情感不足，所以需要老师去正确引导，《道德与法治》的教师任务更为艰巨。

小学生的心理素质正处于发育向成熟过渡的时期。在这个时期，小学生的心理特点主要表现为注意力不易集中，理解能力不强，易受外界环境因素的干扰。生活上或社会上某些负能量容易对学生造成影响，他们还没有对国家有完整的认识。

他们并不完全懂有国才有家的道理，也不完全懂国富才能民强的道理。我在讲《我们神圣的国土》这一课时，教学设计如下：首先在导入环节播放视频《航拍中国》并思考：从视频中你看到了什么？对此你有什么感受？如果让你用一个词语形容我们国家的国土，你会用什么样的词语呢？让学生感受幅员辽阔、地大物博，提升对国家的自豪感。用问题式导入教学，引发学生思考。

从郑成功收复台湾的故事让学生认识台湾省，并从郑成功收复台湾的故事中知道台湾自古以来就是中国领土的一部分，中国领土神圣而不可侵犯。走进台湾：台湾省位于我国东南沿海，包括台湾岛以及附近的澎湖列岛、钓鱼岛、赤尾屿等岛屿。台湾岛山地面积大，气候温暖湿润，景色秀美，物产丰富，经济发达。“海上明珠”“亚洲天然植物园”“海上米仓”“东方甜岛”“水果之乡”等都是台湾岛的美称。台湾自古以来是我国领土不可分割的一部分。

历史故事会：请学生查阅一下民族英雄郑成功收复台湾的故事，与同学分享，并说说阅读故事以后的感想。学生对家国观念已似懂非懂，内心知道了我们国家的领土神圣庄严，永远不可以割让给别人。课堂上，我会尽可能教学生一些正能量和家国观的知识，让他们对国家有一份热爱，对祖国有一份热忱。

二、“家国情怀”的影响

《道德与法治》的教师强调培养学生的品格和能力，而不是局限于知识的传授。教师是培养学生核心素养的重要承担者，要以身作则，加强自身修养，努力成为一名“用人格做背景”的教师。特别是作为《道德与法治》课堂，教师在《道德与法治》课堂中的观念、品格等，都会潜移默化地感染学生的内心和观念，会对学生产生极大影响。积极的情绪对学生会有积极的影响，反之亦然。教师如果在《道德与法治》课堂上经常传递家国情怀，学生自然而然就会对国家产生根深蒂固的认同感，对学生正确的“三观”（世界观、人生观、价值观）都会产生积极的影响，甚至影响学生的一生。

三、“家国情怀”在课堂的渗透

把家国情怀落实在《道德与法治》课堂教学中，需要采用契合学生情感和认知的教学方式、方法，以情感为桥梁，确立课堂的核心立意；把家国情怀悄然渗透于课堂中，唤起学生对课堂中凝聚的家国情怀的体悟、认同与共鸣。

例如，在教学“传统美德，源远流长”一课时，让学生热爱中华民族，感受祖国传统文化的魅力，认识源远流长的传统美德，为伟大祖国感到骄傲自豪。

教学设计：

【明志】故事屋：秦始皇的志向、燕雀安知鸿鹄之志

阅读与感悟：阅读上述两则故事，你有何感悟？“有志者事竟成”，在向理想彼岸的远航中，只有不畏艰险、不断进取的人才能体验到成功的喜悦，而明志是为激流勇进的人生注入的第一推动力。

小小分享会：（1）你还知道哪些伟人的志向，他们的志向对你有何影响呢？

（2）你有着哪些志向和理想，你是否在坚定不移地朝着它前进？

小活动：请你写一写，自己的志向和理想是什么，你打算怎么实现它？

【气节】故事屋：苏武牧羊、朱自清的气节

气节指志气和节操，往往表现为坚持正义，在民族危急关头或强大的压力面前不屈服的精神。气节是以廉耻之心为基础的，没有廉耻，就不能坚持道德原则。做一个有气节的人必须做到：坚守原则、坚定意志、追求公平正义。

【诚信】故事屋：范式赴约

诚信既是一个人的立身之本，也是一个民族、国家的生存之基。“失信不立”是亘古不变的人生哲理。做一个有诚信的人必须做到：名实一致、言行一致、表里一致。

【学习】人格修养的标杆：文天祥、陶渊明、刘少奇等

人格修养是中华传统美德的重要部分，作为未来一代，每个人都应该在学习、实践的过程中培养自己的人格修养。教师可以运用故事和视频课件唤醒学生的感官，把他们带入情境；运用故事，营造场景，让学生融入情境；运用问题铺设，刺激学生思维，唤起他们的探究意识，从而创造情境，升华家国情怀。

◆**点评：**学习历史故事是为了鉴古知今。我们应以史为鉴，俯视当下，仰望将来，立足现实，品悟历史。因此，在课堂上可以进行恰当的情感升华，适时培养学生的家国情怀。

提升学生的道德水平修养不是一朝一夕的事。在课堂上教师可以多引用名人故事、寓言故事，不仅能激发学生的兴趣，也可以让学生认识并领会到榜样的崇高精神和品格所在。激发学生自律的动机，引导学生对照自己，找出自身行为上的闪光点。

我和祖国共成长

四川省攀枝花市仁和区东风小学教育集团　李　菊

《我和祖国共成长》一课，旨在充分让学生感受中华人民共和国成立以来发生的翻天覆地的变化，从而激发学生的民族自豪感和爱国热情，树立好好学习、长大为祖国建设贡献力量的远大理想。

本课离小学生的生活较远，教学内容空泛、涉及面广，教师教学时不容易引发学生的共鸣，不容易达到良好的教学效果。

因为小学生年龄小、生活经验少，所以对民族自豪感和爱国热情的激发，不能仅仅是教师在讲，而应该通过活动让学生自己去感悟。

◆课堂实践

一、活动背景

2020年是中华人民共和国成立71周年，中华人民共和国成立71周年的征程是一部奋斗史。在中国共产党的领导下，中国人民不仅站起来了，还日益强大，走上了世界强国之路。为了让学生更好地感受到中华民族是智慧、勤劳、勇敢的民族，中国社会主义建设的成就举世瞩目，培养学生的民族自豪感，树立好好学习成为祖国合格建设者的自信心，在祖国成立 71 周年之际，拟开展“我和祖国共成长”主题活动。

二、活动目的

让学生学会搜集、整理、运用资料，感知祖国的成长。

让学生能清楚地认识到自己所取得的进步，从而树立好好学习的自信心。

让学生感知、感悟祖国新时代的伟大成就，树立民族自豪感，从而培养孩子的爱国情怀。

三、活动过程

（一）课堂导入

1. 师（出示幻灯片 1 导入）：时光荏苒，岁月如梭，你们已从牙牙学语的幼儿变成了勤奋向上的少年，还记得你们的成长历程吗？（ 出示孩子成长的图片，让学生自己真正体会长大过程。）问：你感受到了？（设：我长大了。）

2. 师（出示祖国的发展历程 1949 至现在）问：我们的祖国从成立到现在的历程，你们知道吗？——出示中华人民共和国成立以来取得的科技成就，此刻你又感受到了什么？（设：祖国变强大了。）

3. 师：（出示特定幻灯片）我长大了，祖国也变强了！——出示课题幻灯片，随即板书：今天，我们就开展一堂“我和祖国共成长”的主题活动。

（二）小组汇报祖国的变化（购物、交通、医疗、娱乐）

师：课前，老师请你们从购物、交通、医疗、娱乐四个方面去收集、整理、汇报资料，你们准备好了吗？

参考：医疗小组《医疗发展 促小康生活》。

（三）家乡的变化

1. 师：李老师觉得你们真了不起，用不同的方式向我们展示汇报了祖国的成长，其实，祖国的繁荣富强，也带动着攀枝花的经济发展（教师出示攀枝花的水果之王杧果、石榴图片），哪些同学愿意来分享一下，有请我们攀枝花的小导游。

2. 听了他俩的代言，老师觉得作为攀枝花人特别幸福。（出示阳光康养图片：阳光攀枝花，一个诗意般的花城，阳光为媒，绿色之城；天然氧吧；医疗完备，康养天堂，阳光康养就是咱们的第二张名片。尤其是冬日的攀枝花，温暖宜人，吸引了很多候鸟老人来攀过冬。近年来，据统计，每年来攀过冬的候鸟老人已超过 3 万人次，攀枝花是中国有名的“康养胜地”，已被誉为“中国阳光康养第一城”！）

（四）谈理想

1. 师：（出示新时代祖国的图片）祖国的繁荣昌盛，家乡攀枝花的变化，都离不开各行各业默默付出的建设者。——（出示陈薇、钟南山图片）你认识他们吗？他们是谁？他们作出了哪些贡献？

2. 师：（出示爱岗敬业的工人、疫情期间逆行的医护人员、辛勤的教师、清洁工、主持人、歌手等图片）而你们将来也会成为他们中的一员，那你想成为谁呢？你想为我们的祖国做些什么呢？

3. 总结：老师坚信，在不久的将来，你们定能成为他们中的一员，为祖国的繁荣作出自己的贡献。为自己是中国人感到骄傲！

4. 情感升华。

全班一起朗诵节选《我骄傲，我是中国人》（配乐：《我和我的祖国》）。

我骄傲，我是中国人

在无数蓝色的眼睛和褐色的眼睛之中，我有着一双宝石般的黑色眼睛，我骄傲，我是中国人！

在无数白色的皮肤和黑色的皮肤之中，我有着大地般黄色的皮肤，我骄傲，我是中国人！

黄土高原是我挺起的胸脯，黄河流水是我沸腾的热血，长城是我扬起的手臂，泰山是我站立的脚跟，我骄傲我是中国人。

我是中国人——我那黄河一样粗犷的声音，不光响在联合国的大厦里，大声发表着中国的议论，也响在奥林匹克的赛场上，大声高喊着“中国得分”！当掌声把五星红旗送上蓝天，我骄傲，我是中国人！

◆**反思：**根据四川省教育厅、省少工委下发的《关于在全省中小学校深入开展“学习新思想，做好接班人”主题活动的通知》，我设计了这节《我与祖国共成长》主题活动课，设计时我依据学生的年龄特点和已有的生活经验，以我的成长—祖国的成长—家乡的变化—祖国的建设者—我的理想为主线，让学生用自己的眼睛去观察，用自己的心灵去体会，引导学生自主学习。在这次的教学实践过程中，不但使我有了新的收获，与此同时也使学生更加懂得从小树立远大理想，好好学习，通过自己的不断努力，长大后做有用的人，为祖国的繁荣昌盛作出贡献。当然在这次主题班会中还存在不足，如：为了课堂的实效性，所以我没有指导，其中医疗小组在汇报时不够自信，整个汇报过程紧张，还有就是在谈理想环节，我没有把时间把握好，以至于还有好多孩子没有表达的机会。

◆**点评：**四年级学生的年龄在 10 岁左右，思想由幼稚趋向成熟。他们开始对社会关注，并有自己的见解，但易被影响。他们求知欲、好奇心、独立能力增强，能自发地组织团体活动。部分孩子有能力有特长，但他们缺乏自信心，不敢展示自己。教师抓住孩子的心理特点和认知水平，贴近学生的生活去设计活动，让学生自己去查阅祖国成长过程中的交通、医疗、购物、娱乐四个方面发生的变化，并以学生喜欢的方式在班级内交流汇报。为了调动学生的主动性和创造性，整个教学过程，以我的成长—祖国的成长—家乡的变化—祖国的建设者—我的理想为主线，活动环节设计由浅到深、从表及里、层层深入。注重让学生深度参与到活动中，在活动中去体验、感悟和实践，让学生在一次次活动中，情感不停地流动，树立起民族自豪感，从而增强好好学习的自信心。

我的家庭贡献与责任

北京市顺义区北小营中心小学　张自永　王海云

《我的家庭贡献与责任》是《道德与法治》四年级上册第二单元“为父母分担”中的第 3 课。“为父母分担”这个单元是三年级上册第四单元“家是最温暖的地方”的延续和深化。本课由“我的家庭贡献”“我也有责任”两个板块构成。“我的家庭贡献”板块，通过设计陪伴关心支持家人、为家庭事务出主意、积极联络家人间的情感等方式引导学生用自己的创意和行动为家庭作贡献。“我也有责任”板块，通过设计让学生认识自己的家庭责任、体会负责任精神等内容，引导学生为家庭尽责。

习近平总书记曾引用《孟子》中“天下之本在国，国之本在家”的话来阐述家与国之间的关系：国家富强，民族复兴，最终体现在千千万万个家庭都幸福美满上，体现在亿万人民生活不断改善上，千家万户都好，国家才能好，民族才能好。孩子是家庭的希望，国家的未来，如果每个学生都能够把自己当成家庭的主人，拥有强烈的主人翁意识，把家里的事当成自己的事，主动为家庭作贡献、尽责任，长大后把国家的事当作自己的事，主动为国家作贡献、尽责任，那我们的国家何愁不强大，国家的富强也就指日可待了。

家是最小国，国是千万家，国与家紧密相连，密不可分。本课要达成的教学目标，就是要学生有为家庭作贡献的意识和行动，主动关心家庭生活，有家庭的责任感。我想，在课堂上通过学习这些内容，学生可以达到上面的教学目标。那么，是否可以在此基础上加以拓展和延伸，从家的层面上升到国家的层面，由主动为家庭作贡献、尽责任的层面提高到为国家作贡献、尽责任的层面。这样就能够把家与国有机地联系在一起，由爱家上升到爱国，使学生的思想得到升华。

◆**课堂实践**

这一课的教学内容，要求两课时完成。课堂教学中，如何升华学生的认识呢？我是这样设计的。

第一课时的教学内容是“我的家庭贡献”。在前面顺利完成教学目标的前提下，我进行了如下设计：首先是请学生回顾本节课的内容，使学生明确自己的健康成长、快乐生活、为家庭带来欢乐本身就是对家庭的贡献，对家人的陪伴、关心、支持是对家庭的贡献，主动为家里的事务出主意想办法是对家庭的贡献，做家庭成员之间的亲情纽带以增进亲人之间的情感交流也是对家庭的贡献。其次借助歌曲《国家》升华学生的认识。播放《国家》这首歌，请学生边听边思考，哪句歌词给你留下的印象最深，为什么？通过说歌词，阐释自己喜欢的原因，学生对国与家之间的关系有了新的认识，知道了国与家连在一起，家是最小国，国是千万家，国是家的保障，有了强的国，才有富的家。这时，我对学生讲道："同学们，现在咱们年纪虽小，但可以为我们各自的家庭作出自己的一份贡献。将来等大家长大了，有了渊博的知识，强健的体魄，一定不要忘记咱们共同的家——中国。从现在开始，时时刻刻要牢记，我是一个中国人，我要为我们的大家——国家作出自己力所能及的贡献。"

第二课时的教学内容是"我也有责任"。在学生顺利掌握了"承担家庭责任不能凭一时兴起，要量力而行。一旦选择了承担责任，就要坚持负责到底。要有主人翁的意识，处处为家庭着想，把家庭的事当作自己的事"之后，我借用两篇文章来提升学生为国尽责的意识。我对他们说："大家通过学习知道我们对自己的家庭负有责任。而说到责任，有一个和大家年龄相仿的少年在他十二岁的时候就对自己赋予了一份令老师万分惊讶的责任，'为中华之崛起而读书'。这到底是怎么回事呢，他又是谁呢？请大家欣赏故事《为中华之崛起而读书》。"接着我给他们朗读了从语文课本第 22 课《为中华之崛起而读书》中节选的部分。我观察到孩子们听课是那么的专注。听完无不对年龄那么小却胸怀祖国，把国家民族的富强视为己任的周恩来由衷地表示敬佩。总结时我对他们说："希望大家能够像周总理那样，从小就胸怀祖国，把国家的富强当作自己的责任，努力学习，对自己负责，对自己的家庭负责，更要对我们的国家负责。最后，老师把梁启超先生在 1900 年所作《少年中国说》中的几句话送给大家，希望同学们能够牢记责任与使命。'故今日之责任，不在他人，而全在我少年。少年智则国智，少年富则国富，少年强则国强，少年独立则国独立，少年自由则国自由，少年进步则国进步，少年胜于欧洲则国胜于欧洲，少年雄于地球则国雄于地球。'"

◆**反思：**家是最小国，国是千万家。通过本课的学习，学生有了为家庭作贡献的认识和行动，树立了对家庭尽责任的意识。学生认识到自己是家庭的一员，应该主动为自己的家庭作贡献、尽责任；国强家才好。在课堂上，我通过各个环节的教学活动，着重让学生知道为家庭作贡献、尽责任是自己的分内之事，理所应当。在学生明确这些之后，再进行拓展和提升就是水到渠成的事了。通过欣赏歌曲《国家》，交流喜欢歌词的原因，听《为中华之崛起而读书》的感人故事，诵读《少年中国说》中的经典语句，加之老师的引导，学生的认知层次会从对家庭方面的认识上升到对国家的层面，达成了课前设计的由爱家到爱国的升华。由此我也深刻认识到对学生进行思想教育时挖掘《道德与法治》课程资源的重要性。在今后的教学活动中，既要关注知识与资源的广度，更要关注知识与资源的深度，使对学生的思想教育收到更好的成效。

◆**点评**：设计本课教学时，对课程资源进行了深入的挖掘，既关注了学生的现有思想水平，更关注了学生思想的升华。通过具体的情境活动，学生懂得了自己作为家庭一员，要有主人翁的意识，把自己当作家庭的主人，力所能及地为家庭作贡献、尽责任。在此基础上通过欣赏歌曲《国家》，交流喜欢的歌词，听感人故事《为中华之崛起而读书》，诵读《少年中国说》中的经典语句等活动，学生的认知有了质的飞跃，由爱家上升到了爱国的层面。设计本课教学时，教师还注意了课堂资源呈现方式的多样性，既有动听的歌曲，又有令人感动的故事，还有朗朗上口的经典名句，多感官认知，使学生乐于接受。再有教师注意了学科间的融合，既有网上收集的资料，又有与语文、音乐学科相交会的内容，做到了多学科知识的融合。通过这样的设计，教学效果令人满意，学生们能够沉浸于情境之中，在潜移默化间思想得到升华。

这些事我来做

北京市丰台区长安新城小学　杨　建

四年级的学生已经可以在生活上照顾自己，而在实际生活中，由于家长宠溺、怕耽误学习等原因，他们参与家庭劳动的机会有限，劳动观念比较薄弱，没有形成主动承担家务劳动的责任意识。本课是在帮助学生懂得劳动对自己的重要作用，正确认识家长的溺爱行为，体会父母为家庭忙碌的辛苦，管好自己，少给父母添麻烦，做一些力所能及的家务活，减轻父母的负担，为家庭事务出主意，用自己的行动为家庭作贡献。

我国古人早有对少年儿童做家务方面的事例与论断，旨在培养孩子的好习惯、处事能力等。古人在培养自理自立自强的人这方面有很多经验，是我们中华文化的宝贵财富，可以借鉴之。

◆课堂实践（片段）

环节一：换位思考知父母

师：大家还记得这首诗吗？“慈母手中线，游子身上衣。”是啊，父母对我们的养育之恩是在生活的琐碎之中的，对你的衣食住行都会操心劳力。当我们要为他们分担家务活时，他们怎么又不愿意让你干呢？我们来了解一下他们的想法吧！

（一）畅所欲言，诉说苦恼

1. 观看书中事例：大人们不让做家务的缘由。

2. 对比之后，说说自己的相似经历。

【设计意图】相似的经历，学生会产生共情。

（二）设身处地，换位思考

大人们为什么不让我们做，大人们担心的是什么？

可能：怕我们累着、学习最重要、帮倒忙……

【设计意图】正确认识并看待家长的溺爱行为和其背后的想法。

（三）家长担心，引发思考

可能：年龄小怕累着、安全问题、影响学习……

追问：家长的这些态度和担心有一定的道理，难道我们就不用做家务了吗？你觉得怎么才能说服大人放心，让我们做家务呢？

【设计意图】设问引发学生思考，激发他们的参与热情。

环节二：出谋献策解烦忧

1. 分享故事、礼仪要求。

出示 1：扫一室与扫天下的故事。

据《后汉书 · 陈王列传》记载：东汉名臣陈蕃少时独居一室而院内龌龊，其父之友薛勤批评他："孺子何不洒扫以待宾客？"陈蕃答道："大丈夫处世，当扫天下，安事一屋乎？"薛勤当即反驳："一屋不扫，何以扫天下？"

翻译过来就是，东汉名将陈蕃小的时候单独居住的庭院十分肮脏，他父亲的好友薛勤批评他说："你为什么不将庭院打扫干净后接待来客呢？"陈蕃答道："大丈夫处世的道理就是，应该关心天下大事，有必要去打理一小屋子的事吗？"薛勤当即反驳他说："一小屋子的事都做不好，有什么本事去治理天下事呢？"

出示 2：宋代大儒朱熹《大学章句》序。

《大学章句》序中写道："人生八岁，则自王公以下，至于庶人之子弟，皆入小学，而教之以洒扫应对进退之节，礼乐射御书数之文。"所谓"洒扫"，是指对学生的教育要从生活的劳动教育入手，以使其养成清洁整齐的习惯。"应对"则是在待人接物方面的礼节教育，释义洒水扫地，酬答宾客：积极引导、鼓励学生自主学习和养成良好的礼仪和劳动习惯。

追问：听完故事你有什么感受？

小结：我们从一点一滴的小事开始积累，才能做成一番大事业。可以把这个有意义的故事讲给家长听，相信父母会理解我们的。

2. 力所能及：应该从力所能及的事情开始，用实际行动证明自己能胜任，打消大人的顾虑。

小结：做家务时有的同学想做就做，不想做就不做，有时挑三拣四，这也是大人不让我们做家务的原因之一，怎么办？

3. 持之以恒："万事从来贵有恒"，我们应长时间地坚持做家务。

【设计意图】出示古代贤者等曾经说过的话、做过的事，明白"扫一室"与"扫天下"之间的联系，体会到家务事虽小，却能培养能力与责任感。明白做事贵在坚持，明白"累积小成功，终成大事业"的道理。

环节三：写信表达诉衷肠

1. 阅读刘晓慧给妈妈的信。

2. 说说学到了哪些与父母沟通的方法。

小结：写信与家长沟通要做到态度诚恳、言语恭敬，换位思考，体谅父母，真诚地把自己的诉求表达清晰，这样才会得到家长的理解。

1．总结沟通方法。

出示“三块魔石”，见教材第 38 页。

小结：与大人沟通的智慧，掌握三块魔石：道理魔石、恒心魔石、巧思魔石，相信有了这三大“法宝”，就一定会说服父母，帮助你得到做家务的机会，实现做家务的愿望。

2. 如果你也遇到这样的情况，你准备写一封怎样的信与大人沟通，使他们理解你呢？

【设计意图】学习沟通交流方式与技巧，仿照练习，学以致用。

环节四：练习应用巧沟通

创设情境，学以致用：遇到下面的情形，你将如何与大人沟通？

1. 情境一：想帮奶奶择菜，可奶奶却说：“不用你帮，你去看书吧！”

2. 情境二：你正高兴地擦地，妈妈皱着眉头说：“太不干净了！算了，还是我来擦吧！”

追问：这时候你会不会赌气不干了呢？

3. 你觉得还会出现什么情况，打算怎么解决？小组讨论后演一演。（教师巡视，找出有代表性的问题，组织学生看后讨论交流。）

【设计意图】激发学生的积极性，使其主动参与互动，解决生活中的问题，锻炼沟通技巧。

◆**点评：**从学生实际生活入手获得第一手资料，充分掌握学情，安排好课堂活动，通过列举古人在教育少年儿童时的事例、论断，从而使学生体会到从古至今参与家务劳动都是很重要的，能培养好的习惯，提高自身劳动能力、管理能力等，老师加以生动讲解，学生听起来津津有味，实现了教育的迁移。而后通过讲故事、解名言、读写书信、创设情境演一演等不同活动，激发了学生积极主动参与课堂活动的热情。在活动中体谅家长的想法做法，正确看待他们对自己的溺爱，从而明白自己要怎么做才能取得家长的信任，学习了沟通交流的方式与技巧，继而自己去争取参与家务劳动锻炼能力的机会。尤其是教师设计在课堂上分组活动，模拟家庭中遇到的现实问题并想办法去解决的表演环节，学生开始演得不具体，教师现场启发学生想办法，然后再演。学生用心观察后，又认真表演，让他们互相学习借鉴，效果立竿见影，学生都很受触动。

中华民族一家亲

北京市东城区西中街小学　孙思博

随着社会的不断发展，中国教育也不断地进行深化改革。近年来，我国将“立德树人”作为根本任务，践行社会主义核心价值观。在新课程改革的推动下，小学《道德与法治》课程坚持“德育为先”，以学生生活为基础，以形成具有良好道德与行为习惯为核心，促进学生自我意识的发展。《道德与法治》学科的教学，对学生的道德品质以及思想观念培养起到了重要的作用。

《中华民族一家亲》是五年级教材第三单元“我们的国土，我们的家园”主题中的第 2 课。本课有三个板块，第一个板块的话题是“中华民族大家庭”，意在让学生了解到中华民族是由 56 个民族共同组成的大家庭，是统一的多民族国家，并在不断的历史演变中，形成了平等、团结、互助、和谐的社会主义新型民族关系。第二个板块的话题是“各民族谁也离不开谁”，意在通过引导学生在收集、整理并运用信息的过程中，理解并认识到在我国历史发展过程中形成的中华文化是各民族共同努力的结果。第三个板块的话题是“互相尊重 守望相助”，意在让学生知道各民族在文化习俗、生活环境等方面虽然各有不同，但都在为美好的生活而不断努力奋斗。现在，虽然我国各民族的发展还不均衡，但只要相互了解、彼此尊重、互帮互助，就能共同发展、共同进步，成为相亲相爱的一家人。

◆**课堂实践**

在多元文化并存的今天，民族团结关乎着祖国的发展和统一。五年级学生对于其他民族的生活习惯、风土人情并不是很熟悉，他们的视野与经验仅限于自己身边的人和事，如何让学生以开放的心态认识、重视、接纳各民族的文化，增强民族自豪感和民族团结意识，培养和激发正确的民族观和爱国主义精神至关重要。

鉴于《中华民族一家亲》是一节综合性很强的课程，其包融地理、社会、文化、品德教育于一体。因此，关注主题目标、关注学科特点、关注学生在学习过程中的主体作用、关注课内外的关联、关注学生的体验与感悟是上好这节课的关键。综上所述，我在课堂教学中精心设计了以下教学过程。

一、歌曲导入，经典回望

播放歌曲《爱我中华》导入新课，用学生耳熟能详的经典音乐烘托氛围，让学生根据生活经验畅所欲言，了解我国是个有着 56 个民族的大家庭，56 个兄弟姐妹是一家，自然而然地导入新课。

二、合作探究、交流展示

环节一：寻找我们的兄弟姐妹

出示《2010 年第六次全国人口普查数据饼形图》，使学生直观地看出中华人民共和国是全国各族人民共同缔造的统一的多民族国家。同时，让学生自己动手找一找我国的自治区，引导学生了解我国少数民族有着大散居、小聚居的分布特点。结合《中华人民共和国宪法》第四条的明确规定，了解法律规定的民族平等原则。在此基础上，适时补充一些民族政策知识，让学生感受国家政策、法规对少数民族的尊重。

环节二：了解我们的少数民族

课前让学生上网收集了相关资料。在课上，创设情境让学生以小导游的身份介绍汇报自己了解到的少数民族特点与风土人情。让学生在自主讲解中，收获民族知识，从而了解各民族的风土人情。

环节三：民族知识大比拼

以填空题、选择题的形式，让学生听了小导游的讲解，再结合其平时积累，帮助学生进一步了解不同民族的历史文化、生活习惯和风土人情，使学生尊重、理解不同地区人民的生活方式、礼仪内容。

环节四：热议兄弟姐妹

通过提问、小组交流等方式，培养学生的民族自豪感，使其学会正确看待民族关系，学会正确对待少数民族同胞。

三、精讲点拨，学科建模

结合《茶马古道》的故事，进行课堂小结。使学生了解到我国是一个统一的多民族国家，各族人民和睦相处、友好往来，在分布上交错杂居，文化上兼收并蓄，经济上相互依存，情感上相互亲近，形成了你中有我、我中有你，谁也离不开谁的格局，激发学生的家国情怀和民族认同感。

◆**反思：**《道德与法治》课程是一门集地理、历史、政治、实践于一体的综合课程，其主要的教学形式就是教师与学生之间的互动式活动，通过学生直接参与活动的行为实践来体现课程目标。

五年级的学生具有了一定的查阅资料与探究的能力。因此，在《中华民族一家亲》一课的教学过程中，我采用了播放歌曲、小组合作、知识问答等多种教学方式，不断调动学生参与课堂学习的积极性。尤其是课前让学生上网收集少数民族习俗等相关资料，自主组织用精练的语言进行汇报，创设情境以小导游的身份展示成果，引导学生进一步了解各民族的生活习惯和风土人情，感受各民族平等、团结、互助、和谐的民族关系，拉近课堂学习与现实生活的距离，掀起学生学习与活动的热潮，构建民族一家亲的认识，增强民族大团结的情感。

◆**点评：**培养什么人是教育的首要问题。教育必须把培养社会主义建设者和接班人作为根本任务，为国家培养一代又一代拥护中国共产党领导和社会主义制度，立志为中国特色社会主义奋斗终生的有用人才。这就要求教育应以弘扬爱国主义精神为核心，从爱国、修身、研学三个层次对学生进行教育引导，培养学生的家国情怀，对民族文化的认同感和归属感，以及对国家和人民的深情大爱和对富民强国理想追求的使命感和责任感。

家国情怀是我国传统文化中的重要内容。社会主义核心价值观中将国家、社会以及公民三方面的价值紧密结合在一起，其内在价值的体现就是家国情怀。家国情怀能够使学生具有正确的价值观念，培养学生的爱国情感。因此，家国情怀的培育是学生社会主义核心价值观和核心素养发展的基础。由于五年级学生对民族现象、民族特点等关注度有所提升，但对于各民族的分布特点、民族之间的交流交融，各民族之间相互尊重、守望相助、共同创造中华文化等方面的了解仍有片面性的特点。因此，在教学中，我尝试不断整合资源，力求以更丰富多彩的教学形式达到知行结合、情感升华的教学效果。

在这节课的教学中，作者结合教学内容确定教学目标，对学生有意识地进行家国情怀培养，注重体现学生的自主性。不管是课前的收集整理，还是课内的展示交流，都是学生或独立或合作加以完成的，让他们带着自己的知识、经验、思考、灵感、兴致参与课堂活动，再配以多种方法启迪思维，步步紧扣主题，层层递进。课堂上对学生进行情境创设，理念开放，放手让学生展示，使学生在学习中能够正确认识我国新型民族关系以及民族团结对于国家发展的重要性，激发了学生的爱国情感，引导学生形成正确的观念。在循序渐进的思想引导中，使学生能够在学习、领悟中了解并对家国情怀产生认同感，促进学生道德品质的健康发展。

古代科技 耀我中华

北京市大兴区魏善庄镇第二中心小学 韩树精

五年级《道德与法治》上册教材《古代科技 耀我中华》中，介绍了我国已有几千年历史的中医药学。它独特的医学理论、诊疗方法和丰富的中草药为无数人解除了痛苦。中医是中国原创性的医学，是中国对促进人类社会发展的第五大发明，是中华传统优秀文化的重要组成部分。它既是中国的国粹，也是世界医药宝库中的瑰宝。

课堂实践从学生学过的课文《李时珍》入手。李时珍是明朝非常有名的医药学家。他撰写的《本草纲目》这本药学著作共52卷，记载药物1892种，收集医方11096个，分为60个大类。

中国历史上还有很多著名的医学家，如扁鹊、张仲景、华佗、孙思邈等。

现代中医看病的望、闻、问、切四诊法就是扁鹊发明的。望诊就是看病人的脸色，闻诊就是听听病人最近做了什么事情后生病。问诊，问一问有没有干可能导致生病的一些事。切诊就是看看他的脉搏。当时扁鹊称它们为望色、听声、写影和切脉，这些诊断技术充分地体现在史书所记载的他的一些治疗的案例中。如大家熟知的《扁鹊见蔡桓公》，就说明他十分重视疾病的预防。他之所以多次劝说及早治疗，就寓有防病于未然的思想。他认为对疾病只要预先采取措施，把疾病消灭在初始阶段是完全可以的。同时他在治疗方面能熟练运用综合治疗法。

据史书记载，东汉恒帝在位时大疫三次，灵帝在位时五次。献帝建安年间疾病流行更甚。成千累万的人被病魔吞噬，以致造成十室九空的空前劫难。张仲景行医游历各地，目睹了各种疾病的流行对百姓造成的严重后果，也借此将自己多年对伤寒症的研究付诸实践，进一步丰富了自己的经验，充实和提高了理性认知，经过数十年含辛茹苦的努力，终于写成了一部名为《伤寒杂病论》的不朽之作。他创造了很多剂型，记载了大量有效的方剂。其所确立的六经辨证的治疗原则，受到历代医学家的推崇。这是第一部从理论到实践、确立辨证论治法原则的医学专著，是中国医学史上影响最大的著作之一。

华佗是东汉末年著名的医学家。他与董奉、张仲景并称建安三神医。他医术全面，尤其擅长外科，精于手术病。精通内、妇、儿、针灸各科。他首创用全身麻醉法实施外科手术。有外科鼻祖、外科圣手等美誉。现在我们对医术高超的医师也可以称为华佗再世。大家都听过关于刮骨疗毒的故事吧，讲的就是华佗给关羽治箭伤的事儿。除此之外，他还熟练地掌握了养生、方剂、针灸、手术等治疗手段。诊断精确、方法简洁、疗效神速，被誉为神医。

孙思邈，唐代医药学家、道士。著有《千金要方》，被后人称为“药王”。他不仅精于内科，而且擅长妇科、儿科、外科、五官科，在中医学上首次主张治疗妇女儿童疾病要单独设科。在著作中首先论述妇儿医学，声明是重本之意。他非常重视妇幼保健，著《妇人方》三卷，《少小婴孺方》二卷，置于《千金要方》之首。

介绍了这么多的古代医药学家，接下来我们就认识一位现代女科学家。

屠呦呦，是首位获得诺贝尔科学类奖项的中国女科学家。她出生于 1930 年 12 月 30 日，是中国共产党党员，药学家，浙江宁波人。1951 年考入北京大学医学院药学系生药专业。毕业后接受中医培训两年半，并一直在中国中医研究院工作。从事多年中药和中西药结合研究，突出贡献是创制新型抗疟疾药青蒿素和双氢青蒿素。挽救了全球，特别是发展中国家数百万人的生命。2015 年 10 月获得诺贝尔生理学或医学奖。理由是她发现了青蒿素，该药品可以有效降低疟疾患者的死亡率，因此她成为首获科学类诺贝尔奖的中国人。

新冠肺炎带给我们的思考：鼠年的钟声敲响，一场无硝烟的战争开始了，人们大都沉浸在快乐的新年中。然而，新型冠状病毒的出现，打破了在外游子回家团聚的愿望。取消所有的集会、聚餐，居家不得外出。封城封村向外扩散开来。随着疫情的发展，人们也意识到了这次疫情的严重性。84 岁高龄的钟南山院士亲赴武汉，才知这是一种新型病毒。没有有效的预防和治疗措施，看着一天天不断更新增长的感染人数，听着广播电视中不断传来的疫情信息，人们有些不知所措。但我们的医务工作者一刻也不能停歇。1 月 27 日，张伯礼院士讲了就中医药对新型冠状病毒感染的肺炎防治可全程发挥作用。他说新型冠状病毒感染的肺炎是病毒感染和机体免疫状态博弈的结果。中医治疗往往不是着眼于病，而是调动机体自身的抵抗能力，在改善临床症状、减少并发症、提高生活质量等具有独特优势，这和靶点治疗一样，同样可以治好疾病。2019 年召开的全国中医药大会上明确提出，推动中医药和西医药相互补充协调发展，充分发挥中医药预防治病的独特优势和作用。可见在国家层面上，对我们的中医药学也是非常重视的。中医药学是我国独具特色的科学，它的发展过程就是不断吸收历代医学实践的成果，不断有所创新的过程。在科学技术日新月异的今天，中医药学的发展更需要依靠科学技术来更好地传承与创新，使其发扬光大，发挥它的独特作用。中国的灿烂文化、中国的科技耀我中华。作为一个中国人，应该感到骄傲和自豪。

◆**点评：**说起古代的四大发明，人人皆知。但作为中国第五大发明的中医药学，却逐渐被西医替代。其实，中医几千年的发展史，为人类的健康作出了巨大的贡献。它创造了两个世界科学史奇迹。一个是历史的奇迹，中医为中国人民繁衍生息保驾护航。另一个是现实的奇迹，中医为那些患有疑难怪病的病人解除痛苦。它独具特色，是世界医学的瑰宝，我们要加以传承和创新。教学设计中介绍了扁鹊、张仲景、华佗、孙思邈等古代著名医学家的医学贡献，也介绍了现代女科学家屠呦呦发现的青蒿素拯救了数百万人的生命。并结合2020年突发的新冠肺炎，中医药在预防治疗过程中起到的积极作用，进一步阐述了神奇的中医自然哲学。以自然之物、自然之法，医自然之身。五千年来，一根针，一把草，护佑了千千万万炎黄子孙。中医是一种文化，西医是一种技术。中医是治疗患病的人，西医是治疗人患的病。我们要把这种文化一代一代传承下去，我们生长在伟大的中华，它有灿烂的文化、独具魅力的科学。我是中国人，我爱中国！

意蕴隽永的汉字

北京市第八十中学牌坊分校　彭铁鹤

《意蕴隽永的汉字》是人教版《道德与法治》五年级上册第四单元“骄人祖先 灿烂文化”第一主题“美丽文字 民族瑰宝”第三栏题中的教学内容。本课内容是贯彻核心素养中“社会参与”领域“责任担当”中“国家认同”这一基本点的重要素材，更是实现党和国家对于优秀传统文化战略定位的重要素材。汉字作为记载中华民族数千年历史、传承其辉煌灿烂文明的语言，其起源和发展都体现着深厚的文化底蕴，同时包含着丰富多彩的故事，是中华民族的象征。引导学生了解汉字的发展演变和独特魅力，体会汉字是中华民族智慧的结晶，激发学生对汉字文化的热爱之情和民族自豪感，是实现以上宏伟目标的一块小小基石。

◆课堂实践

环节一：说名道姓引汉字　引发体验激兴趣

【设计意图】紧贴学生生活，以学生名字为切入点，引出课题，激发学习兴趣，初步感受汉字的丰富内涵。

1. 导入语：在今天的课上，老师先和大家玩一个猜姓名的小游戏。老师把同学们的名字藏在了几组短语中，请你们猜一猜这些都是谁的名字呢？

（组织学生进行猜姓名的游戏。）

2. 过渡：咱们同学之间真的是非常熟悉，很快就猜到了结果。可以看出来，长辈在给我们起名的时候，都寄予了美好的祝福和期望。那到底是什么让我们的名字有这么丰富的含义呢？

（预设：汉字。）

归纳：没错，正是一个个汉字组成了我们意义非凡的名字！今天，咱们就从大家的名字说起，一起走进汉字，探寻汉字背后的奥秘。

（板书：意蕴隽永的汉字。）

环节二：前世今生话汉字　促进体验增自豪

【总体意图】通过三个不同方式的教学活动，使学生感受到汉字的魅力以及蕴藏在其中的深刻含义，产生对汉字的喜爱之情、对中华文化的自豪之感。

（一）交流分享，感悟智慧——感受汉字中体现的智慧与创造力

【设计意图】学生通过填写课前自学单、课上小组交流汇报，能够举例说出汉字是古代先民在观察大自然和生产劳动中创造出来的，感受我国古代先民的智慧和创造力，进一步提高口头表达能力和联想力。

1. 过渡：课前老师给大家布置了自学单，下面我们就用这些资料来完成本节课的第一个任务：汉字考古员。我们一起来看一下任务要求。

（课件出示第一次小组活动的任务和要求。）

2. 过渡：哪个小组愿意和大家分享你们的学习成果呢？

（学生小组进行班级分享，教师进行点评。）

归纳：感谢同学们的分享，你们的很多想法都和专业的考古学家一样，老师要给你们点个赞。我们再通过一个精彩的小视频直观地感受这一内容。

（课件出示《汉字中国》视频。）

3. 小结：古代先民不但通过认真观察大自然创造出栩栩如生的汉字，而且在生产生活的过程中也勤于思考和总结，创造出了生动形象的汉字。它的一笔一画都展现了先人非凡的创造力和想象力，体现了我们中国人的聪明才智。

（板书：显智慧。）

（二）合作造字，体会情怀——体会汉字中蕴藏的思想和情怀

【设计意图】通过小组合作进行“造字游戏”，能够举例说出汉字中蕴藏着中华民族传统的思想观念和人文情怀，进一步提高口头表达能力和联想力。

1. 过渡：但是如果你以为这就是我们汉字的全部魅力了，那你就太小瞧它们了。接下来我们一起进行本节课的第二个任务——造字大师，来看一看汉字还有着哪些魅力。我们先来看一下任务要求。

（课件出示第二次小组活动的任务和要求。）

老师先给同学们举个例子，我们先一起看看这个字（德）。

2. 过渡：哪个小组愿意和大家分享你们的造字成果呢？

（学生小组进行班级分享，教师进行点评，简单解释课件中“孝”和“信”的含义。）

3. 小结：汉字不仅外形美，还有着深刻的思想美、内涵美。我们的祖先通过一个个汉字，向后世诉说着中国人的价值观和传统美德，告诉我们怎样做人，怎样做事……小小汉字中蕴含着中国人的思想情怀。

（板书：蕴情怀。）

正所谓“圣人传汉字，字字藏珠玑。谁解其中妙，人生获真谛”。

（板书：圣人传汉字，字字藏珠玑。谁解其中妙，人生获真谛。）

（三）深入思考，识别信息——挖掘汉字中传递的古代社会音信

【设计意图】通过观看教师提供的代表性汉字图解，知道汉字传递着来自古代社会的信息。

1. 过渡：通过这个活动，同学们一定对汉字有更深一步的认识了，但如果你又以为这是我们汉字的全部魅力了，那你就又小瞧它们了。下面我们来一起完成第三个任务：火眼金睛。

（课件出示甲骨文“家”的含义，及“贵”“财”“购”“账”字的含义。）

从这些字的结构中，你有哪些发现呢？

预设：猪在古代社会是个重要的资产，贝壳在古代和钱有关系。

归纳：同学们的观察力真强，一下就看到了汉字中透露出的外部信息。

2. 小结：像这样的汉字还有很多。小小的汉字隔着千年的岁月，向今天的我们传递着来自古代社会的音信。它就像中华文化的“活化石”，描绘了千百年来我们中华民族发展的轨迹。

（板书：传信息。）

环节三：迁移拓展赞汉字　深化体验强责任

【设计意图】通过出示新闻图片和视频资料，使学生认识到汉字文化已经走向国际舞台，进一步加深其喜爱汉字的情感、增强责任感和使命感，萌发保护汉字、传承汉字的意识。

1. 过渡：正因为汉字的魅力如此之大，近些年来，不仅国内的汉字文化活动层出不穷，甚至非常多的外国人也开始学习汉字。课前老师让同学们搜集了有关“汉字热”的新闻时事，哪位同学能说说你们的搜集成果？

（学生汇报，教师点评，课件出示国内外汉字文化热的图片。）

过渡：看完这些资料，你有什么样的感受？

预设：骄傲、自豪，汉字的生命力顽强。

归纳：同学们说得很有道理，老师跟你们有着同样的感受。汉字是我们中国人骄傲自豪的文化瑰宝，经历数千年岁月的洗礼，古老的汉字反而迸发出更强的活力。

2. 过渡：然而在现实生活中，汉字却面临着非常严重的危机。令人哭笑不得的错别字现象随处可见，而且随着计算机、手机的普及，人们的打字速度倒是越来越快，可对书写汉字却越来越生疏。

（课件出示错别字和计算机网络对汉字书写的冲击。）

3. 过渡：其实，在人类的历史长河中，出现过很多古老悠久的文字，例如古埃及的文字、两河流域的楔形文字。但如今它们早已经消亡了，变成了无人使用的死文字。同学们，想到这些，你们觉得应该怎样去对待汉字呢？

预设：认真学习语文，认真学写汉字，把汉字文化传承下去。

（板书：保护，传承。）

4. 小结：同学们说得真好，老师相信你们都能说到做到。希望你们学好汉字、写好汉字、用好汉字。端端正正地写汉字，堂堂正正地做中国人。

◆**反思**：体验式学习是《道德与法治》学科常用的教学模式，其重要价值在于让学生在教学活动中获得真实感受，这种内心体验是形成认识、转化行为能力的原动力。因此，与其向学生单方面讲述汉字如何伟大，不如让学生自己“造字”，从游戏中切身感受汉字蕴藏的无穷魅力，这正是本节课第二个教学环节的设计思想，其效果是令人满意的。此外，本课的教学环节由浅入深，层层深入，从了解汉字创造中体现出先民的智慧，提升到汉字里蕴含着的中华民族的情怀，再到小小汉字中描绘出中华文化的发展轨迹，通过一个个生动有趣的教学活动，学生逐渐感受到小小汉字中的奥秘，萌生对汉字文化的热爱之情，激发对中华文化的认同感和民族自豪感，从而受到了润物细无声的爱国主义教育。

◆**点评**：本课从学生最熟悉的名字说起，谈到生活中常见的各种错别字，再到新闻时事、电视节目等，与学生实际生活紧密相连，拉近与学生的距离，使学习不仅仅停留于书本上，而是真正地联系实际、解决问题，且充分地调动了他们的学习兴趣。此外，本着课程资源的利用应为教学服务，力求切合实际的原则，本课对教学内容和课程资源进行了整合和删改，以“用教材教”取代死板的“教教材”，优化了课堂，提高了实效。虽然是围绕汉字的价值展开教学活动，但并不拘泥于单纯的“教师给字、学生猜含义”的模式，既有小试牛刀的猜姓名，又有联系甲骨文的课外学习，更有组图成字的小游戏，丰富多样、趣味十足的教学活动很好地调动了学生的学习积极性，较好地完成了教学目标。

美丽文字 民族瑰宝

成都市龙泉驿区向阳桥小学　陈小敏

《美丽文字 民族瑰宝》是统编版《道德与法治》五年级上册第四单元“骄人祖先 灿烂文化”的内容，编写依据是《品德与社会课程标准》中主题五“我们的国家”第 9 条“知道我国是有几千年历史的文明古国，掌握应有的历史常识，了解中华民族对世界文明的重大贡献。珍爱我国的文化遗产”。其由“丰富多样的文字”“古老而优美的汉字”“意蕴隽永的汉字”“影响深远的汉字”四个板块构成。

本节课是该单元的第二课时，教学内容是“意蕴隽永的汉字”和“影响深远的汉字”。

大多数学生从小学习说汉语、写汉字，但缺少对我国文字的整体认识，缺少对汉字意蕴的有意识探究和挖掘，缺少对汉字的认同感和自豪感。

◆课堂实践

一、活动探究，感悟汉字蕴含的丰富寓意和思想观念

（一）全班探究“孝”字，梳理流程，感悟意蕴

1. 出示古汉字“孝”，猜一猜。

师：同学们，咱们每天说汉语、写汉字，这节课，让我们一起走进“意蕴隽永的汉字”世界。老师给大家带来了一个从古代走来的汉字，猜一猜，这是什么字？（张贴字卡“孝”。）

评价：汉字是我们祖先在生产劳动中创造出来的，它的形体和它所表达的意义之间有着密切的联系。分析字形有助于我们了解它。（板书：。）

2. 这个字是什么意思呢？引导学生观察下面的“子”搀扶着上面的“老”。

评价：“老”在上，“子”在下，“子”搀扶着“老”，这就是尽孝道啊！（板书：美德。）《孝经》里说，人之行，莫大于孝。孝，是为人之本；敬，乃做人之根。尊老、敬老是中华民族的传统美德，这就是“孝”字的“意蕴”。

3. 你知道哪些关于孝道的故事？

预设：指名 2~3 位学生讲述，引导学生从古至今、由人及己地讲述。

小结：“百善孝为先”，古有（根据学生回答：黄香凉席温被、王祥卧冰求鲤……）今有（根据学生回答：帅小伙给娘捶背、美姑娘制作爱心礼物……），这样的美德跨越千年，历久弥新，在新的时代、在我们的身上焕发出无穷的魅力，而这一切，都浓缩在这个“孝”字里面，可谓意蕴隽永。

4. 梳理思路，小结流程：怎么感悟汉字传递的隽永意蕴？我们一起来回忆一下刚才探索“孝”字的过程。根据学生的回答，梳理并板书。（出示准备的板书：分析字形、猜想意思、链接故事。）

【设计意图】探索“孝”字的过程，是感悟汉字意蕴的过程，更是帮助学生捋清思路的过程。通过梳理，我们找到了探究汉字意蕴的流程，让后面的交流有章可循、有话可说，即便是基础较差的学生，也能大致从这三方面入手，有一点感悟。

（二）学生运用流程，自主介绍，感悟意蕴

1. 老师这里有四张字卡（出示字卡：“信”“忠”“和”“友”的古汉字），咱们按照刚才的步骤来给大家讲解一下。先选一个字讲给同桌听，再讲给大家听。

2. 同桌交流。

3. 全班交流。

相机追问：你有什么体会？生活中哪里有这个字？为什么它会出现在这里？

根据学生的讲解、补充，相机在“猜想意思”后面板书：标准、准则、规范……

使用名言相机评价，如：人而无信，不知其可也。——孔子

礼之用，和为贵。——《论语·学而篇》

……

4. 是呀，可别小看了这些小小的汉字，它们的身体里蕴藏着大大的学问，从这些汉字中你读到了——（回扣板书：美德、标准、规范、思想……）

5. 小结：这些都是“德”。“德”的古汉字是这样写的：出示“德”字四通八达的道路部分及相应的对话框；出示“德”字眼睛部分及相应的对话框。“德”字以“行”和“直”的组合，来表示人要走正道，不要误入歧途，反映出古人遵照正确原则行事的道德观念。

【设计意图】这四个字是教材上的范例，课前布置学生预习，课上用自己的话表达出来，越表达，越清晰，越表达，越铭记。在学生介绍的过程中相机追问：有补充吗？你有什么体会？生活中哪里有这个字？为什么它会出现在这里？启发学生去感悟“标准”“准则”“规范”，去感悟这些字从远古走来，样子变了，精神内核却被传承了，还被广泛运用到相关生活场景中。

（三）探寻名字的秘密，体悟期许和传承

1. 我们的名字也是由一个一个汉字组成的，课前，我们选择姓名中最感兴趣的一个字展开了探究。现在我们来分享一下吧。

2. 四人小组交流，结束后去和老师们交流。

3. 全班交流，使用展台。（交流结束，将字卡张贴于黑板。）

4. 小结：汉字是时间的纽带，它让我们悠久的文明传承至今，却璀璨如新；汉字是空间的纽带，它让我们口音各异，却可以看着同一封家书，落泪伤心；汉字是情感的纽带，它让一代又一代人的期许延续至今。

【设计意图】这个活动是教材第 69 页实践活动的一个体现，学生从很感兴趣的名字开始，通过四人小组交流、和老师们交流、全班交流，进一步感悟到汉字的丰富寓意和思想观念，教学重点得以突破，并且为学生探究其他汉字及其故事打开了大门。

5. 出示“鉴”字演变过程，揭示：也有一些汉字，描绘了中华文化发展的轨迹。这是对前面探究活动的补充。

二、阅读生活，感受汉字的独特魅力和深远影响

1. 这样音形义兼美的汉字被传播到许许多多国家，大家都争相学习汉语，学写汉字！

2. 出示汉字影响的视频课件：“汉字文化圈”，日本、朝鲜、新加坡等国家的店铺招牌、货币等图片，孔子学院开设情况，联合国工作语言，外国人学写汉字，王选与汉字激光照排系统。

3. 交流：你有什么感受？

小结板书：汉字可谓影响深远。（板书：影响深远的汉字。）

4. 总结：同学们，“横平竖直皆风骨，撇捺飞扬是血脉”，文字在被创造的时候，它的构造就代表了一层含义，一个道理，一种文化，甚至是我们中国人骨子里的一种精神。很高兴这节课和大家一起探索，一起沉思，愿你们带着长辈的期许努力学习，将中华文化传承、发扬光大。（板书：太阳的轮廓，完成板书）就如这初升的骄阳，喷薄而出，大放异彩！（在《中国字 中国人》的音乐中结束上课。）

【设计意图】此环节主要通过数据、资料等分享，了解汉字对世界文化的影响，使学生为汉字自豪，懂得珍视祖国的传统文化。数据、资料的冲击，给学生的情感天平添上了重重的砝码，第一环节探究到的隽永意蕴再次涌上心头，交流感受，学生能够谈到为汉字“自豪”。教学难点得以突破。

【板书设计】

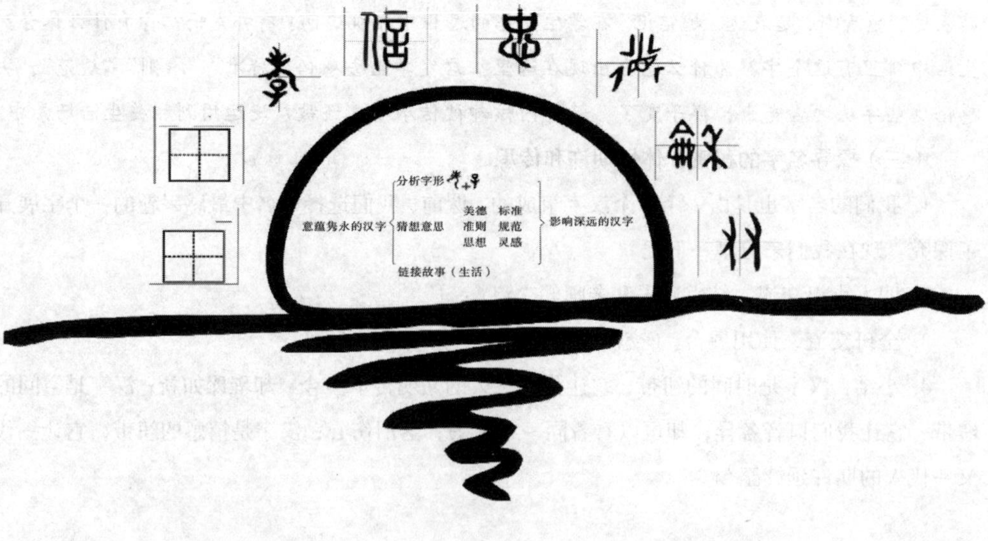

◆**反思**：本节课的教学，注重学生主体地位的体现和落实，围绕教学目标，设计了丰富的、有层次的、联系生活实际的探究活动，在富有层次的教学中，学生感悟到汉字、传统文化的博大精深，为产生中国人的文化自觉埋下了种子。教学过程既关注教材，又适当补充课外资源和生活资源，引导学生感受祖先的聪明与才智，并深入思考，了解当时人民的社会生活，进而了解中国的历史与文化。时间充裕的话，让学生补充自己了解到的汉字的影响就更好了。

◆**点评**：

向生活学习。道德内在于生活之中，是生活的构成性要素。我以为，生活是道德与法治课重要的资源，向生活学习，包含三个维度：过去的生活、当下的生活与未来的生活。本课教学中，充分挖掘汉字在生活中出现的地方，结合生活感悟汉字所传递的精神内核；在探究名字的含义和观看汉字影响的过程中，体会汉字的价值，使学生产生自豪感，激发起未来生活中传承传统文化的愿望。道德意义，就是在这样的探究、体验、碰撞中呈现和绽放出来的。

在活动中领悟。从探索“孝”字的活动开始，学生感悟到“孝”字背后的文化，找到了探究汉字意蕴的流程；在自主介绍“信”“忠”“和”“友”的活动中，进一步理解到汉字蕴含的道德准则；探寻名字的秘密是学生最感兴趣的活动，这一个个寄托着长辈期许的汉字，在探究、交流活动中揭开了神秘的面纱，学生体悟到期许和传承。

山美水美祖国美

北京市大兴区礼贤镇第一中心小学　张凤丽

我们的祖国，幅员辽阔、山河壮丽、气象万千、物产丰富、历史悠久、文化璀璨。五千年的中华文明创造了万物，造就了人文景观，为我们留下了景象骄人、数量繁多的名胜古迹，体现了我国劳动人民的智慧，创造了辉煌的文化艺术。

小学五年级的《道德与法治》教材中“好山好水好风光”这个话题，向同学们介绍了我国的美丽山河。

“好山好水好风光”这个话题所属学段为五年级上册第三单元“我们的国土我们的家园”中第一个课题（第 6 课）《我们神圣的国土》的第二个主题。本单元依据《品德与社会课程标准》中主题五“我们的国家”第 1 条、第 2 条、第 3 条和第 4 条，针对五年级学生的年龄特点、生活实际和成长需求而编写设计。旨在引导学生从整体上感受祖国疆域的辽阔，认识祖国壮丽的山河，了解灿烂辉煌的中华民族文化，从而产生初步的民族自豪感和责任感。本单元第一个课题（第 6 课）《我们神圣的国土》由“辽阔的国土”“好山好水好风光”和“一方水土　一方生活”三个话题组成。本课是第一个板块，由“我们的生命来之不易”“爱护身体珍惜生命”两个话题组成。第一个话题是“辽阔的国土”，目的是让学生知道我国的地理位置、领土面积、海陆疆域、行政区划，知道台湾是我国不可分割的一部分，祖国的领土神圣不可侵犯。第二个话题是“好山好水好风光”，目的是引导学生了解我国领土辽阔、地形多种多样、山河壮美，拥有众多世界自然遗产，初步建立关注世界遗产的意识。第三个话题是“一方水土一方生活”，目的是引导学生了解我国不同地区自然环境的差异，知道并理解这些差异对生产和生活方式的影响。

这节课主要讲解第二个话题。五年级的学生随着年龄的增长，社会生活范围不断扩大，视野不断开阔，他们积累了一些学习经验，掌握了一定的学习方法。这期间，学生对国家有了初步的了解与认识，爱国之情不断提升。但是，他们对国情的了解还缺乏针对性，相当一部分学生对祖国大好河山的认知还停留在浅层次上，感受河山壮丽的同时不能深挖其文化底蕴，他们乐于欣赏好山好水好风光的自然风光，但遗产意识不强，民族的自豪感不强。

◆课堂实践

大家在地图中找出我国主要的山脉、大江和大河，看看它们分布在哪里，再看看我们居住的地方有没有山脉、河流，说说它的名称。

思考：我国的地形有什么特点？为什么长江、黄河都是自西向东流向大海？

1. 我国地势西高东低，呈阶梯状分布；地形多种多样，山区面积广大；山脉纵横，具有定向排列的特点。

2. 因为我国的地势西高东低，呈阶梯状分布。长江、黄河的源头都在中国的西部，由于重力原因，所以都向东流。

活动一：游自然风光林

1. 课件出示一幅幅自然风光图。

2. 看了这一幅幅图画，你有什么感受？

3. 是啊！这么美的地方，真想身临其境，去感受感受。

长江是世界水能第一大河，日夜不停奔向东海，长江有着充沛的水量，众多的支流，像母亲一样用甘甜的乳汁哺育了中华儿女。

黄河流域是世界上著名的古代文明发祥地之一，是中华民族的摇篮。

长江、黄河是我国两条重要的大河，其水流丰富，河两岸风景优美，吸引了很多中外游客。生活在那里的人们朴实勤劳。他们用双手创造了美丽的景色，这两条河见证了中国人民的智慧，也见证了中国的发展。

我国的美景数不胜数，还有黄山、天山……

我就曾经去过桂林，都说桂林山水甲天下，走进桂林，才真正感受到了那种美，那诗画般的山水风光，给我留下了深刻的印象，桂林的山，漓江的水，那种美是那么的朴实！

4. 同学们，你们有去过哪些地方？或是课前查过哪些自己感兴趣的资料？我们大家一起交流，一起分享。

5. 观赏学具卡片上的景观并做简介。说一说，哪个景观给你留下的印象深刻，你有什么感受？（祖国的美景数不胜数，为生长在这样美丽的国家感到骄傲而自豪。）

活动二：观名胜古迹园

过渡：当然，旅游不光是享受自然风光，还可以去参观中国的名胜古迹，感受祖国源远流长的历史。同学们，下面咱们就进入第二站看看：观名胜古迹。

1. 谁知道哪些地方有哪些名胜古迹呢？

2. 同学交流自己的资料。

要求：

①认真倾听同学发言。

②交流时注意自己的音量、语速和情感。

③班内交流自己的材料。

我的祖国，山河壮丽，风光秀美，是如此迷人，如此令人神往。山的不朽，塑造了五千年的锦绣；水的流动，流出了五千年的声威。

小结：同学们，短短的一节课时间，我们道不尽、看不够、画不完祖国的好山好水好风光，我们为山川秀美的祖国感到骄傲和自豪，面对美丽的祖国，我们每一个人都会由衷地说：祖国，我爱你的壮丽山河，我爱你的名胜古迹。我保护祖国的好山好水好风光。

◆**点评**：道法教材以社会主义核心价值观为指导，吸收近年来我国德育课程改革的成果，充分体现中华优秀传统文化，反映人类文明成果，是推动我国法治文明、建设具有中国气派的德育教材。教材聚集学生生长与生活，通过具有道德与教育意义且学生可感可思的生活实践，引导学生构建有道德的美好生活。根据这些要求，教师设计的《好山好水好风光》这节课，从学生的生活实际出发，以旅游线路为线索安排了两个旅游活动，第一站是游览自然风光，以课本里的自然风光与学具卡片相结合，让学生有身临其境的感受，感受到自然的魅力，感受到我们人民为保护这些风光的所作所为，感受自身责任的重大，爱国情感油然而生。第二站是游览名胜古迹，通过对一些古迹的介绍，让学生感受到我国古代劳动人民的智慧，激发学生的创造意识与工匠精神。教师在教学活动中，还借助多媒体教学手段，让学生亲身感受到祖国大好河山的美丽和名胜古迹的雄伟壮观。

四大发明的贡献

北京市大兴区孙村学校　邢　丽

本课教学内容是北京市义务教育课程改革实验教材首都师范大学出版社出版的《品德与社会》五年级下册第三单元《灿烂的历史文明》第3课《祖先的科学技术成就》的第一课时。

通过本单元的学习，让学生知道人类的历史是一部文明发展的历史，人类的早期文明极大地推动了人类历史的发展。在人类历史的发展进程中，我们祖先创造了灿烂文化，在科学技术方面取得了非凡成就，推动了社会更快发展。本节课旨在让学生知道我国是有几千年历史的文明古国，从中感受中华民族对世界文明的重大贡献，感受我国劳动人民的聪明智慧和无穷创造力，进而激发学生对祖国文化的兴趣，激发民族自豪感和自信心。

◆课堂实践

一、激趣导入，揭示主题

1. 大家看我们手中的教科书，印刷精美，纸张平整光滑，内容丰富多彩，让人爱不释手。是什么使书本这么精美呢?

引导学生说出造纸术和印刷术，它们是我国古代四大发明中的两项。(板书：造纸术、印刷术。)

2. 另外两项伟大发明是什么？（板书：指南针、火药。）

3. 揭示主题：造纸术、印刷术、指南针、火药是中国古代的辉煌成就，是古代先民智慧的结晶，下面让我们进一步了解四大发明。(板书课题：四大发明。)

4. 播放2008年奥运会开幕式的视频，提问：在奥运会开幕式上，哪些地方展示了我国古代的四大发明?

二、汇报交流、展示探究

1. 将全班学生分成四个小组（“造纸术”小组、“活字印刷”小组、“指南针”小组、“火药”小组），各小组根据探究要点整理、归纳、交流课前搜集的资料。

合作探究学习要点：

小组名称：造纸术小组						
小组成员：组长： 组员：						
探究内容	纸张出现之前的书写材料有哪些	为什么要改革造纸技术	最初的纸张是什么样的	什么时候、是谁改进了造纸的方法	造纸术向世界传播的进程	这项发明的作用
探究结果						

小组名称：印刷术小组						
小组成员：组长： 组员：						
探究内容	最初的书籍是什么样的	印刷术是在什么情况下出现的	印刷术的种类及时间	改进过程	传播情况	这项发明的作用
探究结果						

小组名称：指南针小组				
小组成员：组长： 组员：				
探究内容	最初的指南针是什么？是什么时间发明的	指南针的应用与改进	指南针向世界传播的时间	这项发明的作用
探究结果				

<table>
<tr><td colspan="5">小组名称：火药小组</td></tr>
<tr><td colspan="5">小组成员：组长：
组员：</td></tr>
<tr><td>探究内容</td><td>火药发明的时间</td><td>火药的应用与改进</td><td>火药向世界传播的进程</td><td>这项发明的作用</td></tr>
<tr><td>探究结果</td><td></td><td></td><td></td><td></td></tr>
</table>

2. 汇报交流、引导补充。

（1）雕版印刷技术、活字印刷术的图片、视频。

（2）指南针的重要作用：相关事例介绍。

（3）火药的应用：火药的威力、娱乐作用的图片。

（4）四大发明向世界的传播路线图，进一步感受四大发明对世界的巨大影响。

（板书：推动世界发展。）

三、深化认识、拓展延伸

1. 出示图片，引发思考：为什么在奥运会上展示四大发明？于我们今天的学习有什么好处？

2. 出示：17 世纪英国哲学家培根赞誉："四大发明改变了世界上事物的全部面貌和状态，从而又产生了无数的变化。"说说你对这句话的理解。

3. 提问：对于描述四大发明的话，你还知道哪些？

（马克思："火药、指南针、印刷术"这是预兆资产阶级到来的发明。）

（培根：如果想看看各种发明的力量、作用，最显著的例子就是新近发明的印刷、火药、指南针……）

4. 说说四大发明有什么贡献？

5. 补充资料：四大发明在现代社会的发展与应用的资料。

四、课堂小结，总结提升

1. 通过学习，你现在最想说些什么？

2. 齐读四大发明的歌谣，感受四大发明的贡献。

东汉蔡伦造纸术，变废为宝不简单。

北宋毕昇虽贫寒，发明活字替雕版。

指南工具传播远，世界格局大改变。

火药火器威力大，改造世界建家园。

中华儿女多智慧，四大发明广流传。

牢记历史勤努力，实现民族伟大复兴不遥远！

不——遥——远！

3. 归纳总结：四大发明是我们古代劳动人民智慧的结晶，这些伟大的发明极大地推动了社会的发展，为世界文明作出了重要贡献，值得我们每一个中国人为之骄傲！

五、布置作业——提高能力

向家人介绍四大发明的相关知识。

◆**反思**：四大发明的历史对于学生来说年代比较久远，学生对其历史背景了解比较少，只知道四大发明是什么，但对四大发明对世界文明的影响认识肤浅，需要补充一些相关的知识才能加深对本节课内容的理解。

评价时，不应过于看重学生所获得的知识的多少，而应特别关注学生参与的态度、解决问题的能力和创造性，关注学习的过程和方法，关注交流与合作，关注动手实践以及所获得的经验与教训，同时要强调评价的激励性，鼓励学生发挥自己的个性特长，施展自己的才能，努力形成激励广大学生积极进取、勇于创新的氛围。

◆**点评**：学生们在教师指导下利用课前完成调查、资料收集等任务，并将得到的信息分类整理、精练概括、理解升华，在这个过程中培养了学生获取新知识的能力、分析和解决问题的能力。

课堂上，通过小组合作学习，用自己搜集到的资料介绍四大发明。他们从四大发明的发明者、由来、应用等方面进行交流，学生们进一步了解了我国古代的四大发明，提升了学生的个体经验。学生们体验到了学习的快乐、参与的快乐、合作的快乐，达到较好的教学效果。

学生是学习的主体，教师要为学生的自主学习和生动活泼的发展提供充分的空间，所以应注重让学生在活动中探究。《四大发明的贡献》这一课，重点是引导学生了解四大发明的贡献。在课上，教师引导学生从生活实践中品味四大发明的诸多贡献，这个过程使学生充分体验社会的进步和自我的责任与义务，同时感悟到学习的重要性和必要性。

神圣的国土

北京市大兴区魏善庄镇第二中心小学　卞春宇

本课由三部分组成，分别是“辽阔的国土”“好山好水好风光”“一方水土　一方生活”。

“辽阔的国土”介绍了中国在世界中的位置、中国的疆域、中国的省级行政区域以及台湾省的位置和地形。目的是让学生知道我国的地理位置、领土面积、海陆疆域、行政区划，知道台湾自古以来是我国领土不可分割的一部分，祖国的领土神圣不可侵犯。

“好山好水好风光”介绍了中国地形、长江三峡等景观、中国的世界自然遗产分布以及“世界遗产”。目的是引导学生了解我国领土辽阔、地形多种多样、山河壮美、拥有众多世界自然遗产，初步建立关注世界遗产的意识，增强热爱国土的情感。

“一方水土　一方生活”介绍了我国不同地区的生产生活场景、不同地域的图片。目的是引导学生了解我国不同地区自然环境的差异，知道并理解这些差异对生产和生活方式的影响。

了解与认识这些内容，既是学生自身发展的需要，也是他们今后适应社会、服务社会的需要。通过本课的学习，可以让学生充分了解我国的位置、地形、景观、人文等整体情况，进一步培养学生的爱国主义情怀。

◆课堂实践

本课内容分两个课时完成。在实际教学中我以地图为引领主线，运用视频、PPT 技术向学生呈现我国的位置、疆域、行政区划、地形地貌、自然景观等内容。首先让学生课前搜集台湾省的美丽风光和民风民情，以及郑成功收复台湾的故事。

第一课时出示北京市地图，然后将地图逐渐缩小到世界地图，将画面停留在《世界地图》。引导学生找到我国的疆域，让学生分享他所观察、分析、了解到的内容；之后出示中国的疆域地图，引导学生通过地图找到我国的陆上邻国以及与我国隔海相望的国家，找到我国大陆濒临的海域和我国的台湾岛；再之后出示台湾省地图，让学生分享之前搜集到的台湾省的美丽风光和民风民情，以及郑成功收复台湾的故事等，教师出示郑成功收复台湾的故事链接；最后出示中国的省级行政区域图，引导学生了解我国的省级行政区域，介绍我国省、自治区、直辖市和特别行政区，引导学生在行政区域图中找到相应的自治区、直辖市和特别行政区。

第二课时出示中国地形图，引导学生通过阅读地图，找出我国的主要山脉、河流，并说出它们的分布区域，感受我国的山河壮丽；在地图的相应区域添加超链接，展示不同区域的自然景观和人文风情，讨论为什么长江、黄河都是自西向东流向大海；最后呈现中国的世界自然遗产分布图，讨论图中的景区为什么能入选世界自然遗产。去过某个地方的同学可以介绍一下自己的感想。

◆**反思：**通过学生的学习可以看出学生非常活跃。本节课的学习，学生全面地认识了我国的地理位置、领土面积、行政区划等，帮助学生明确了台湾自古以来是我国领土不可分割的一部分；了解了我国地域辽阔、地形复杂、自然环境多样、气候差异大，人们的生活习惯和风土人情各不相同。学生通过了解我国各地区的壮丽景色和不同的风土人情，了解了我国的世界遗产，学生们探索我国壮丽山河和了解我国不同风土人情的想法更加强烈了，对祖国的领土之广大、地形之丰富、生活之多样产生了浓厚的兴趣，爱国主义激情不断提升。本课采用地图引领的形式，让学生从宏观到微观，系统地了解了本节课中所讲述的内容。

◆**点评：**

一、教学效果良好

学生乐于观察地图，他们善于从地图中寻找答案，通过愉快的学习过程学到了本课的全部知识。通过课后调查，学生们确实了解了我国国土的辽阔、地貌的多样和风俗的多样，完成了本课的教学目标，切实增强了学生的爱国主义激情。

二、教学形式新颖并富有连续性

本课选用地图作为教学主线，通过连续变化的地图增强教学的顺畅程度和学生的学习感受。在开始时，通过学生熟悉的北京市地图逐渐过渡到几乎看不到北京市的世界地图，以此展示世界辽阔之意。之后的地图展示从世界到我国，从大陆到台湾省，从台湾省回顾各省，从各省过渡到地形，依据地形展示自然遗产和风土人情。整节课思路清晰，富有连续性。

三、课堂氛围良好，“共同体”学习氛围浓厚

本课内容，学生通过不断的自主观察、互相讨论学到了课本中的知识，学生在讨论过程中积极热烈、内容准确、氛围轻松，切实做到了“共同体”教学方式的要求。

辽阔的国土

北京市东城区西中街小学　王　芮

《辽阔的国土》是人教版《道德与法治》五年级上册第三单元《我们的国土 我们的家园》中第6课《我们神圣的国土》中的教学内容。本课以知道我国的地理位置、领土面积、海陆疆域、行政区划，知道台湾是我国不可分割的一部分，祖国的领土神圣不可侵犯构成主线，在认识与了解的过程中，使学生从不同方面感受祖国疆域辽阔，不断产生强烈的爱国之情。

《辽阔的国土》这一课的教学内容包含大量的地理知识，教学主要通过多种活动形式使学生知道我国的地理位置、领土面积、海陆疆域、行政区划。在引导学生感受祖国疆域辽阔的同时，使其知道台湾是我国不可分割的一部分，祖国的领土神圣不可侵犯，树立国家主权与领土意识，增强他们的爱国之情。五年级的学生对国家有了初步的了解与认识，爱国之情不断提升，但他们的认知相对零散，更多的是具体、微观的感性认识，学生并没有从宏观的角度深入领会。因此，我通过不同的活动，不断激发学生的爱国之情，将社会主义核心价值观根植于学生心中。

作为道德与法治课程，地理知识要为道德教育和法治教育服务，要在地理知识的教学中突出德育功能，因此，我在教学中适时地普及了关于《中华人民共和国宪法》的相关内容，让学生树立法治意识，增强法治观念，维护法治权威，知道《中华人民共和国宪法》是我国的根本法，它维持着我们国家的社会秩序，保障着公民的权利，感受法律让我们的生活更加美好，从法治的角度激发他们热爱祖国的情感，将社会主义核心价值观渗透在教学过程中。

◆教学实践

为落实教学重难点，达到教学目标，在本次教学活动中能够使学生学有所获，真正激发学生的爱国之情，我将教学活动分为三个环节。其中，第二个环节我分别通过四个小活动来讲授新课，将社会主义核心价值观在课堂中渗透、在活动中渗透、在学科中渗透，以下我以四个活动的教学片段为例进行教学设计说明。

活动一："找一找"，了解我国的地理位置

在这个活动中，我先出示一张世界地图，请同学们在世界地图上找到中国的位置，并告诉他们紧贴着我们国家的那些国家叫作邻国。随后，带领学生进行观察和思考："找一找我国的陆上邻国有哪些？我们国家与这么多国家相邻，说明了什么？"学生们通过寻找发现我国的陆上邻国有14个，说明我国国土辽阔，由此引出课题《辽阔的国土》。

接下来，我又请同学们继续寻找与我国隔海相望的国家，引出海岸线是区分陆地和海洋的

边界线，全长为18000多千米，远离大陆的区域叫洋，邻近大陆的区域叫海这一概念。讲解完海与洋的初步概念区分，又让学生寻找濒临我国领土的四大海域：渤海、黄海、东海、南海，在区分了海岸线后，引出用来区分中国与其他国家陆上领土的边界线，边界线全长约20000多千米这一知识，让学生感受祖国国土的辽阔。

通过让学生在世界地图上寻找我国的地理位置、我国的陆上邻国、与我国隔海相望的国家以及濒临我国的四大海域，使学生在寻找的过程中了解中国在世界上所占的位置以及感受祖国国土辽阔，初步激发学生的爱国之情。

活动二："比一比"，知道我国的国土面积

学生通过"找一找"的活动初步感受了国土的辽阔后，我继续追问我国陆地面积的具体大小是多少，并将中国的陆地面积通过柱状图示的直观方式与一些大洲以及学生熟悉的国家进行比较，通过观察比较，引导学生发现：我们国家的陆地面积比大洋洲的陆地面积还要大，甚至相当于大约25个日本、96个韩国的大小。

通过数学学科的数据对比分析，使学生直观地感受到我国的领土面积非常辽阔，激发他们的民族自豪感与爱国之情，从数学学科的角度将社会主义核心价值观渗透进课堂。

活动三："看一看"，感受我国的国土辽阔

这一活动，我通过两个同学去祖国不同地方旅行的照片进行对比，引导学生发现：相同的季节，却穿着不同厚度的衣服，说明同一时间里，我国不同城市的气温是不一样的。接着，再利用此刻正在教室中上课的同学们与中国其他地方同学所做的事情进行对比，引出时间差的概念。

通过温差与时间差的对比，使学生进一步感受到：我们国家地域十分辽阔，从中国最东端到最西端相距5000多千米，南北相距约5500千米，用数字说明我国东西距离之广，南北距离之远，再一次例证我国的幅员辽阔。

本活动结合美术学科的摄影照片让学生从实际生活出发，在已有经验的基础上，形成新的知识体系，体验我国南北气温的差异以及不同地方的时间差，使学生从生活实际的角度感受国土辽阔，在实际生活中厚植爱国思想。

活动四："拼一拼"，知道我国的行政区域

在这一活动中，我为同学们准备了中国地图的拼图，请同学们以四人为一小组进行拼摆，并在地图上观察、发现我国的省、自治区、直辖市及特别行政区都有哪些。这个活动是引导学生通过拼摆地图了解我国 34 个省级行政区的分布情况，加深他们对于知识点的认知，帮助学生将碎片化知识进行整合梳理。其中在讲到设立特别行政区缘由的时候，引出《中华人民共和国宪法》中的法条，初步引导学生了解法律与我们的生活密不可分。

为了让同学们了解得更清晰且印象深刻，我分别从 34 个省级行政区中提取了每个省级行政区的一个关键字，组成了一首朗朗上口的小儿歌，并向学生演示组成的过程，再让学生读一读、背一背。最后，为巩固加深学生记忆，请学生回忆儿歌中关键字是指中国的哪个省级行政区。

学生以小组为单位动手拼摆中国地图，在操作的过程中，不仅感知、记忆中国的 34 个省级行政区有哪些，而且巩固加深学生对省级行政区的概念以及分布的印象，学生在“做中学”，使活动更具实效性。朗朗上口且好记忆的儿歌，使学生学有所获，真正了解了我国的行政区域划分，同时也培养了他们的合作能力、动手能力、沟通能力。利用语文学科中背诵儿歌的形式，使学生不仅感受到祖国的国土辽阔，而且变得更加热爱祖国、产生身为中国人的骄傲与自豪之情，将社会主义核心价值观厚植于心中。

◆点评：

本设计最大的特点是学科间的联系与融合。

为了让学生能够更好地掌握所学知识，使学习过程更加富有趣味性与创新性，调动起学生多种感官体验，激发学生的爱国之情，教师在教学活动实施的过程中，主动建立本课内容与其他学科之间的联系，引导学生从已有生活认知出发，利用各学科相关知识将社会主义核心价值观渗透于课堂之中，将爱国之情厚植于心中。如：在“比一比”的环节中，运用了数学学科的数据对比分析，分别将中国的国土面积与大洋洲、欧洲以及其他国家的国土面积作了数据对比分析，从而引导学生通过观看数据来产生直观感受，并记住祖国国土面积为 960 多万平方千米。在“看一看”活动的结尾部分，运用了美术学科的摄影方式，让学生们通过观察自己或本班同学的照片来从实际生活出发，进一步拓展新的知识。在“拼一拼”环节中，运用了语文学科的诗歌来帮助学生巩固所学的知识点，在课程的最后让学生背诵了含有 34 个省级行政区的儿歌，有效地巩固了教学效果。

中国古代科学

北京市房山区房山长育中心小学　王艳杰

小学《道德与法治》五年级上册第四单元第 9 课《古代科技 耀我中华》是依据《品德与社会》课程标准中主题五“我们的国家”第 9 条 “知道我国是有几千年历史的文明古国，掌握应有的历史常识，了解中华民族对世界文明的重要贡献，珍爱我国的文化遗产”编写的。科技文明是古代文明的重要维度，我国古代的科技成就能够从一个侧面充分展示出我国悠久灿烂的古代文明。第二部分“独具特色的古代科学”从古代中医药学、农学、天文学、算学四大理论科学体系介绍了中国独有的传统文化和科学。从知识的角度，本课是讲古代科技史的相关内容；从育德的角度，本课突出了民族文化认同和爱国情感的教育，旨在让学生通过学习，建立文化认同、树立文化自信，为中华民族拥有悠久灿烂的文化而自豪。

◆课堂实践

从教材编写上看，本课的重点是通过对科技成就的探究，让学生了解到我国古代拥有灿烂辉煌的科技文明，古代科技智慧对世界文明产生了巨大影响，使学生产生强烈的民族自豪感、民族认同感、文化认同感。针对教材中的事例材料，我主要采取的是课前搜集整理资料、课中小组探究、教师点拨提升、交流互动的教学方式，通过任务驱动，培养学生搜集整理信息的能力和自主探究的能力，激发学生的爱国情怀。

活动一：感受中医独特魅力

1. 导入：与学生一起做眼保健操第二节，提问：做完后感觉眼睛舒服吗？你知道眼保健操和中医有什么关系吗？通过学生体验、师生交流，学生明白了中医穴位按摩的神奇，引发对中医的兴趣，产生进一步学习的愿望。

2. 学生小组活动：自学第 75 页“活动园”，结合课前查阅的资料，完成任务单。

3. 小组汇报并展示：

时代	医学家姓名	成就	影响
三国	华佗	麻沸散、五禽戏、外科圣手	麻醉技术、医术高明
唐代	孙思邈	收集 5000 多个药方	医德高尚，药王
东汉	张仲景	《伤寒杂病论》、六经辨证	被称为医圣

第二、三环节重点是让学生结合课前查阅的资料，讲医学家的故事，对课文中的内容进行补充。这里既培养了学生收集信息、整理信息的能力，又引导学生探究古代医学，感受古代医学家医术精湛、医德高尚、造福百姓的精神。在学生自主学习、探究的过程中，独有的中医文化中自然而然地渗透进来，使学生有了初步的民族文化认同。

4. 阅读角：《青蒿素》。

（1）提问：有这样一位科学家，她发现了青蒿素，是中国首位获得诺贝尔奖的科学家。你知道她是谁吗（屠呦呦）？

（2）我们一起看看第 75 页“阅读角”（指名读），说说从这段文字中你提取的信息和你的收获。

通过师生对话交流，学生进一步了解了疟疾的危害，进一步感受到青蒿素研制的意义——拯救了数百万人的生命，更加感受到中医的神奇与伟大，也进一步认同中医药学，加深民族文化认同。

5. 针灸、推拿和按摩。

（1）出示图片和资料，你认识这些中医方法吗？说一说、读一读。学生结合图片和自己的了解，说说对针灸、推拿、拔火罐几项传统中医疗法的认识，感受生活中处处都有中医。

（2）你或你的家人是否采用过这些中医疗法治病？说一说具体情况。学生结合自己的生活实际，通过生生互动，进一步体会生活中处处都有中医。

（3）说一说你知道哪些中草药（枸杞、橘皮、薏米、青蒿等）。

总结：我们聪明智慧的祖先，用身边的植物、用双手和智慧创造出中医药学。在世界卫生组织的一项研究中表明，大约 80%的世界民众，仍依靠草药来治疗某种疾病，我们今天使用的药品约 74%含有至少一种植物学分子。

教师引导学生结合生活实例和已有经验进行交流，体现了课程的生活性，让学生了解我们的生活中处处有中医，使学生对中医药认同，从而渗透民族文化认同和民族文化自信。

活动二：感受独特的中国历法（农学、天文学）

导语：中国是世界农业主要发源地。祖先们在长期的农业生产生活中总结出丰富的生产经验，与农业相关的天文历法就应运而生。比如，我们会背的《二十四节气歌》，这就是古代历法呢！

1. 学生一起背《二十四节气歌》。

2. 提问：你能选择一个节气，讲一讲它的特点吗？（教师重点出示霜降节气的气候变化以及农事活动的课件，引导学生理解古人发明二十四节气用于生产生活，真是智慧无比！）

3. 导语：在天文历法方面我国战国时代的《甘石星径》，是世界上最早的星表呢！指名读第 75 页“阅读角 2”，说说自己读懂了什么，教师引导学生了解、感受我国古代天文学的先进。

通过《二十四节气歌》和《甘石星径》的交流学习互动，孩子们了解到我国天文历法的独特和古代取得的辉煌成就，从而产生自豪感，激发了爱国情！

活动三：璀璨的古代数学

1. 播放视频：《中国珠算神童 PK 外国计算器》。提问：看了视频你有什么感受？学生体会到中国的算盘真了不起。

2. 指名读：第 76 页算数、算学。提问：你认为中国古代算数为什么了不起？学生说出是因为算数、算学都与生产生活紧密联系，如算盘使算数更方便、影响广泛等，教师引导学生感受古代数学的先进，激发民族自豪感。

总结：我国古代中医药、农学、天文历法、算学都凝聚着我们祖先生产生活中的智慧，当时领先世界，历经了几千年，到现代社会仍然有着独特的价值和魅力！这就是我们经常说的：“中华文明源远流长！”我们的国家是有着这样灿烂辉煌的文化的文明古国，你们自不自豪？（自豪、骄傲！）

◆**反思：**《道德与法治》教材具有鲜明的价值导向，要坚持价值性和知识性相统一，寓价值观引导于知识传授之中。本课中科技史的教学不同于历史课的知识教学，更要突出民族文化认同和爱国情感激发。在教学过程中我注重运用启发、互动、探究的方式，结合学生查阅的资料、学生生活实际，开展师生、生生间的交流合作。在教学活动中，我关注教材重点，选取合适的内容进行教学，激发学生的民族认同感和民族自豪感，感受中华文化的魅力，坚定文化自信。本课将民族文化、家国情怀融入知识教学中，达到了教学目标，收到了很好的效果。

◆**点评：**小学阶段是人生的“拔节孕穗期”，最需要精心引导和栽培。在教学中，教师能以学生活动为核心，精心设计教学环节，通过启发、互动、探究的方式对中国古代科技进行教学。在课堂上教师坚持价值性与知识性相统一原则，能够寓家国情怀培育于知识传授之中。教师坚持主导性和主体性相统一原则，既注重学生主体性作用的发挥，又在精心设计教学环节和激发爱国情感中充分体现教师的主导作用。教师坚持灌输性和启发性相统一原则，重启发性教育，引导学生发现问题、分析问题、思考问题，在不断启发中让学生水到渠成地感受中华文化魅力，产生民族自豪感。教师注重挖掘学科育人因素，将家国情怀教育寓于课堂之中，使学生在自主探究和师生、生生交流互动中感受独特的古代中国科学成就，从而建立了学生对民族文化的认同，培养学生的民族自信心、自豪感和对祖国科技文化遗产的珍爱之情。

天下兴亡，匹夫有责

河北省三河市第七小学　孙　爽

《天下兴亡，匹夫有责》一课是小学五年级上册《道德与法治》教材第四单元第 10 课《传统美德 源远流长》中第三课时的学习专题，共有三个话题，分别是：自强不息的人格修养；立己达人的仁爱精神；天下兴亡，匹夫有责的爱国情怀。爱国主义是中华民族在历史发展过程中逐步形成和培育起来的群体意识，是全民族共同的思想品格、价值取向和道德规范的综合体现，是中华民族赖以生存和发展的精神支撑。“天下兴亡，匹夫有责”正是对爱国主义精神的高度概括。教材先总写，介绍源远流长的爱国精神，然后分别从“共同利益”“共同责任”“共同命运”三个角度阐述中华传统美德中的爱国精神。教材旨在让学生明白爱国就是对祖国的忠诚和热爱，增强国家认同，理解个人命运和国家命运紧密相连，初步具有以天下为己任的思想，树立保卫祖国、关怀民生的意识，并做到知行合一，激发学生以高度的历史责任感和使命感去奋发学习、积极进取，做有自信、懂自尊、能自强的中国人。

◆课堂实践

一、谈话导入　激发兴趣

同学们，通过前两节课的学习，我们知道了践行中华传统美德，对己、对人的具体表现，那对于国家，我们又要以什么样的情怀呢？今天继续来学习第三课，请同学们打开书第 89 页，大声地读出题目。（板书课题：《天下兴亡，匹夫有责的爱国情怀》）

【设计意图】以谈话的形式，复习导入，激发学生的学习热情。

二、释义“爱国”，理解内涵

1. 理解“爱国”内涵。

师：哪位同学能从书中帮老师快速找到“爱国的含义是什么”？没错！爱国就是对祖国的忠诚和热爱（板书“爱国”）。

2. 知爱国人物，讲爱国故事。

师：从古至今，历朝历代，无数仁人志士都以天下为己任，他们前仆后继，保卫祖国。这种可贵的精神使中华民族历经劫难而不衰。那么孩子们，老师想问一问，在滚滚历史长河中，你们又熟知哪些爱国人士呢？请你讲一讲他们的故事！

预设：李大钊、周恩来、毛泽东、鲁迅、杜甫、陆游、文天祥、岳飞等。

【设计意图】引导学生理解爱国内涵，了解古今爱国人物，以图片快闪的方式，有效地调动了学生的热情，现场学习氛围高涨。

3. 交流辩论："天下兴亡，匹夫有责。"

师：明末清初著名思想家顾炎武曾说："保天下者，匹夫之贱，与有责焉耳矣。"大致意思是：国家的兴旺与衰亡，即使是普通人也有责任。后来，人们逐渐把它概括为"天下兴亡，匹夫有责"。你们赞同他的观点吗？可也有人说我们作为学生，没有保家卫国的能力，就应该："两耳不闻窗外事，一心只读圣贤书"。你们又是否赞同这一说法呢？

（1）辩一辩：上述两个观点，你们更赞同哪个观点？为什么？

（2）读故事《鲁女爱国》，小组合作交流：你读出了什么？

师：是啊，有国才有家，有国才有我！这个故事告诉我们，每个人的命运都同国家的命运紧密相连。国家富强，我们才能幸福；国家衰弱，人民同样会跟着遭殃。

【设计意图】通过辩论、读故事，引导学生体会每个人的命运都同国家的命运紧密相连。

三、联系"疫情"，明晰和平年代的"爱国"

1. 师：现在中国人民当家做主，不再受战争的苦难，那么，身处和平年代，我们又应该怎样去爱国呢？请同学们快速从书中找一找答案。

预设：热爱祖国山河、热爱民族历史、维护国家尊严、捍卫国家利益、奉公守法、时刻关心祖国的前途和命运，这都是爱国的表现。

2. 出示和平年代的爱国事迹：微课故事资料。

（1）两弹元勋邓稼先；（2）杂交水稻之父袁隆平；（3）运动健儿为国争光等。

3. 播放一组图片和视频（新冠疫情期间，全社会参与，共同抗击疫情）。

（1）说一说：2020 年新型冠状病毒闯入了我们的生活，给我们带来了沉重一击，同学们，在这组图片和视频中，你看到了什么？老师化身记者，进行采访。

（2）演一演：在这危急的时刻，中国涌现出了许许多多的"爱国人士"，有张定宇院长、李文亮医生，有科学院士钟南山爷爷；还有许多的军人、警察、外卖小哥、出租车司机等，如果让你选择一种自己理想的职业，你会怎么做来表现自己的爱国之情呢？（老师提供服装道具，学生情景演绎。）

教师小结：面对疫情，天下兴亡，匹夫有责，我们每一个人都参与到抗击疫情的战斗中，全国上下众志成城让病毒不再蔓延，让社会稳定，百姓安心。

【设计意图】通过视频、图片等途径，引学生入情入境，让学生联系疫情，明晰和平年代的爱国在现实生活中的具体表现，并通过演一演的方式，使学生们更加深刻地体会爱国的责任。

四、升华主题，践行“爱国”

丰功伟绩是爱国，平凡的小小善举同样也是爱国。爱国，人人可为，“天下兴亡，匹夫有责”。（再次出示这八个字，齐读）但今天，世界局势并不太平，爱国意识还要与忧患意识相伴随。作为一名小学生，你准备怎么做？

1. 小组合作，书写爱国格言。

师：同学们，将你们的爱国格言工工整整地书写在心愿卡上，以小组为单位，庄严地贴在黑板《我的中国心》墙上。

2. 师生共同宣誓。

带着你们的信心、决心和热烈燃烧的爱国心，随老师一起，向国旗敬礼并庄严宣誓，大声喊出我们的誓言。我宣誓：勤奋学习，奉公守法，热爱祖国，关心祖国前途和命运，时刻准备着，为实现伟大复兴中国梦而不懈奋斗！

【设计意图】通过宣誓、书写爱国格言活动，引导学生升华爱国情感、落实爱国行动。

◆**点评：**家国情怀是一种深层次的情感归依，而2020年的抗击疫情又是“天下兴亡，匹夫有责”这一理念的深刻诠释。课堂上，教师将课本内容和此次的抗击疫情相结合，通过身边的人物事迹和事例去触动学生内心，与之产生心灵和情感的共鸣，同时非常注重尊重学生的主体地位，着力体现立德树人的教育理念，培养学生的社会责任感和家国意识。方法上教师将信息技术融入整节课堂，借助优美的语言，将动人的故事、感人的视频和图片，淋漓尽致地展现在学生眼前、心中，形象直观地引领学生入情入境，激发学生浓浓的家国情怀。整堂课创新地选取适合学生的多种方式，如：辩论、模仿情景剧、宣誓活动、书写爱国格言等，注重学生的自主合作探究，以学生为活动主体，由浅入深，抓住中学生的爱国心理和强烈的责任心，学生学习的热情高涨，情感饱满，参与性强，从而使学生真正认识到自己担负的历史责任。

道德与法治课中的家国情怀教育

北京市通州区漷县镇中心小学　马春华

《我们神圣的国土》一课是人教版小学《道德与法治》第九册第三单元内容的第1课。这一课主要包括我国的地理位置、领土面积、海陆疆域、行政区划。台湾是我国不可分割的一部分，祖国的领土神圣不可侵犯。我发现这一课中有关台湾岛的内容是使学生更好地了解宝岛台湾的好时机，让学生知道台湾岛是我国不可分割的一部分，自古以来就是中国的领土。因此，我在本课教学时对学生渗透了爱国主义教育。五年级的学生，希望自己得到他人和群体的认同与接纳。他们应该知道我国幅员辽阔，为祖国感到自豪，产生热爱祖国的情感。

◆课堂实践

上课前，我钻研了教材教参，确定了本课的教学目标和重难点。

首先确定本课教学目标。

1. 知道我国的地理位置、领土面积、海陆疆域、行政区划。知道台湾是我国不可分割的一部分，祖国的领土神圣不可侵犯。

2. 学会看中国地图、行政区划地图等，培养学生良好的读图习惯。

3. 知道我国幅员辽阔，为祖国感到自豪，激发热爱祖国的情感。

其次是教学的重难点。

在本课中，教学重点应该是：了解我国的疆域，知道我国是一个地域辽阔的国家；认识中国政区图，了解我国的首都、行政区划；了解台湾的美丽风光和民风民俗。

最后确定可以激发学生爱国情怀的教学难点：激发学生热爱祖国的情感，懂得祖国每一寸土地神圣不可侵犯。

依据教材特点以及学生年龄特征，本课我主要采用情境教学法和直观演示法，指导学生使用合作探究法、讨论法、练习法、体验法等学习方法，使学生在学中玩、玩中学，在轻松愉悦的课堂氛围中，主动探究，完成学习任务。

第一阶段：利用祖国各地的美景图片来激发学生学习兴趣

1. 同学们，现在我们一起来欣赏一些祖国美丽风光的图片。（课件出示：祖国风光图片）再想一想：看过之后你有什么感受?

2. 你能在《世界地图》中找到中国的位置吗?

3. 通过和其他国家对比，使学生了解中国国土面积之大。

4. 让学生小组内讨论交流：你还可以通过什么来说明我们祖国的疆域辽阔呢?

第二阶段：引导学生了解我国的邻国

1. 引导学生找出我国大陆濒临的四大海域和最大的岛屿。

2. 阅读《中国的疆域图》，以小组为单位找一找与中国陆上相邻的14个国家和隔海相望的6个国家。

3. 交流汇报，课件出示结果。

第三阶段：了解我国的省级行政区域

1. 阅读《中国的省级行政区域图》，看看我国都有哪些省，找找我国的自治区、直辖市和特别行政区。你的家乡在什么地方？试着在图中找出来。

2. 除了地图，日常生活中还有很多可以表现我国行政区域的事物，你发现了吗？

3. 小结：课件出示结果。

第四阶段：学习祖国宝岛台湾

先让学生根据手中的资料，交流所了解的台湾省的资料。然后简单介绍台湾。对于台湾的历史、特产、气候、景观、人文等进行介绍，课件出示相关内容资料和图片。

在这一阶段中，让学生学会看中国地图、行政区划地图等，培养学生的识图能力。知道我国幅员辽阔，为祖国感到自豪，激发其热爱祖国的情感。

第五阶段：提供相关课外小知识，扩展学生的知识面

1. 中国岛屿有五千多个，绝大部分分布在长江口以南的海域。

2. 中国南海有四个群岛，即东沙群岛、西沙群岛、中沙群岛、南沙群岛。

3. 中国所濒临的海洋，从北到南，依次为渤海、黄海、东海、南海。

4. 内海是一个国家神圣不可侵犯的领土，山东半岛与辽东半岛之间的渤海是中国的内海。

5. 台湾海峡位于福建省与台湾省之间，连接着南海和东海，是中国海上运输的重要通道，人们称它为“海上走廊”。

◆**点评**：课前，老师充分调查了可以激发学生爱国情怀的台湾岛的相关内容，打印了一些图片和文字资料。为了提高课堂的实效性，还打印了中国地图，这样可以让学生很快很高效地找出邻国以及隔海相望的国家等。

课中，老师依据教材特点以及学生年龄特征，主要采用了情境教学法和直观演示法，指导学生使用合作探究法、讨论法、练习法、体验法等学习方法，使学生在学中玩、玩中学，在轻松愉悦的课堂氛围中，主动探究，完成学习任务。培养了孩子们的识图看图能力、观察能力、动手动口能力、小组合作交流能力等，让学生在学到知识的同时，锻炼并提高自己的学习能力。在课堂的最后，在激发学生爱国情怀的同时，还拓展了一些课外知识，对课上内容进行了延伸。

总之，在整个教学过程中，老师立足于让学生在玩中学会，在动手中提高技能，在轻松愉快的学习氛围中完成教学内容的同时，让学生明白了国家每一寸领土的神圣。

风靡世界的中国制造

北京市通州区运河小学　邓艳萍　李红怡

本课内容选取自首师大版五年级下册《品德与社会》教材第二单元第2课《风靡世界的中国制造》。

我国制造业作为支柱产业，体现了国家生产力水平。然而，随着经济发展，依靠人力发展的道路已越走越窄。国家及时调整了发展策略，如今，中国制造业在一些尖端科技制造领域已领先世界，中国已成为世界制造大国。这些成就的取得离不开国家发展层面的高端设计和从业者的努力奋斗。它体现了中华民族自力更生、艰苦奋斗、与时俱进的民族精神，是很好的爱国主义教育题材，有利于激发学生的爱国情怀，培养其社会主义核心价值观。由于原有教材简单、滞后，教学内容不够充实，无法引起学生深刻的情感共鸣。需要教师补充大量最新的中国制造业发展状况及突出代表人物的资料，让学生通过了解中国制造业的发展切实感受我国经济的迅速崛起，从而激发学生的爱国情怀。

◆课堂实践

1. 联系学生生活，课前调研：找找“我家的中国制造”。

学生课前围绕“我家的中国制造”，选择两个品牌进行深入调查。

2. 课上交流：学生介绍准备的各种商标。

3. 讲授。

了解什么是中国制造？

1. 老师组织学生，根据调研结果讨论什么是中国制造。

2. 小结：很多国际品牌商品在中国都有工厂，例如德国大众汽车、耐克服装等，虽然是外国品牌，但利用我国的人力资源、自然资源，在中国本土进行生产，也是中国制造。

【设计意图】通过谈话使学生对中国制造品牌有更多的了解，明确什么是中国制造。

了解制造业现状。

1. 感受中国制造风靡世界。

（1）与学生谈话，说说哪些品牌出口到了哪些国家？教师随之将五星红旗图案的小贴画贴到世界地图相应位置。

【设计意图】通过贴图给学生以感性认识，让学生感受到中国制造风靡世界。

（2）播放课件：新闻——中国制造如何影响外国人生活；美国见闻。

【设计意图】引入国外新闻，用鲜活的事例让学生感受到外国人对中国制造欲罢不能，世界人民离不开中国制造。

（3）播放课件：中国高铁、武器、大型机械、航空航天等方面取得的成就。

【设计意图】通过课件展示，让学生了解中国高端制造业发展的伟大成就，激发学生的民族自豪感和爱国之情。

2. 组织学生研读资料，小组讨论，了解中国制造受制于人的现状。

（1）学生研读由于国外技术封锁给中国企业带来严重影响的资料。

（2）对比：中兴和华为同样面对技术封锁，不同表现使你领悟到什么？

【设计意图】引入中兴和华为的新闻材料，通过对比让学生明白要想不受制于人，就要有自己的核心技术，中国只有创造才能变为制造强国。

（3）出示资料：115 家中国企业进入世界五百强榜单。国家创新能力升至全球第 17 位。（意图：激发民族自豪感。）

3. 了解中国制造中的人，感受中国制造人的精神。

（1）出示 5 月 17 日，海思公司何庭波给员工写的一封信。

（2）播放课件：介绍中国制造代表人物事迹。追问：你想对他们说什么？

【设计意图】拓展课外知识，通过了解中国制造中的代表人物的勇于进取、开拓创造的精神，激发学生的敬仰之情，使学生产生想成为中国高端制造业的从业者的想法。

4. 畅想未来。

出示图片：制造强国三步走规划。

（1）阐述：规划中，2045 年，我国将跻身世界制造强国的第一方阵。要想成为强国，只有中国创造才能实现。

（2）谈话：在未来，托起中国制造业大国的人们会老去，而你们正在成长起来。祖国为你们搭起了拼搏奋斗的舞台，中国创造要靠你们去实现！

【设计意图】使学生认识到中国制造的发展方向是中国创造，只有中国创造才能实现强国梦。激励学生从小立志，努力学习，做未来中国创造的接班人。

◆反思：

一、生活切入，润物无声

中国迅速发展变强的制造业，让我们感受到中国的经济发展迅猛，祖国日益强大，人们为之骄傲与自豪。可是这些对于小学生来说是陌生、枯燥的，怎样才能激发学生学习兴趣，培养爱国情怀呢？生活是最好的切入点，人们感受社会的变迁就是通过柴米油盐的生活。因此，我从学生的日常生活切入，让他们在家里找中国制造的物品，课堂上再进行交流，由此逐渐深入，引出中国制造的主题就顺理成章了。从学生日常生活入手，拉近了教材和学生之间的距离，学生不再觉得枯燥无味，学习起来趣味盎然。在潜移默化中学生感受到中国的强大，为祖国感到骄傲和自豪，达到了润物细无声的教育效果。

二、充实材料，巧妙设计

由于教材内容比较单薄，不够丰富，我搜集了大量课外资料充实课堂，巧妙设计、层层递进，刷新学生认知，引发情感共鸣，激发爱国情怀。我组织学生看中国制造商品如何影响外国人生活的新闻、在世界地图上贴国旗让学生来了解中国制造的出口情况；出示中国制造风靡世界、跻身世界领先领域等材料，激发学生的民族自豪感。有的孩子情不自禁地说出："厉害了，我的国！"我设计研读材料环节，使学生了解目前中国制造利润低、没有核心技术且受制于人的尴尬。他们心有不甘，甚至是气愤。我再补充华为公司面对封堵绝地反击的资料，学生是激动的、喜悦的。中国创造参与者事迹的介绍使得学生对他们充满钦佩之情。而阐述中国制造强国三步走的规划，更是激励了学生立志成为中国制造的接班人，愿意成为中国创造的实现者，为实现伟大复兴的中国梦而努力。整个课堂上，课外资料的巧妙运用使学生的情感体验多元而深刻，激发了爱国情怀。

三、以情感人，以情生情

要想激发学生爱国之情，培养家国情怀，教师必须要先满怀爱国之情，才能在课堂上感染学生。近年来，越来越多的国产品牌为大家所熟知和喜爱。课堂上老师慷慨激昂的讲解，发自内心的赞叹，饱含激情的朗读，充满鼓励的结语感染着学生。而学生们马上就懂得了，与教师产生情感共鸣。学生为中国制造风靡世界而自豪，为中国高端制造走在世界前列而骄傲，为中国制造被技术封锁跌入低谷而心痛惋惜，为中国创造的劳动者的勇气和执着而钦佩不已，立志努力学习做未来中国创造的接班人。老师以自己的真情感染学生，以情动人，激发了学生的民族自豪感，爱国之情油然而生。

◆点评：

此课设计亮点有二：

一是老师大量引入课外资料，把最新资讯与教材巧妙结合，使得教学内容丰富而立体，具有层次性。老师巧妙引用新闻、实事、视频等资料使学生对中国制造、中国创造有了深刻的认识。尤其最后阐述创造强国三步走规划，令人听后为之振奋，极大地激发了学生立志做中国制造接班人的热情。老师层层递进，步步铺陈，先扬后抑再扬，学生在丰富的情感体验中产生了民族自豪感，爱国之情油然而生。正所谓，水到渠成，家国情怀自然生成。

二是老师从学生的日常生活入手，利用调查分析，研读交流，观看实事、视频等多种手段，使学生感受到中国制造在世界经济的地位，使学生产生民族自豪感，激发爱国之情。此种设计拉近了教材和学生之间的距离，在潜移默化中学生受到爱国主义教育，培养了学生的家国情怀，达到了润物细无声的教育效果。

红军不怕远征难

北京市朝阳师范学校附属小学　任丽华

统编版《道德与法治》五年级下册教材第三单元主题是“百年追梦 复兴中华”，以时间为线索，以精神为核心，呈现了近代以来中国人民为实现民族复兴走过的历史进程，歌颂了仁人志士的革命精神与爱国精神。

本节课选自第 9 课《中国有了共产党》的第三部分内容“红军不怕远征难”，目的是让学生了解长征这一中国革命史上的壮举，知道遵义会议，了解红军长征及其伟大意义，学习长征精神。初步了解长征的行军路线、历史背景及长征胜利的伟大意义，能讲述长征途中的主要事件或感人故事。感受红军长征中所经历的艰难险阻，体会长征中红军面对艰难险阻时表现出的英勇顽强、舍生忘死、不畏艰险、积极乐观的革命精神和坚韧不拔、永不放弃的战斗意志，敬仰民族英雄和革命先辈。

◆课堂实践

一、评价大搜索，提出问题

1. 呈现对长征的高度评价：2021 年，是中国工农红军长征胜利 85 周年，今天，就让我们一起回顾 85 年前那段珍贵的历史。有人曾经这样形容过长征，“它是当今时代无与伦比的一次史诗般的远征”，“毫无疑问，长征是人类历史上一个伟大的业绩”，“一次更加雄伟的壮举”……为什么长征能够得到如此之高的评价呢?

2. 指名说一说。

预设：长征过程中红军战胜了艰难险阻，翻山越岭，爬雪山、过草地，最终实现了大会师。

红军在长征中，还要与围追堵截、数倍于己的国民党军作战。

红军长征让国民党军的“围剿”失败。

3. 教师小结：今天我们就来重走长征路，去探求“伟大的壮举”的奥秘所在。

二、重走长征路，寻找答案

活动一：贴一贴，初走长征路

1. 教师呈现红军长征路线示意图、学习提示。

学习提示：在这张示意图上红色的箭头表示中央红军行军的路线，请你结合红军行军路线图，借助其他相关的资料（知识卡、图片等）完成下列任务。

任务 1：把长征途中经历的主要事件的图片粘贴到相应的位置。

任务 2：请你根据红军长征的路线图，把长征途中经历的主要事件，按照先后的顺序进行排列。

任务 3：思考。认为“长征”是怎样的一条路？

2. 学生分小组进行活动。

3. 学生汇报。

预设：时间久、路途遥、行程险。

4. 小结并过渡：在漫漫的行军路上，充满艰难和险阻，请同学们观察红一方面军的长征路线图，为什么红军战士们要选择这样一条又远又险、随时有性命之忧的路会师呢？这里也是我们的革命根据地，为什么不在这里进行会师呢？

5. 学生发言。

预设：敌人封锁线，没有办法，被迫转移。

6. 教师过渡：红军为什么要进行长征，当时发生了什么事情？让我们阅读连环画，从中去寻找答案。

7. 学生阅读连环画，并概括长征的背景。

预设：中国共产党成立以后，在井冈山建立起第一块革命根据地——井冈山革命根据地，随后又在全国建立了十几块革命根据地。革命力量迅猛发展，这使国民党非常恐慌，开始“围剿”红军，想把红军彻底消灭。其中连续四次的“围剿”都被红军打破了，而第五次反“围剿”由于错误的路线和指挥，没能打退敌人的“围剿”，损失惨重，为了保存革命的火种，所以被迫放弃根据地，进行转移。

活动二：画一画，再走长征路

1. 教师讲述：湘江之战后，红军从出发时的 8 万多人迅速锐减到 3 万余人，损失了约 5 万人。他们向西前行，请你画一画红军一方面军长征的行军路线图，说说你有什么发现？

2. 学生画一画路线图，并谈自己的发现。

预设：能够说出对四渡赤水的发现（有反复），说出路线向西然后向北（有点绕远）。

3. 教师：先从四渡赤水说起。请同学们观看《四渡赤水》的影片，并说说你们的发现。

4. 学生观看影片，谈感受。毛泽东的指挥灵活多变。

5. 教师小结：四渡赤水战役，是毛泽东根据情况的变化，指挥红军巧妙地穿插于国民党军重兵集团之间，灵活变换作战方向，为红军赢得了时机，创造战机，取得了战略转移中具有决定意义的胜利，这是中国工农红军战争史上以少胜多变被动为主动的光辉战例。刚刚看的连环画中，我们看到毛泽东因为主张不同而受到批评，离开了原来的岗位，那他又是在何时确立了他在全党全军的领导地位呢？

6. 学生回答：遵义会议。

7. 教师引导：让我们把目光投向四渡赤水前的遵义。教师提问：为什么小小的一个会议竟然发挥着如此举足轻重的作用呢？我们通过一段视频了解一下。

（出示课件——遵义会议视频资料。）

8. 学生分享感受。

预设：遵义会议的召开确立了以毛泽东为核心的新的党中央的正确领导，确立了毛泽东在红军和党中央的领导地位。在危急关头挽救了党，挽救了红军，挽救了中国革命。

9. 教师过渡：遵义会议后，红军在毛泽东的领导下，灵活机动、忽东忽西，四渡赤水河，搞得敌人晕头转向，终于摆脱了敌人重兵的围追堵截，跳出了敌人的包围圈。

活动三：讲一讲，三走长征路

教师导语：长征途中还涌现了很多可歌可泣的故事，谁愿意把你知道的故事给大家讲一讲呢？

1. 典型事例《飞夺泸定桥》。

（1）讲述：老师先来与大家分享一个故事，根据我的提示，你来猜一猜，13 根铁链、桥……

（2）让我们跟随一段视频再次感受红军飞夺泸定桥时，那震撼人心的场面。

（3）说一说：哪个画面给你留下了深刻的印象？为什么？

预设：枪林弹雨中红军战士无所畏惧、奋勇向前，早已把生死置之度外。

小结：红军战士坚信任何的艰难险阻都不能阻止他们前进的脚步，面对艰险他们坚韧不拔、永不放弃。面对敌人的重兵“围剿”，他们表现出了英勇顽强、舍生忘死、坚忍不拔的精神，这就是伟大的长征精神，这样的精神是长征留给我们的巨大财富。

2. 学生分享故事。

（1）故事：丰碑；草地夜行。

（2）讲述：是的，红军在爬雪山、过草地的过程中面对的自然环境是无比险恶的，可以说是千难万险，那是怎样险恶的自然环境呢？

（3）结合连环画内容讨论：红军在翻越大雪山，过死亡之地——大草地的过程中，遇到了哪些困难？是如何克服困难的？对你有怎样的启发？

（4）启发思考：鸟儿飞不过的大雪山、如恶魔般的茫茫草地都被红军征服了，这其中的原因到底是什么呢？

（5）教师总结：红军战士为什么能战胜恶劣的环境？是红军钢铁般的坚强革命意志，是红军不畏艰险的革命精神；是同甘共苦、团结互助的战友亲情；是革命必胜的坚定信念。红军战士在险恶的自然环境面前，在饥饿、寒冷、伤病和死亡的威胁之下，不畏艰险、积极乐观、同甘共苦，正是因为具备了这样的长征精神，所以他们才能坚不可摧，势不可当。

三、我来写丰碑，情感升华

1. 讲述：长征途中，许多战士倒下了，他们没能等到长征胜利的那一天，甚至没有留下自己的名字。让我们在心底为他们树立一块丰碑，一块不朽的丰碑。请你想一想，在这块丰碑上你会书写怎样的碑文呢？

2. 学生汇报。

3. 教师讲述：红军继续北上，历经了千辛万苦，终于在 1935 年的 10 月，中央红军到达了陕北的吴起镇，与那里的红军会师，1936 年的 10 月，红军的三大主力部队在甘肃的会宁胜利会师，中国工农红军终于取得了长征的伟大胜利。

4. 教师拓展：同学们，长征已经过去了 70 多年，但时至今日人们仍然在以不同的方式讲述着长征的故事，颂扬着长征精神，长征精神也鼓舞着一代又一代人。长征为后人留下了丰富的资料，我们可以通过看与长征有关的书籍、电影，听与长征有关的歌曲等，进一步了解那段英勇悲壮的历史。

5. 总结全课：希望我们能够从长征中汲取更多的精神营养，今后遇见各种各样的困难，都要发扬红军这种一不怕苦二不怕死、无坚不摧、无攻不克的精神。从现在做起，好好学习，掌握本领，共同努力去实现中华民族伟大复兴的中国梦：人民有信仰，民族有希望，国家才有力量。

◆**点评：**本节课的设计凸显了《道德与法治》课堂的实践与体验的特征，创设情境促进学生去实践与体验，在实践中获得真实情感。首先，通过对长征的评价搜索，激发学生的学习兴趣，调动学生主动学习的积极性。其次，通过重走长征路的活动设计，通过“贴一贴”“画一画”“讲一讲”的体验活动，让学生了解长征的基本史实，体会红军战士不畏艰险、勇往直前的精神，坚忍不拔的奋斗意志。通过真实案例分析、真实想法分享等方式增强体验，认识红军长征及其伟大意义。最后，通过书写丰碑，引导学生积极分享内心感受，让继承与发扬长征精神的情感得到升华。课后拓展，引导学生继续搜集与长征有关的资料，让长征精神代代相传。从学生的现实生活出发，利用体验和实践活动，使教学成为学生体验生活、道德成长的有效途径。

特殊关爱 助我成长

北京市大兴区第二小学　范洪杰

习总书记在全国教育大会上强调指出，培养什么人，是教育的首要问题。我国是中国共产党领导的国家，这就决定了我们的教育必须把培养社会主义建设者和接班人，培养一代又一代拥护中国共产党领导和我国社会主义制度、立志为中国特色社会主义奋斗终生的有用人才作为根本任务。这就要求我们教育应以弘扬爱国主义精神为核心，来培养学生的家国情怀。《道德与法治》课堂是培养学生家国情怀的主阵地。

《我们受特殊保护》是人教版《道德与法治》六年级上册第8课，它由“我们是未成年人”“专门法律来保护”“特殊关爱 助我成长”三部分组成，共分三课时完成。“特殊关爱 助我成长”是本课第三课时的内容。

少年兴则国兴，少年强则国强。为未成年人创造良好的社会环境，是全社会共同的责任。在我国，在未成年人成长的过程中，家庭、学校以及整个社会都给予了许多特别关怀。本教学片段的设计是第三课时“特殊关爱 助我成长”中的内容，重点引导学生学习与未成年人保护相关的重要法律，体会家庭、学校、社会对未成年人的关爱和保护，感受作为一名中国少年儿童的幸福，从而产生民族自豪感。

◆课堂实践

一、引用经典故事，感受身边的爱

课件：播放故事《小英雄雨来》《王二小的故事》片段。

学生：观看。

师提出问题：我们今天的幸福生活与雨来和王二小的童年生活相比有什么不同？

生1：雨来的年龄和我们一样大，但在日军侵略中国的年代，他们不能和我们一样在校园里读书。

生2：王二小为了把敌人带进八路军的包围圈，献出了自己宝贵的生命。

生3：我们受到很多人的关爱和保护。

小结：我们生活在和平年代，太幸福了，我们身边有很多人给予我们关爱和保护。

师提出问题：你能说一说身边人是怎么关爱和保护我们的吗？

学生讨论：

生 1：父母对我们悉心照料，学校给我们提供优质的教育，社会关心我们的健康成长。

生 2：我们有《中华人民共和国未成年人保护法》《中华人民共和国反家庭暴力法》，我们会用法律来保护自己。

小结：我们的健康成长离不开家庭、学校、社会的关爱以及各种法律的保护。

师：你知道国家为什么要设立相关法律保护我们未成年人吗？

学生交流：说出自己的想法。

小结：因为未成年人是国家的希望，我们的健康成长关系着民族的振兴、国家的富强。

【设计意图】通过观看、思考、讨论、比较等，使学生在交流中充分感受到作为一名新时代儿童的幸福与自豪，因为我们有家人的关爱和法律的保护。

二、运用互联网学习，感受身边的大爱

课件：播放视频《抗疫楷模》。

师提出问题：你都看到了什么？

学生交流：

生 1：立志中医，执着追求的张伯礼。

生 2：舍生忘死，医者仁心的张定宇。

生 3：心中有信仰，脚下有奋斗，敢医敢言，勇于担当的钟南山。

生 4：闻令即动，尊重科学的陈薇。

师提出问题：他们为什么要这样做？你有什么感受？

学生讨论：

生 1：他们不顾自己的生命安全保护着我们。

生 2：他们是我们学习的榜样。

生 3：他们舍小家顾大家，他们关心更多的人。

……

小结：他们是新时代的英雄，他们心中有大爱，他们用生命保护着我们，值得我们学习和敬仰。

【设计意图】通过观看视频，让学生能够感受到身边浓浓的爱，感受新时代的英雄爱祖国、爱人民的高尚品德，他们的大爱精神，值得我们学习和敬仰，激发学生的家国情怀。

三、引发思考，提升家国情怀

师提出问题：现在许多留学生为了能够拿到美、日两国的绿卡，不少人纷纷选择在美、日军队中服役，你怎么看？

学生：小组讨论。

生 1：我们国家多好啊，法制健全。

生 2：在国外学业有成后，应该回来为祖国服务。

生 3：我们国家有各种法律保护着我们，比如《中华人民共和国未成年人保护法》《中华人民共和国预防未成年人犯罪法》，让我们在法律的保护下健康成长。

师提示：现在外国人想拿到中国的绿卡，比拿到美国、日本的还要难，你知道为什么吗？

学生交流：

学生 1：说明我们国家越来越强大了。

学生 2：我们国家法制健全，在我们国家生活有安全感。

师提出问题：我们现在应该怎么做呢？

学生 1：好好学习，长大建设自己的祖国，让我们的国家更加强大。

学生 2：好好爱自己的祖国，遵守法律，做一个守法小公民。

总结：我们国家是民主、法治的国家。在各种法律的保护下，人们安居乐业。特别是国家、学校及社会给予我们未成年人更多的关爱和保护，让我们健康成长，我们更爱自己的祖国。

……

【设计意图】通过讨论交流，感受祖国的强大、科技的发达，我们国家给予我们更多的关爱和保护，激发学生的爱国情感。

◆反思：

一、巧用媒体资源，提升教学效果

本教学片段充分利用体现家国情怀的教学资源，采用灵活多变的教学方式，引导学生感受身边的爱。如：用小英雄雨来和王二小的故事和自己相比，让学生感受我们生活在和平年代，身边有很多人给予未成年人关爱和保护，我们太幸福了，我们要珍惜这种来之不易的幸福。通过观看《抗疫楷模》，了解身边的英雄，感受英雄们的大爱精神。借助榜样的力量，弘扬爱国主义精神，促进学生道德品质的健康发展，使家国情怀教育得到体现。

二、讨论交流，激发学生的爱国情感

本教学片段中，教师创设情境，引发学生思考，在讨论中更好地表达自己的爱国情感，激发学生的民族自豪感。引导学生思考、分析和讨论，表达自己的想法。在讨论过程中，感受祖国是一个法制健全的国家，在法律的保护下，人们安居乐业，特别是国家、学校及社会给予未成年人更多的关爱和保护，让未成年人健康成长。知道自己是国家的希望，是中华民族的未来，从小要好好学习，为实现中华民族伟大复兴的中国梦作出自己应有的贡献。

◆**点评：**

一、引用经典故事，激发学生家国情怀

本课引用经典视频故事，通过观看、思考、讨论、比较和讲述，使学生的思想在碰撞中充分感受到作为一名新时代儿童的幸福与自豪，在老师的引导下，通过讨论交流培养学生的家国情怀。

二、运用互联网学习，引导学生感受身边的爱

通过观看《抗疫楷模》，感受国家、社会对人们生命的关爱，感受抗疫英雄的大爱精神，能够从他们身上感受到浓浓的爱祖国、爱人民的高尚品德。感受榜样的力量，促进学生道德品质的健康发展，这样，其家国情怀也会逐渐获得提升。

三、交互式学习，引发思考，提升家国情怀

通过讨论、分析不少华人留学生为了能够拿到美、日两国的绿卡，纷纷选择在美、日军队中服役这个问题。让学生知道，只有在自己的国家才是安全的，同时让学生知道，外国人想要拿到我们国家的绿卡更难，知道国家逐渐强大、科技不断发展，感受作为中国人肩上的责任，懂得从小就要好好学习，为实现中华民族伟大复兴的中国梦作出自己应有的贡献，学生的家国情怀再一次得到升华。

我们受特殊保护

北京市大兴区礼贤镇第一中心小学　张雪晴

思政课是落实立德树人根本任务的关键课程。要给学生心灵埋下真善美的种子，引导学生扣好人生第一粒扣子。

作为义务教育阶段思政课教师，如何将思政小课堂同社会大课堂有机结合，积极引导学生爱国是值得我们探究的共同话题。结合《道德与法治》六年级上册第 8 课《我们受特殊保护》第三课时“特殊关爱 助我成长”的教学中的家国情怀，我有以下几点思考。

第 8 课《我们受特殊保护》是《道德与法治》六年级上册第四单元“法律保护我们健康成长”中的内容之一，本课共有三个话题，分别是“我们是未成年人”“专门法律来保护”“特殊关爱 助我成长”。其中，“特殊关爱 助我成长”是本课时探讨的话题，有家庭关爱、学校关爱、社会关爱、国家关爱及关爱留守儿童等五个主要教学内容。通过学习让学生感知到社会、国家等对未成年人的特殊关爱，在此基础上使学生热爱祖国、重视亲情、懂得感恩、增强责任心。

◆课堂实践

一、以教学目标为导向，剖析学情

我们学校是一所农村校，学生接触面相对狭窄，如何将教材内容与学生实际生活有机融合，回归生活，拓宽学生视野，尤为重要；学校距离大兴国际机场 3000 米，目前又有大部分村落已经拆迁，物质生活条件有了质的飞跃，学生家长娇惯、溺爱孩子现象呈上升趋势。为此，学生真切感受到来自各方的关爱及道德教育阻力的增大；我校教师到四川大凉山支教，向我们传递了大凉山留守儿童的学习生活片段资料，丰富了教学资源，增进了学生对留守儿童的认知，扩大了学生视野。

二、多元化教学策略，联系生活实际

本课时教学设计有家庭关爱、学校关爱、社会关爱、国家关爱及关爱留守儿童等五个主要环节。现就学校关爱、国家关爱、关爱留守儿童等三个环节进行说明。

1. 学校关爱环节。

第一，直观导入，回归学生本身，熏染氛围。教师呈现疫情防控期间，教师陪餐、消毒、视频连线等一张张温暖瞬间的照片。就是用这些曾被学生忽视，却发生在他们身边的实实在在的每一个瞬间来唤醒他们去体会来自学校、来自教师的满满关爱。

第二，真情表述，触碰心灵。照片的直观加上教师的真情描述，唤醒了学生内心最柔软的

部分。学生们被触动了，被感动了。

2. 国家关爱环节。

以案说法，指导行为。由一则家庭暴力案例引出什么是家庭暴力，将学生带入情景中，交流如何帮助经受家庭暴力的当事人等问题，让学生通过交流学习再次引出运用法律维权。回顾之前学习到的在我国，为保护未成年人专门制定的《中华人民共和国未成年人保护法》《中华人民共和国义务教育法》《中华人民共和国预防未成年人犯罪法》等法律。再重点推出《中华人民共和国反家庭暴力法》。引导学生感受在我国专门为保护未成年人制定的法律，感受祖国给予的伟大关爱。

3. 关爱留守儿童环节。

第一，阅读资料，初步认知。通过阅读材料，初步了解到什么是留守儿童、留守儿童的状况及年龄分布等基本情况。

第二，小组讨论，提出建议。经过小组合作学习，了解到留守儿童在成长过程中会面临的一些困难，并提出帮助建议。

第三，整合资源，提高学习效率。以本校教师去支教的大凉山留守儿童的视频资料为教材，让学生直观看到留守儿童的生活片段。同时，让学生感受到国家通过投入大量的资金、派去优秀的支教老师来关注留守儿童，让留守儿童的生活、学习环境有了大大的改善。

第四，身边活动，增强认知。以本校组织的，学生亲身参与的向留守儿童捐书活动，增强学生关爱留守儿童、关爱他人的意识。

◆反思：

一、研读深挖教材，精思知识逻辑结构，促进学生认知能力

上好一堂课，教师要从教材层面、单元层面、本课层面等多层次研读深挖教材，要着眼于学科、着眼于教材、着眼于单元，结构重组，整体把握知识结构。

二、依托教材，践行实际生活，拓展学生视野，加强学生实践本领

学法为认知层面的表现，守法和用法为实践层面的表现。在新时代背景下，思政课教学要理论联系实际，认知与实践相融合，让学生在实际生活中学法、守法和用法，助力学生“学、思、悟、行”相统一。

◆点评：在国家关爱环节的教学中，将学生带入情景，将案例融入教学，以案说法，是对教材的补充。充分联系实际生活，回归生活，指导学生行为，让学生感受国家为未成年人营造健康的成长环境的强大力度及国家给予未成年人的特殊关爱，升华学生热爱祖国之情。

在关爱留守儿童环节的教学中，通过学校支教教师提供的四川大凉山留守儿童的学习、生活等视频资料，拓宽学生视野，增强对留守儿童的认知，感受国家通过为留守儿童投入大量资金、派去优秀支教教师等方式改善留守儿童学习生活环境，激发学生的热爱祖国之情。

因敬生爱 行有所至
——《敬畏生命》教学实录及反思

北京教育学院附属丰台实验学校 高博雨

新型冠状病毒的突然来袭，让 2020 年成为不平凡的一年。在全国抗击新冠肺炎疫情的过程中，涌现出大批的英雄人物和感人事迹，让我们在重新定义生命的同时，更学习到了对待生命应有的态度。

本节课是统编版七年级《道德与法治》上册第四单元“生命的思考”中第 8 课“探问生命”第二框的内容。旨在引导学生理解并践行对生命的敬畏，要珍爱自己的生命，关怀他人生命，自觉走上道德生活之路。

学情分析：初中阶段是一个人形成正确价值观人生观的重要时期，初一学生已经开始思考生命的意义和价值，但受其自身认知水平所限，他们对生命问题的认识和理解往往不够全面，需要给予正确引导。

教学目标：学会热爱生命、敬畏生命；能够结合社会热点观察、思考敬畏生命的表现和意义，初步形成对现实生活的复杂情形作出合理判断的能力；懂得生命至上的内涵；了解生命之间的休戚与共。

◆教学实践

本节课以抗疫时事进行导入，主要设置有“体味生命”“感悟生命”和“敬畏生命”三个教学环节。这三个环节以框题“敬畏生命”为核心，主要讨论三个问题：生命带给我们何种感受？生命有何价值？如何敬畏生命？

环节一：体味生命——说说生命带来的感受

材料呈现：展示三组从不同情况看待疫情的图文材料。

师：请用一个词分别形容每组材料中“生命”给你带来的感受并简要阐述原因。

生：第一组，生命是脆弱、艰难的；第二组生命是坚强、有力的；第三组，生命是崇高、神圣的。

师：结合以上材料，你对生命有了怎样的认识？作为拥有生命的人，我们应该以何种姿态去面对自己的生命？

生：我们要珍爱生命，对生命有一种敬畏的情怀。

【设计意图】通过在抗击疫情中不同人的表现，体味生命带来的不同感受，从而引发学生内在的敬畏生命的情感，对接下来的学习进行铺垫。

环节二：感悟生命——理解生命的价值高于一切

材料呈现：抗疫过程中人力、财力的投入情况数据，以及新冠肺炎患者救治费用账单。

师：国家花费如此大的人力物力财力挽救一个生命值得吗？

生1：值得。因为救治的患者可能会创造远高于治疗费用的社会价值。

师：（追问）如果他是一个普通人，无法创造这么多价值呢？

生1：那就不救了。

师：那如果他是你的家人呢？

生1：……

生2：值得。因为每个人的生命都是宝贵的、来之不易的，每个人的生命也都是平等的。

师：（总结）生命是宝贵的，每个人的生命都比金钱、权势等更加重要。在这些外在的东西面前，生命的价值高于一切。

【设计意图】选取疫情中真实发生的事件，激发学生对生命的思考。让学生在对生命的感悟中，明白生命的价值高于一切。同时体悟为什么要敬畏生命，也为后面的学习做好铺垫。

材料呈现：展示武汉金银滩医院张定宇医生的视频材料。

师：为什么张定宇在自己患病的情况下还要坚守一线救助病患？

生1：身为医生的责任。

生2：高尚的道德。

师：张定宇不顾自身病情去救他人，是不爱惜自己的生命吗？

生3：不是。张定宇的行为，是牺牲个人健康，挽救更多生命的行为，是对生命的负责任。

生4：不是。张定宇虽然身患渐冻症，这是他肉体上的病痛，但是他的这种行为却使自己的精神生命更加丰盈了，是让自己生命更加有意义的行为。

……

师：（总结）生命至上，需要承认别人的生命同样重要。爱惜自己生命的同时，也要爱惜别人的生命。

【设计意图】引导学生懂得生命至上，并不意味着只看到自己生命的重要性，别人的生命同样重要，培养仁者爱人、推己及人的情怀。

环节三：休戚与共——如何做到敬畏生命

材料呈现：疫情期间，全国各地驰援武汉的场景。

师：为什么全国各地要驰援武汉？

生1：武汉是中国的一部分。

生2：如果武汉的疫情得不到控制，会蔓延到全国。

师：（总结）生命休戚与共。敬畏生命，需要意识到每个人都需要与他人共同生活。

故事分享：疫情中的那些事。学生课前搜集我国在抗击疫情过程中发生的故事，推选代表进行分享。

生 1 分享：落日余晖下的瞬间。

推荐理由：老人的故事体现了医生高超的医术，也让我们看到医生和患者的和谐共处，体会到人性中善良的一面：敬畏生命，需要尊重、关注、善待身边的每一个人。

生 2 分享：我身边的“伟大”人物——保安李大爷。

推荐理由：李大爷疫情期间坚守岗位，用自己的实际行动守护全小区居民的健康。这并不是别人强求的，是李大爷内心自愿的选择。

生 3 分享：疫情期间，在邻居家蹭饭的狗狗。

推荐理由：我们不仅要爱护自己的生命、爱护别人的生命。同样，动物、植物等自然界的所有生命，我们都应该报以敬畏之心去对待。

师：（总结）三位同学的分享，来源于生活中的不同侧面，有医务工作者、有身边的平民榜样，还有人与动物间的故事。敬畏生命，不仅要求我们树立意识，更要求我们在生活中自觉践行，关爱一切生命。当我们能与周围的生命休戚与共时，我们就走向了道德生活之路。

◆反思：本课的设计从学生的现实生活出发，旨在培养学生感悟生命、敬畏生命的情怀，帮助学生树立正确的生命观，增强对生命的责任感和使命感，从生命教育的角度，彰显了一节思政课应有的价值引领。同时，教学资源的选用，不仅服务于教学内容，更能让学生体会到疫情背景下的中国精神和中国力量，从而增强学生的爱国情怀。

教学设计以抗击疫情为主线，以“敬畏生命”为主题，从“为什么”和“怎么做”两个角度展开。教学过程流畅、教学活动安排合理，实现了对学生情感上的引导，使学生产生了共鸣，对生命产生了敬畏之心，对现实生活起到了很好的教育作用。

◆点评：爱国情浓。用中国精神、中国力量，引领学生的爱国情怀。本节课教学案例的使用和活动的设计，来源于现实生活，充满了爱国情怀和民族认同感。

逻辑清晰。本节课教学脉络清晰，结构合理。教学环节的设置分别从“体味生命”“感悟生命”“敬畏生命”的角度设计，层层递进，是一节符合学生认知规律的课。

选材丰富。本节课以抗击新冠肺炎疫情中发生的真实事例作为素材，结合本框教学内容进行了有机整合，丰富多样的教学资源与教学内容相得益彰，使课堂内容显得十分饱满。

设问精彩。提问和追问，是本节课的亮点之一。通过提问的方式调动学生思维，通过创设真实而矛盾的生活情境，激发学生敢于表达、乐于思辨的能力，使学生在积极、有效的互动中体验、感悟生命。

垃圾分类中的家国情

北京教育学院附属丰台实验学校　蒋丽丽

垃圾分类是我们国家和社会关注已久的大问题，关系广大人民群众的生活环境，关系节约使用资源，也是社会文明水平的一个重要体现，随着各地垃圾分类条例的制定与实施，再次把我们每个公民同垃圾分类紧密联系起来。国家提出让垃圾分类成为新时尚，养成文明健康的生活方式，搞好垃圾分类和环境卫生。新修订的《北京市生活垃圾管理条例》自 2020 年 5 月 1 日起实施，在北京垃圾分类实施半年多来，学生们生活和学习之处，垃圾分类实施到底情况如何呢？我们在学生中开展了问卷调查。

从学生调查问卷来看，垃圾分类实施从地点上、从区域上差别较大。学校实施情况普遍好于学生生活的社区，不同的社区实施情况差别较大，有专人值守的社区明显好于没有人值守的社区，定期开展垃圾分类宣传工作的社区明显好于只在初期进行过宣传工作的社区。

就我们在调查中发现的问题，我们在课堂上开展了讨论，如何让垃圾分类长期成为我们生活的新时尚，而不是大力宣传时是新时尚，过段时间冷了下来；如何让垃圾分类成为我们生活的一种习惯，而不是有人值守垃圾桶我就分类，没人值守时我嫌麻烦就不分类了。同学们提出了解决问题的方案：一是加大垃圾分类宣传，从自己做起，从自己家做起；二是倡导社区开展垃圾分类积分活动，鼓励居民积极进行垃圾分类；三是倡导企业改造垃圾桶，让垃圾桶有人靠近投放垃圾时讲相关的笑话或者格言警句等吸引人注意，让垃圾分类有点其他小收获；四是社会应形成垃圾分类光荣的氛围；五是政府监督检查力度加大，形成有效的监督制约机制。

在垃圾分类宣传方面，每个学生都要成为宣传志愿者，在家中、在社区发挥好自己的作用。学生们打开思路，紧密结合自己的生活，例如，初二（1）班学生们提出园博园的建设，昔日垃圾堆放处，如今健身休闲处；初二（2）班学生提出塑料垃圾的危害，塑料粉末已危及我们的健康，我们常见的一些动物体内出现塑料粉末，这一情况引发了班级同学的惊叹；初二（3）班学生提出垃圾分拣员的繁重工作，我们在日常生活中的每个动作，都可大大减少其他环节的工作，减少人力的浪费，提高效率，提高资源利用率。在同学们的分享中，每个人对垃圾分类的认识再次深化，这有利于将垃圾分类进行到底。垃圾分类不是小事，我们不能观望其他人是否做。它不仅是基本的民生问题，也是生态文明建设的重要问题。初二（4）班同学指出有害垃圾例如充电电池的随意处理的危害。在同学们的学校宣传中，我们深化了对垃圾分类的认识；在同学们的家庭宣传中，我们充分发挥了自己的作用，虽然个人的力量小，但我们能坚持，坚持做对的事情，坚持把垃圾分类一点一点推动，范围逐渐扩大。

“不积跬步，无以至千里。”在宣传方面，同学们充分发挥了自己的作用，但垃圾分类不是哪一方面的事，需要全社会人人动手，一起来为改善生活环境作努力，一起来为绿色发展、可持续发展作贡献。推动形成绿色发展方式和生活方式，让良好生态环境成为人民幸福生活的增长点、成为经济社会持续健康发展的支撑点、成为展现我国良好形象的发力点，让中华大地天更蓝、山更绿、水更清、环境更优美。

垃圾分类不是易事，同学们发现，城市垃圾分类情况好于农村，经济发达地区好于其他地区。垃圾分类需要持续开展，方可有收效，这就需要政府加强科学管理，形成长效机制，推动习惯养成。从2020年开始，全国地级及以上城市全面启动生活垃圾分类工作，垃圾分类取得积极进展。但我们也看到，总体上，我国垃圾分类覆盖范围还很有限，垃圾分类收运和处置设施依然存在短板，如何因地制宜、持续推进，把工作做细做实，持之以恒抓下去，也成为同学们思考和观察的问题。

◆**点评**：垃圾分类不仅体现家庭的勤俭节约等美德，也关乎社会的环境等各个方面的可持续、科学的发展，展现社会文明水平，更关乎国家的高质量发展。在垃圾分类的具体行动中要让学生爱家、爱国、爱社会之情落到实处，落到细处，落到长远。

民主参与 从我做起
——《增强民主意识》课堂实录及反思

北京教育学院附属丰台实验学校 杜丽文

在现代社会，民主是公民的一种生活方式和生活态度。一个国家和社会民主生活的质量和水平，与公民的民主意识息息相关。在国家“两个一百年”中国梦的奋斗目标指引下，积极引导学生学会辩证、立场正确、逻辑清晰地表达意见和观点，逐步提高依法参与民主生活的能力显得尤为重要。当前，初中《道德与法治》强调通过活动型课堂，将活动贯穿教学活动始终。因此，笔者结合九年级上册第二单元“民主与法治”的第3课——参与民主生活的课堂实录，具体探索如何用活动型课堂形式，达到更好的立德树人，落实核心素养的目标。

◆课堂准备

一、明确议题，充分调研

本课以选取第二框题的第二目作为主题，从提升学生民主参与意识与能力的视角，提出不断发展社会主义民主政治，是全体中国人民的共同价值追求。

随着学生生活范围的延展和能力的提高，本课程的学习逐步扩展到国家和社会。从生活经验看，大部分学生有参与班干部选举、给班级或者学校提建议的经验。但是中学生是未成年人，还没有选举权，缺少参与民主政治生活的直接经验。从知识储备来看，学生在八年级已从宪法角度学习了中国特色社会主义民主政治制度，对我国的根本政治制度、基本政治制度及其内容均有所了解。本课通过介绍社会主义民主制度的确立过程，中国特色社会主义民主的本质和实现方式，引领学生理解社会、参与公共生活，帮助学生认同民主价值，引导学生做负责任的公民。

从学生认知层面，学生普遍对参与民主生活是陌生的，如何让看似遥不可及的“行使民主生活的途径”，更加便于学生理解，更加真实可信，更加有趣生动？笔者进行了充分调研，最终确定了“校团委关于学校食堂管理意见”的活动征集，通过活动形式，增强学生对民主参与重要性的理解，了解增强民主参与的途径和能力。

二、选取素材，有的放矢

对于活动型课堂，如何充分调动学生们的积极性和主动性，需要选取学生感兴趣的素材作为辅助材料。同时，初中学生正处于从具体形象思维向抽象思维过渡的阶段，在充分演绎的基础上，需要学生通过具体身边素材进行归纳，从而提高学生归纳分析的能力。在选取的素材方面，还需要紧跟时代步伐，让学生深切感受到国家在增强公民民主参与方面的努力。因此，笔者选取“随手拍 App”“《中华人民共和国未成年人保护法》修订过程中的民主参与”“民法典的建立”等热点聚焦，通过所学知识充分调动学生的学习积极性。

三、目标导向，增强实效

对于活动型课堂，显然活动是最主要的特征。从活动范围来看作者以为这里的活动不仅指课堂活动的有效开展，还应该包括课外活动的延伸。从活动类型来看，活动的形式有很多，模拟、辩论、展示、讨论、表演等，那么什么样的课堂活动才是有效的活动呢？真正的活动必须是活动形式为教学内容服务的活动，也就是能够唤起学生内心思维活动的活动形式才是有效的活动。而要想实现这种有效性，毫无疑问活动的设计是重要环节。对于活动的设计要系统化、结构化、一体化，避免活动零散、无序、随意；其次问题的精准设置才是连接活动形式与教学内容的载体。只有这样才能使活动真正成为承载课程内容与目标的基本方式，才能实现课程内容活动化，活动设计内容化。

◆课堂实践

本课以节约粮食为背景，通过引出国家对于“节约粮食、杜绝浪费”的倡议，引出生活中的浪费现象，从而让学生们为校园食堂浪费问题建言献策。

环节一：民主生活我知道

材料呈现：展示校园食堂浪费问题的征集海报

教师引导：我们学校初中共 400 名学生，距离截止日期结束，共收集征集意见 200 份，其中有效意见 150 份，另有 120 名学生未参与意见征集活动。

【展示】征集意见统计饼状图。

师：校园管理是校领导的事，与我们中学生无关，不必“多管闲事”。

生：此观点不对，因为这不是一种“多管闲事”，而是在提出建议的过程中促进校园管理越来越好；团委提供平台，可以更好地抓住机会，为自己的利益发声。

师：其实，不论是校园建设还是社会发展，正是因为这样一群“多管闲事”的人，才让我们社会发展前进一大步，让社会生活更有序。校园粮食浪费方案的征集一方面会提高食堂饭菜质量，另一方面也让校园管理更加有序。如果大家都认为即使提了建议也没有用，都不去提建议，那么我们的食堂就永远不会改进，浪费现象永远不会解决。民主应该成为公民的一种生活方式和生活态度，一个国家和社会民主生活的质量和水平，与公民的民主意识密切相关。

材料呈现：公民参与民主生活案例。交通 App“随手拍”。

师：民众随手拍举报交通违法行为对社会有什么影响？

生：交通“随手拍”就像一个“隐形摄像头”，让任何违法行为都无处遁形。前提是公民要积极参与其中，才能让想钻法律空子的人“无机可乘”，才能让我们的社会更加有序。

因此，社会民主生活的推进，一个国家和社会的民主生活的质量和水平，与公民的民主意识密切相关。一个国家拥有什么素养的公民，就会有什么样的未来。

师：公民积极参与民主生活中，还会完善中国特色社会主义民主，是社会主义制度永葆生命力的重要保证。

材料呈现：新版未成年人保护法制订修改过程。

问：从这个修订过程，你有什么感受？

师：为“少年的你”撑好法律“保护伞”，是顺应民生的体现。法律“加速更新”积极顺应时代发展和人民诉求，值得点赞！

【设计意图】通过问卷调查真实情境，让学生快读带入讨论主题；通过生活中真实案例的解决，让学生们认识到参与民主生活的重要性。

环节二：民主生活我参与

材料呈现：在征集上来的问卷中，有效意见 200 份，让我们一起来对比一下有效问卷和无效问卷的差别。

师：有效问卷和无效问卷，看完这两个问卷，你认为它们的最大差别在哪里？

生：有效问卷的内容积极向上，对节约有正确、有效的措施和见解；无效问卷敷衍了事，缺乏对节约粮食行之有效的措施。

师：参与民主生活，行使民主权利，首先要有主人翁意识和社会责任感。如果大家都认为即使提了建议也没有用，都不去提建议，那么我们的食堂就永远不会改进，浪费现象就永远得不到解决。所以，增强民主意识，首先要有主人翁意识和社会责任感，做到“有心”。同时，还要理性、公正、客观、辩证地看问题，逻辑清晰地表达自己的观点，做到“有理”。

材料呈现：针对上交无效调查问卷的同学的访谈内容。

师：公民要不断积累民主知识，形成尊重、宽容、批判、协商的民主态度。

材料呈现：呈现疫情期间的网络谣言，参与网络生活，公民应该怎么做？

师：依法参与公共事务，在实践中逐步提高民主意识。

环节三：民主生活我践行

师：通过一节课的讲解，相信大家对增强民主意识有了更深层次的理解。老师的板书还是空白，需要大家来完善。接下来，我们需要对班级人数进行分组，你想怎么分？

【教师总结】其实，大家在回答问题的时候我就在观察。这就是民主参与的过程，只有敢于表达自己的观点，才能尽可能地实现自我利益。现在，同学们 × 人一组，进行板书设计，稍后我们进行呈现，评选出最佳展示组。

【设计意图】以讨论形式提高学生分析问题和归纳问题的能力；通过调查形式，侧面检测学生民主意识的学习成果。

◆**点评：**贴合实际。围绕时下热点案例，以“为何参与民主生活—如何更好地参与民主生活”主线，结合学生对于民主生活认识的难点与痛点，以理论与实际相结合的方式，调动起学生分析、运用和解决问题的能力。

逻辑清晰。本课围绕“民主生活我知道—民主生活我参与—民主生活我践行”的逻辑设计，从理论到实践，层层递进，符合学生认知特点，提高思政课活动型课堂实效性。

选材得当。本节课以节约粮食作为背景，结合学生身边食堂管理问题，与本框教学内容进行了有机整合，利用时下热点话题，通过丰富多样的教学资源，与教学内容相得益彰，使课堂显得十分饱满。

设问精彩。本课由实际生活案例为抓手，通过提问、追问的方式，充分提高学生对问题的理解，最后在实践当中落实参与民主生活、提高民主参与意识和能力的教学目标的落实。